神奇的考点母题

2025年度

初级会计专业技术资格考试

必刷好题660

经济法基础

编著◎ 宋迪 张晓婷

图书在版编目（CIP）数据

经济法基础必刷好题 660 / 宋迪，张晓婷编著 . --
北京 : 团结出版社 , 2023.2
ISBN 978-7-5126-9886-4

Ⅰ . ①经… Ⅱ . ①宋… ②张… Ⅲ . ①经济法－中国
－资格考试－习题集 Ⅳ . ① D922.290.4

中国版本图书馆 CIP 数据核字 (2022) 第 219518 号

出　版： 团结出版社
（北京市东城区东皇城根南街 84 号 邮编：100006）
电　话：（010）65228880 65244790
网　址： http://www.tjpress.com
E-mail： 65244790@163.com
经　销： 全国新华书店
印　刷： 涿州汇美亿浓印刷有限公司
装　订： 涿州汇美亿浓印刷有限公司

开　本： 185mm × 260mm　16 开
印　张： 9.25
字　数： 139 千字
版　次： 2023 年 2 月 第 1 版
印　次： 2025 年 1 月 第 3 次印刷

书　号： 978-7-5126-9886-4
定　价： 46.00 元

目　录

CONTENTS

第一章 总论

手机扫码学习本章视频教程

一、单选题

1. 下列各项中，不属于法的特征的是（ ）。
   A. 规范性 B. 明确的公开性 C. 任意性 D. 国家意志性

2. 下列规范性文件中，法律效力最高的是（ ）。
   A. 全国人民代表大会发布的《中华人民共和国民法典》
   B. 财政部发布的《会计基础工作规范》
   C. 国务院发布的《中华人民共和国企业所得税法实施条例》
   D. 北京市人民代表大会发布的《北京市制定地方性法规条例》

3. 我国公民享有的下列权利中，外国人不享有的是（ ）。
   A. 人身权 B. 财产权 C. 受教育权 D. 选举权

4. 甲、乙双方签订了一份修理一台精密设备的合同，由此形成的法律关系客体是（ ）。
   A. 被修理的精密设备 B. 甲、乙双方
   C. 乙方提供的修理精密设备的行为 D. 甲、乙双方承担的权利和义务

5. 下列各项中，不属于法律关系客体的是（ ）。
   A. 外国人 B. 商品房
   C. 提供劳务的行为 D. 精神产品

6. 下列对法所作的分类中，属于以法的空间效力、时间效力或对人的效力为依据进行分类的是（ ）。
   A. 成文法和不成文法 B. 根本法和普通法
   C. 一般法和特别法 D. 实体法和程序法

7. 根据行为是否需要特定形式或实质要件，可以将法律行为划分为（ ）。
   A. 要式行为与非要式行为 B. 单方行为与多方行为
   C. 自主行为与代理行为 D. 表示行为与非表示行为

8. 小张和甲银行签订借款合同，约定小张向银行借款 10 万元，银行当日交付借款，小张一年后归还利息和本金共 11 万元。由此形成的法律关系的主体是（ ）。
   A. 借款合同 B. 利息和本金11万元
   C. 借款 10 万元 D. 小张和甲银行

9. 下列主体中，属于非营利法人的是（ ）。
   A. 甲基金会 B. 乙合伙企业 C. 丙有限责任公司 D. 丁村民委员会

10. 下列主体中，属于特别法人的是（ ）。
    A. 居民委员会 B. 公立医院 C. 个人独资企业 D. 合伙企业

11. 下列各项中，不属于民事责任承担方式的是（ ）。
    A. 停止侵害 B. 返还财产 C. 支付违约金 D. 罚款

二、多选题

12. 下列各项中，属于法律关系内容的有（　）。
A. 继承权　B. 纳税义务　C. 国家　D. 智力成果

13. 下列各项法律事实中，属于法律行为的有（　）。
A. 设立公司　B. 发生水灾　C. 纳税人逃税　D. 发生战争

14. 李某与医疗中心签订协议，承诺死后将自己的眼角膜无偿捐赠给该医疗中心，用于帮助失明患者重见光明。则该法律关系的主体有（　）。
A. 医疗中心　B. 失明患者　C. 眼角膜　D. 李某

15. 下列自然人中，属于限制民事行为能力人的有（　）。
A. 周某，15 周岁，系体操队专业运动员
B. 孙某，7 周岁，系小学二年级学生
C. 杨某，13 周岁，系大学少年班在校大学生
D. 范某，20 周岁，有精神障碍，不能辨认自己的行为

16. 下列关于民事行为能力和权利能力的表述中，正确的有（　）。
A. 7 周岁的自然人，不能完全辨认自己行为后果，为限制民事行为能力人
B. 18 周岁以上的自然人，具有完全民事行为能力，可以独立进行民事活动，是完全民事行为能力人
C. 16 周岁以上不满 18 周岁的自然人，以自己的劳动收入为主要生活来源的，视为完全民事行为能力人
D. 不能辨认自己行为的精神病人是限制民事行为能力人

17. 下列各项中，属于行政责任的有（　）。
A. 甲市人民法院判决张某召开新闻发布会对被侵犯隐私权的明星赔礼道歉
B. 郝某因非法种植罂粟被乙市公安局处以行政拘留 10 天
C. 某黑作坊因非法生产辣条被丙市市场监督管理局处以罚款 2 000 元
D. 吴某被丁市人民法院判处无期徒刑并剥夺政治权利终身

三、判断题

18. 国家机关可以作为单位会员加入社会团体。（　）
19. 部门规章与地方政府规章之间对同一事项的规定不一致时，由国务院裁决。（　）
20. 附加刑作为主刑的补充，只能同主刑一起适用，不能独立适用。（　）

第二章　会计法律制度

手机扫码学习本章视频教程

一、单选题

1. 根据会计法律制度的规定，下列人员中，对本单位的会计工作和会计资料的真实性、完整性负责的是（　）。
   A. 总会计师　B. 单位负责人　C. 会计机构负责人　D. 单位审计人员

2. 具备大学本科学历的赵某欲取得会计师职称，其从事会计工作的年限至少为（　）。
   A. 2年　B. 3年　C. 4年　D. 5年

3. 根据会计法律制度的规定，下列关于原始凭证的表述中，正确的是（　）。
   A. 对不真实的原始凭证，会计人员有权拒绝接受
   B. 原始凭证必须来源于单位外部
   C. 除日期外，原始凭证记载的内容不得涂改
   D. 原始凭证金额有错误的，应当由出具单位更正并加盖印章

4. 根据会计法律制度的规定，下列关于记账凭证填制基本要求的表述中，不正确的是（　）。
   A. 一张原始凭证所列支出需要几个单位共同负担的，应当由原始凭证保存单位将原始凭证复印件提供给其他负担单位
   B. 应当根据审核无误的原始凭证填制记账凭证
   C. 可以将若干张同类原始凭证汇总后填制记账凭证
   D. 结账的记账凭证可以不附原始凭证

5. 根据会计法律制度的规定，下列各项中，不属于企业财务会计报告组成部分的是（　）。
   A. 会计报表　B. 会计报表附注　C. 审计报告　D. 财务情况说明书

6. 根据会计法律制度的规定，下列文件资料中，属于会计档案归档范围的是（　）。
   A. 单位财务规章制度　B. 年度财务工作总结　C. 会计档案销毁清册　D. 年度预算方案

7. 根据会计法律制度的规定，现金日记账的保管时间应达到法定最低保管期限，该期限为（　）。
   A. 5年　B. 10年　C. 20年　D. 30年

8. 根据会计法律制度的规定，会计档案鉴定工作的牵头部门是（　）。
   A. 单位档案管理机构　B. 单位会计部门　C. 单位审计部门　D. 单位纪检监察部门

9. 根据会计法律制度的规定，下列关于单位分立后会计档案处置的表述中，不正确的是（　）。
   A. 单位分立后原单位存续的，其会计档案应当由分立后的存续方统一保管
   B. 单位分立后原单位解散的，其会计档案可以经各方协商后由其中一方代管
   C. 因业务移交其他单位办理所涉及的会计档案，应当由承接业务单位保管
   D. 单位分立中未结清的会计事项所涉及的会计凭证，应当单独抽出由业务相关方保存

10. 根据会计法律制度的规定，下列各项中，属于会计工作社会监督的是（　）。
    A. 公民检举会计违法行为　B. 财政部门对国有企业实施监督检查
    C. 证券监管部门对上市公司实施监督检查　D. 单位审计部门对本单位会计资料进行核查

11. 根据会计法律制度的规定，下列人员中，可以担任企业会计机构负责人的是（　）。

A. 中专毕业并从事会计工作 2 年 6 个月的刘某

B. 取得初级会计专业技术资格并从事会计工作 2 年的王某

C. 取得中级会计专业技术资格并从事会计工作 1 年 6 个月的张某

D. 研究生毕业并从事会计工作 1 年的李某

12. 根据会计法律制度的规定，下列单位中，不受会计人员回避制度约束的是（　）。

A. 国有企业　　B. 民营企业　　C. 各级人民政府　　D. 事业单位

13. 根据会计法律制度的规定，下列关于会计专业技术人员继续教育的表述中，正确的是（　）。

A. 具有会计专业技术资格的，应当自取得资格次年开始参加继续教育

B. 参加继续教育当年度取得的学分可以结转以后年度

C. 用人单位不得将参加继续教育情况作为会计专业技术人员岗位聘用的依据

D. 每年参加继续教育应取得不少于 100 学分

14. 根据会计法律制度的规定，发生下列情形的会计人员中，应终身禁止从事会计工作的是（　）。

A. 因伪造会计凭证被县财政部门通报的李某

B. 因变造会计账薄被处以 3 万元罚款的孙某

C. 因授意会计人员编制虚假财务会计报告被所在单位撤职的王某

D. 因隐匿财务会计报告被依法追究刑事责任的陈某

二、多选题

15. 根据会计法律制度的规定，下列国有企业拟对会计工作岗位的设置中，符合会计法律制度的有（　）。

A. 丁企业由董事长的女婿吴某担任会计机构负责人

B. 丙企业由会计机构负责人的儿子周某担任出纳工作

C. 甲企业出纳人员赵某临时兼任人事档案保管工作

D. 乙企业的财务核算岗位由会计人员钱某、孙某和李某三人同时担任

16. 根据会计法律制度的规定，下列情形中，需要办理会计工作交接的有（　）。

A. 王会计因升职离开原岗位　　B. 李会计辞职

C. 张会计休产假 5 个月　　D. 马会计休年假一周

17. 根据会计法律制度的规定，下列关于单位之间交接会计档案手续的表述中，正确的有（　）。

A. 移交会计档案的单位，应当编制会计档案移交清册

B. 交接双方应当按照会计档案移交清册所列内容逐项交接

C. 交接双方经办人和监督人应当在会计档案移交清册上签名或盖章

D. 电子会计档案应当与其元数据一并移交

18. 根据会计法律制度的规定，下列关于会计工作岗位设置要求的表述中，正确的有（　）。

A. 会计工作岗位必须一人一岗

B. 出纳人员不得兼任稽核、会计档案保管

C. 档案管理部门管理会计档案的岗位属于会计岗位

D. 从事会计工作 3 年以上的会计人员可以担任单位会计机构负责人

19. 根据会计法律制度的规定，下列工作中，不得由出纳人员兼任的有（ ）。

A. 稽核　　B. 保管会计档案

C. 登记债权债务账目　　D. 登记收入、支出、费用账目

20. 根据会计法律制度的规定，下列审计报告中，属于非标准审计报告的有（ ）。

A. 保留意见的审计报告　　B. 带强调事项段的无保留意见的审计报告

C. 无法表示意见的审计报告　　D. 带其他报告责任段的无保留意见的审计报告

21. 根据会计法律制度的规定，下列各项业务中，属于代理记账机构可以接受委托办理的有（ ）。

A. 审核原始凭证　　B. 对外提供财务会计报告

C. 向税务机关提供税务资料　　D. 编制财务会计报告

22. 根据会计法律制度的规定，下列关于会计档案销毁的表述中，正确的有（ ）。

A. 经办人应当在会计档案销毁清册上签署意见

B. 在会计档案销毁前，监销人应当按照会计档案销毁清册所列内容进行清点核对

C. 单位会计管理机构负责组织会计档案销毁工作

D. 保管期满但未结清的债权债务会计凭证不得销毁

23. 下列各项中，会导致会计资料不真实的有（ ）。

A. 伪造原始单据　　B. 变造会计凭证

C. 涂改会计账簿的真实内容　　D. 变更会计人员

24. 根据会计法律制度的规定，下列关于正确使用会计记录文字的表述中，正确的有（ ）。

A. 在北京注册的甲公司会计记录的文字应当使用中文

B. 在西藏注册的乙公司会计记录可同时使用中文和藏文两种文字

C. 美国投资的丙企业会计记录可以同时使用中英文

D. 在新疆注册的丁公司会计记录应使用维吾尔族文字

25. 甲公司会计人员赵某审核原始凭证所采取的下列处理方式中，符合法律规定的有（ ）。

A. 发现原始凭证金额有错误，要求出具单位更正

B. 退回记载不完整的原始凭证，要求补充

C. 发现原始凭证有涂改，要求出具单位重开

D. 拒绝接受不真实的原始凭证，并向单位负责人报告

26. 根据会计法律制度的规定，下列关于登记会计账簿基本要求的表述中，正确的有（ ）。

A. 在不设借贷等栏的多栏式账页中只登记增加数，不登记减少数

B. 会计账簿按页次顺序连续登记，不得跳行、隔页

C. 账簿中书写的文字和数字上面要留有适当空格，一般应占格距的二分之一

D. 按照红字冲账的记账凭证，冲销错误记录时，可以用红色墨水记账

27. 根据会计法律制度的规定，下列人员中，在企业对外提供财务会计报告时应在财务报告上签名并盖章的有（ ）。

A. 企业负责人　　B. 企业主管会计工作的负责人

C. 会计机构负责人　　D. 总会计师

28. 单位负责人对依法履行职责的会计人员实行打击报复应承担的法律责任有（　）。

A. 情节较轻的，不予追究

B. 情节恶劣的，处 3 年以下有期徒刑或者拘役

C. 尚不构成犯罪的，由其所在单位或者有关单位依法给予行政处分

D. 构成犯罪的，依法追究刑事责任

三、判断题

29. 会计应根据实际发生的经济业务进行会计核算。（　）

30. 某企业主要从事中美贸易，业务收支以美元结算为主，该企业可以选择美元为记账本位币。（　）

31. 登记账簿时发生错误，对于错误的数字，可只划去错误的部分，更正其中的错误数字。（　）

32. 银行存款日记账账面余额与银行对账单核对属于账账核对。（　）

33. 仅以电子档案保存的电子会计资料不应属于具有永久保存价值或者其他重要保存价值的会计档案。（　）

34. 单位保存的会计档案一律不得对外借出。（　）

35. 各单位没有单独会计机构的，必须进行代理记账。（　）

36. 会计师事务所从事代理记账业务，应当经县级以上人民政府财政部门批准，领取由财政部统一规定样式的代理记账许可证书。（　）

37. 一般会计人员离职办理交接手续，由会计机构负责人（会计主管人员）监交。接替人员应当继续使用移交的会计账簿，不得自行另立新账，以保持会计记录的连续性。（　）

四、不定项选择题

38. 张某为甲公司的会计机构负责人。2024 年 1 月，张某组织会计人员对纸质及电子会计资料进行整理，移交给本公司档案管理机构。

2024 年 8 月，甲公司的出纳郑某调离，与接替其工作的王某办理了会计工作交接。

2024 年 9 月，张某在对本公司会计工作检查时发现，王某在填制记账凭证时，将不同类别的原始凭证汇总填制在一张记账凭证上；同时还发现当年已经登记入账的一张记账凭证金额填高了。

要求：根据上述资料，不考虑其他因素，分析回答下列小题。

（1）甲公司下列文件中，应当按照会计档案归档的是（　）。

A. 会计档案保管清册　B. 财务会计报告　C. 年度财务预算　D. 银行对账单

（2）下列关于甲公司移交会计档案的下列表述中，正确的是（　）。

A. 纸质会计档案移交时应当拆封整理重新封装

B. 接收电子会计档案时，应当对其准确性、完整性、可用性、安全性进行检测

C. 电子会计档案移交时应当将电子会计档案及其元数据一并移交

D. 应当编制会计档案移交清册

（3）下列关于会计人员郑某与王某交接会计工作的表述中，正确的是（　）。

A. 郑某与王某应按移交清册逐项移交，核对点收
B. 应由会计机构负责人张某监交
C. 移交完毕，郑某与王某以及监交人应在移交清册上签名或盖章
D. 移交完毕，王某可自行另立新账进行会计记录

（4）关于甲公司记账凭证的下列表述中，正确的是（　）。

A. 甲公司不能将不同类别的原始凭证汇总填制在一张记账凭证上
B. 对当年已经入账的记账凭证发现填制错误，可以用红字填写一张与原内容相同的记账凭证，在摘要栏注明“注销某月某日某号凭证”字样，同时再用蓝字重新填制一张正确的记账凭证，注明“订正某月某日某号凭证”字样
C. 对当年已经入账的记账凭证的金额错误，甲公司可以将正确数字与错误数字之间的差额，另编一张调整的记账凭证，用红字调减
D. 甲公司应当对记账凭证进行连续编号

第三章　支付结算法律制度

一、单选题

1. 甲公司向乙公司签发一张转账支票，该支票出票日期“2024 年 2 月 10 日”的正确写法是（　）。
   A. 贰零贰肆年零贰月零壹拾日　　B. 贰零贰肆年零贰月壹拾日
   C. 贰零贰肆年贰月零壹拾日　　D. 贰零贰肆年贰月拾日

2. 根据支付结算法律制度的规定，下列关于填写票据的表述中，不正确的是（　）。
   A. 金额以中文大写和阿拉伯数码同时记载，二者必须一致
   B. 个人在票据上的签章，应为该个人本人的签名加盖章
   C. 收款人名称应当记载全称或规范化简称
   D. 出票日期应当使用中文大写

3. 根据票据法律制度的规定，商业汇票的下列签章行为中，正确的是（　）。
   A. 仅公司盖章　　B. 仅公司法定代表人盖章
   C. 仅公司法定代表人签名加盖章　　D. 公司盖章加公司法定代表人盖章

4. 下列银行结算账户中，自开立之日即可办理收付款业务的是（　）。
   A. 甲公立大学的工会开立的专用存款账户　　B. 丙公司开立的基本存款账户
   C. 乙预算单位开立的零余额账户　　D. 丁开发区筹备领导小组开立的临时存款账户

5. 甲公司因借款转存需要，向 M 银行申请开立一般存款账户。M 银行为该账户办理付款业务的起始时间是（　）。
   A. 正式开立该账户之日起
   B. 向中国人民银行当地分支行备案之日起
   C. 正式开立该账户之日起 3 个工作日后
   D. 向中国人民银行当地分支行备案之日起 5 个工作日后

6. 2024 年 3 月 5 日（星期二），甲银行收到存款人撤销一般存款账户的申请，经审查符合销户条件。甲银行办理撤销手续的最晚日期为（　）。
   A. 2024 年 3 月 5 日　　B. 2024 年 3 月 7 日　　C. 2024 年 3 月 10 日　　D. 2024 年 3 月 12 日

7. 根据中国人民银行结算账户管理办法的规定，下列账户中，可以用于对基本建设资金进行管理的是（　）。
   A. 基本存款账户　　B. 一般存款账户　　C. 专用存款账户　　D. 临时存款账户

8. 根据中国人民银行结算账户管理办法的规定，对银行借款的管理和使用，存款人可以申请开立的账户是（　）。
   A. 基本存款账户　　B. 一般存款账户　　C. 专用存款账户　　D. 临时存款账户

9. 根据支付结算法律制度的规定，下列银行结算账户中，不能支取现金的是（　）。
   A. 党、团、工会经费专用存款账户　　B. 个人银行结算账户
   C. 预算单位零余额账户　　D. 收入汇缴账户

10. 根据支付结算法律制度的规定，存款人设立临时机构、异地临时经营活动，可以开立临时存款账户，临时存款账户的有效期最长为（ ）。

A. 半年　B. 1年　C. 2年　D. 4年

11. 开通银行Ⅱ类账户需要绑定的是（ ）。

A. 非银行结算账户　B. 绑定Ⅰ类账户　C. 绑定Ⅱ类账户　D. 绑定Ⅲ类账户

12. 根据支付结算法律制度的规定，个人银行结算账户的Ⅲ类账户任一时点账户余额不能超过一定限额，该限额为（ ）元。

A. 1 000　B. 2 000　C. 3 000　D. 5 000

13. 2024年3月1日，甲公司向乙公司签发一张由丙公司承兑的汇票，乙公司将该汇票背书转让给丁公司，同时由戊公司提供票据保证，该汇票上的权利人是（ ）。

A. 丙公司　B. 乙公司　C. 丁公司　D. 甲公司

14. 根据支付结算法律制度的规定，下列各项中，银行不是付款人的是（ ）。

A. 本票　B. 银行汇票　C. 商业承兑汇票　D. 支票

15. 下列各项中，不属于票据行为的是（ ）。

A. 出票　B. 背书　C. 付款　D. 承兑

16. 根据票据法律制度的规定，下列各项中，属于背书任意记载事项的是（ ）。

A. 不得转让　B. 背书日期　C. 被背书人名称　D. 背书人签章

17. 甲在将一汇票背书转让给乙时，未将乙的姓名记载于被背书人栏内。乙发现后将自己的姓名填入被背书人栏内。下列关于乙填入自己姓名的行为效力的表述中，正确的是（ ）。

A. 无效　B. 有效，和甲的记载具有同等法律效力

C. 可撤销　D. 甲追认后有效

18. 甲公司为购买货物而将所持有的汇票背书转让给乙公司，但因担心以此方式付款后对方不交货，因此在背书栏中记载了“乙公司必须按期保质交货，否则不付款”的字样，乙公司在收到票据后没有按期交货。根据票据法律制度的规定，下列表述中，正确的是（ ）。

A. 背书无效　B. 背书有效，乙的后手持票人应受上述记载约束

C. 票据无效　D. 背书有效，但是上述记载没有汇票上的效力

19. 根据票据法律制度的规定，背书人在汇票上记载“不得转让”字样，其后手再背书转让的，产生的法律后果是（ ）。

A. 该汇票无效　B. 原背书人对后手的被背书人不承担保证责任

C. 该背书转让无效　D. 原背书人对后手的被背书人承担保证责任

20. 甲公司向乙公司购买货物，以一张丙公司为出票人的汇票支付货款。乙公司要求甲公司提供担保，甲公司请丁公司为该汇票作保证。丁公司在汇票背书栏签注：“若该汇票出票真实，本公司愿意保证”。后经了解丙公司实际并不存在。丁公司对该汇票承担的责任是（ ）。

A. 应承担一定赔偿责任　B. 只承担一般保证责任，不承担票据保证责任

C. 应当承担票据保证责任　D. 不承担任何责任

21. 甲公司持有一张商业汇票，到期委托开户银行向承兑人收取票款。甲公司行使的票据权利是（ ）。

A. 付款请求权　B. 票据追索权　C. 利益返还请求权　D. 票据返还请求权

22. 甲公司取得乙公司背书转让的汇票一张。该汇票出票人为丙公司；承兑人为丁公司；保证人为戊公司。下列情形中，甲公司可以在汇票到期日前行使追索权的是（　）。

A. 乙公司被冻结银行账号　B. 丙公司被裁定重整
C. 丁公司被宣告破产　D. 戊公司被责令停业整顿

23. 根据票据法律制度的规定，下列关于票据追索的表述中，不正确的是（　）。

A. 票据追索适用于两种情形，即到期后追索和到期前追索
B. 持票人行使追索权，必须按照票据债务人的先后顺序进行
C. 持票人对票据债务人中的一人或者数人已经进行追索的，对其他票据债务人仍可以行使追索权
D. 被追索人依照规定清偿后，可以向其他票据债务人行使再追索权

24. 张某因采购货物签发一张票据给王某，胡某从王某处窃取该票据，陈某明知胡某系窃取所得但仍受让该票据，并将其赠与不知情的黄某，下列取得票据的当事人中，享有票据权利的是（　）。

A. 王某　B. 胡某　C. 陈某　D. 黄某

25. 2024 年 8 月 5 日，甲公司向乙公司开具一张金额为 10 万元的支票，乙公司将支票背书转让给丙公司。8 月 12 日，丙公司请求付款，银行付款时，银行以甲公司账户内只有 15 000 元为由拒绝付款。丙公司遂向乙公司追索，乙公司于 8 月 15 日向丙公司付清了全部款项。根据《票据法》的规定，乙公司向甲公司行使再追索权的期限为（　）。

A. 2024 年 8 月 25 日之前　B. 2024 年 10 月 15 日之前
C. 2024 年 11 月 15 日之前　D. 2025 年 2 月 5 日之前

26. 丙公司持有一张以甲公司为出票人、乙银行为承兑人、丙公司为收款人的汇票，汇票到期日为 2024 年 6 月 5 日，但是丙公司一直没有主张票据权利。根据票据法律制度的规定，丙公司对甲公司的票据权利的消灭时间是（　）。

A. 2024 年 6 月 15 日　B. 2024 年 12 月 5 日
C. 2026 年 6 月 15 日　D. 2026 年 6 月 5 日

27. 甲所持有的一张支票遗失后，向法院申请公示催告。在公告期间内，乙持一张支票到法院申报权利，甲确认该支票就是其所遗失的支票，但是乙主张自己已经善意取得该支票上的权利。根据票据法律制度的规定，下列表述中，正确的是（　）。

A. 法院经审查认为乙的主张成立的，应当裁定驳回甲的申请
B. 法院经审查认为乙的主张成立的，应当裁定终结公示催告程序
C. 法院经审查认为乙的主张成立的，应当判决乙胜诉
D. 法院应当直接终结公示催告程序

28. 根据票据法律制度的规定，见票即付汇票的持票人应在法定期限内提示付款，该期限是（　）。

A. 自出票日起 10 日内　B. 自出票日起 1 个月内
C. 自出票日起 2 个月内　D. 自出票日起 3 个月内

29. 甲公司将一张银行汇票背书转让给乙公司；该汇票需加附粘单，甲公司为粘单上的第一记载人，丙公司为甲公司的前手。丁公司为汇票记载的收款人。根据支付结算法律制度的规定，下列公司中，应当在汇票和粘单的粘接处签章的是（　）。

A. 甲公司　　B. 乙公司　　C. 丙公司　　D. 丁公司

30. 根据支付结算法律制度的规定，下列关于支票的表述中，不正确的是（　）。

A. 申请人开立支票存款账户必须使用本名

B. 出票人在付款人处的存款足以支付支票金额时，付款人应当在见票当日足额付款

C. 现金支票可以采用委托收款方式提示付款

D. 出票人可以在支票上记载自己为收款人

31. 根据票据法律制度的规定，甲公司签发商业汇票时出现的下列情形中，导致该汇票无效的是（　）。

A. 汇票上未记载付款日期

B. 汇票上金额记载为“不超过 50 万元”

C. 汇票上记载了该票据项下交易的合同号码

D. 签章时加盖了甲公司公章，公司负责人仅签名而未盖章

32. 2024 年 8 月 9 日，甲公司签发一张电子银行承兑汇票。该汇票的到期日最迟为（　）。

A. 2024 年 9 月 9 日　　B. 2024 年 11 月 9 日

C. 2025 年 1 月 9 日　　D. 2025 年 8 月 9 日

33. 根据票据法律制度的规定，下列关于本票的表述中，正确的是（　）。

A. 本票的基本当事人为出票人、付款人和收款人　B. 未记载付款地的本票无效

C. 本票包括银行本票和商业本票　　D. 本票无须承兑

34. 委托收款是收款人委托银行向付款人收取款项的结算方式，该结算方式的使用范围是（　）。

A. 只适于同城使用　　B. 只适于异地使用

C. 同城或异地都能使用　　D. 异地使用需要核准

35. 根据《支付结算办法》的规定，汇款人委托银行将其款项支付给收款人的结算方式是（　）。

A. 汇兑　　B. 票据　　C. 托收承付　　D. 委托收款

36. 根据支付结算法律制度的规定，下列款项不可以转入个人人民币银行结算账户的是（　）。

A. 工资、奖金收入　　B. 个人投资股票所得　　C. 持有的外币　　D. 纳税退还

37. 根据支付结算法律制度的规定，发卡银行受理信用卡账户注销申请后，下列关于清户时限的表述中，正确的是（　）。

A. 发卡银行受理申请当日即可清户

B. 只要还清所欠发卡银行全部资金，清户无时间限制

C. 发卡银行受理注销申请之日起 45 日后，被注销信用卡账户方能清户

D. 持卡人与发卡银行可以约定清户时间

38. 下列情形中，属于网络支付的是（　）。

A. 董某在机场购物，使用二维码支付购物款

B. 吴某在超市购物，使用公交一卡通支付购物款

C. 周某在商场购物，通过 POS 机刷卡支付购物款

D. 郑某网上购物，通过支付宝支付货款

39. 根据支付结算法律制度的规定，下列各项中，不属于个人网上银行业务的是（　）。

A. 查询银行卡的人民币余额　　B. 查询信用卡网上支付记录
C. 网上购物电子支付　　D. B2B 网上支付

40. 王某在超市购买了 1 500 元的商品，通过支付宝扫码方式使用北京银行信用卡结账。根据支付结算法律制度的规定，下列表述中，正确的是（　）。
A. 支付宝属于银行中介机构　　B. 支付宝属于互联网支付企业
C. 支付宝属于网上银行　　D. 支付宝为消费者提供了网络支付服务

41. 根据支付结算法律制度的规定，下列关于不记名预付卡的表述中，正确的是（　）。
A. 可以挂失　　B. 可以随时赎回
C. 不得设置有效期　　D. 不得使用信用卡购买

42. 王某使用甲支付机构发行的记名预付卡，可以办理的业务是（　）。
A. 将卡内资金转入信用卡还款　　B. 提取现金
C. 购买其他商业预付卡　　D. 在甲支付机构签约的特约商户消费

43. 下列关于支付账户概念的表述，不正确的是（　）。
A. 支付机构应当对用户信息严格保密
B. 支付机构不得违反规定留存银行账户、支付账户敏感信息
C. 支付机构处理用户信息应当遵循合法、正当、必要和诚信的原则
D. 支付机构应当建立健全支付账户开立、使用、变更和撤销等业务管理和风险管理制度，可以开立匿名、假名支付账户

二、多选题

44. 关于张某拟一次性购买金额为 20 000 元的多用途预付卡，根据支付结算法律制度，下列表述中正确的有（　）。
A. 张某可以购买 4 张单张金额为 5 000 元的记名预付卡
B. 张某应当使用实名并提供有效身份证件
C. 张某可以使用信用卡购买
D. 张某可以购买 20 张单张金额为 1 000 元的不记名预付卡

45. 甲公司向 M 银行申请签发了一张银行本票交付乙公司，乙公司收票后应当审查的票据事项有（　）。
A. 收款人是否为乙公司　　B. 出票金额大小写是否一致
C. 本票上必须记载的事项是否齐全　　D. M 银行的签章是否符合规定

46. 根据支付结算法律制度的规定，关于银行卡收单业务管理的下列表述中，正确的有（　）。
A. 特约商户应当是公司等法人组织，不能是自然人
B. 收单机构不得跨省域开展收单业务
C. 收单机构应当建立对特约商户的风险评级制度
D. 收单机构应当对特约商户实行实名制管理

47. 李某购买不记名预付卡 6 万元。下列关于办理机构的做法中，符合支付结算法律制度规定的有（　）。
A. 要求李某提供身份证原件复印件　　B. 要求李某现金支付

C. 登记李某支付总金额　　D. 要求李某实名办理

48. 根据支付结算法律制度的规定，下列表述正确的有（　）。

A. 商业汇票出票人在票面上记载附条件支付委托的，所附条件不影响票据的效力

B. 商业汇票的背书人附条件背书的，所附条件不影响背书行为的效力

C. 商业汇票的保证人附条件保证的，所附条件不影响票据保证行为的效力

D. 商业汇票的付款人附条件承兑的，所附条件不影响承兑行为的效力

49. 甲签发一张银行承兑汇票给乙，乙将该汇票背书转让给丙。下列关于票据关系当事人的表述中，正确的有（　）。

A. 甲是出票人　　B. 乙是收款人，也是背书人

C. 丙是被背书人　　D. 银行是承兑人，也是付款人

50. 下列票据背书中，属于转让票据权利的背书有（　）。

A. 质押背书　　B. 委托收款背书　　C. 贴现背书　　D. 转让背书

51. 甲将一张 100 万元的汇票背书转让给乙，并注明“乙不得对甲行使追索权”。下列关于该背书效力的表述中正确的有（　）。

A. 背书转让无效　　B. 背书转让有效

C. 乙可以对甲行使追索权　　D. 乙不得对甲行使追索权

52. 根据票据法律制度的规定，下列各背书情形中，属于背书无效的有（　）。

A. 持票人将汇票金额全部转让给张某

B. 持票人将汇票金额的一半转让给王某

C. 持票人将汇票金额分别转让给李某和赵某

D. 持票人将汇票金额转让给钱某但要求钱某不得对背书人行使追索权

53. 持票人甲将已超过付款提示期限的汇票背书转让给乙。次日，乙向付款银行提示付款，银行以超过付款提示期限为由拒绝。根据票据法律制度的规定，下列各项中，正确的有（　）。

A. 甲不得将超过付款提示期限的汇票背书转让

B. 甲可以将该汇票背书转让，且不承担票据责任

C. 汇票已转让故应由乙独立承担汇票风险

D. 甲应当向持票人乙承担汇票责任

54. 下列关于商业汇票提示承兑期限的表述中，符合法律规定的有（　）。

A. 商业汇票的提示承兑期限，为自汇票到期日起 10 日内

B. 定日付款的商业汇票，持票人应该在汇票到期日前提示承兑

C. 出票后定期付款的商业汇票，提示承兑期限为自出票日起 1 个月内

D. 见票后定期付款的商业汇票，持票人应该自出票日起 1 个月内提示承兑

55. 下列主体中，不能作为票据保证人的有（　）。

A. 经国务院批准为使用外国政府贷款进行转贷，提供票据保证的国家机关

B. 在法人书面授权范围内提供票据保证的企业法人的分支机构

C. 以公益为目的的事业单位

D. 企业法人的职能部门

56. 根据支付结算法律制度的规定，票据或粘单未记载下列事项的，保证人仍需承担保证责任的有（ ）。

A. 保证人签章 B. 保证日期 C. 被保证人名称 D. “保证”字样

57. 根据票据法律制度的规定，关于票据保证的下列表述中，正确的有（ ）。

A. 票据上未记载保证日期的，被保证人的背书日期为保证日期

B. 保证人未在票据或粘单上记载被保证人名称的已承兑票据，承兑人为被保证人

C. 保证人为两人以上的，保证人之间承担连带责任

D. 保证人清偿票据债务后，可以对被保证人及其前手行使追索权

58. 根据《票据法》的规定，下列人员中，对票据持票人负有付款义务的有（ ）。

A. 汇票的承兑人 B. 银行本票的出票人 C. 支票的付款人 D. 汇票的背书人

59. 根据票据法律制度的规定，下列各项中，有权行使票据追索权的当事人有（ ）。

A. 票据记载的收款人 B. 票据的最后被背书人

C. 代为清偿票据债务的保证人 D. 代为清偿票据债务的背书人

60. 根据票据法律制度的规定，下列各项中，可以行使付款请求权的当事人有（ ）。

A. 票据记载的收款人 B. 代为清偿票据债务的保证人

C. 票据最后被背书人 D. 代为清偿票据债务的背书人

61. 根据票据法律制度的规定，下列各项中，属于汇票到期日前持票人可以行使票据追索权的情形有（ ）。

A. 汇票被拒绝承兑 B. 付款人因违法被责令终止业务活动

C. 付款人逃匿 D. 付款人破产

62. 甲签发一张汇票给乙，汇票上记载收款人乙、保证人丙等事项。乙在法定期限内向甲提示承兑后将该汇票背书转让给丁。丁又将该汇票背书转让给戊。戊在法定期限内向付款人请求付款时，未获付款。根据票据法律制度的规定，下列各项中，应当承担该汇票债务责任的有（ ）。

A. 甲 B. 乙 C. 丙 D. 丁

63. 根据票据法律制度的规定，被追索人在向持票人支付有关金额及费用后，可以向其他汇票债务人行使再追索权。下列各项中，属于被追索人可请求其他汇票债务人清偿的款项有（ ）。

A. 被追索人已清偿的全部金额及利息

B. 被追索人发出追索通知书的费用

C. 持票人取得有关拒绝证明的费用

D. 持票人因票据金额被拒绝支付而导致的利润损失

64. 根据票据法律制度的规定，行为人可通过某些方式取得票据权利。这些方式有（ ）。

A. 从持有票据的人处依法受让票据 B. 从被继承人处依法继承票据

C. 直接从购买货物一方合法受让票据 D. 税务机关依法征税而从纳税人处获得票据

65. 根据票据法律制度的规定，下列取得票据的情形中，持票人享有票据权利的有（ ）。

A. 张三明知李四偷来一张支票，李四向其转让，张三欣然接受该支票

B. 甲单位以支票形式向地震灾区某小学捐款，该小学接受该支票

C. 作为收款人，王五依法接受一张银行本票

D. 最后持票人，刘六持有一张背书连续的银行汇票

66. 甲受乙胁迫开出一张以甲为付款人，以乙为收款人的汇票，之后乙通过背书将该汇票赠与丙，丙又将该汇票背书转让与丁，以支付货款。丙、丁对乙胁迫甲取得票据一事毫不知情。下列说法中，正确的有（ ）。

A. 甲有权请求丁返还汇票　　B. 乙不享有该汇票的票据权利
C. 丙不享有该汇票的票据权利　　D. 丁不享有该汇票的票据权利

67. 根据票据法律制度的规定，持票人在一定期限内不行使票据权利，其权利归于消灭。下列关于票据权利消灭时效的表述中，正确的有（ ）。

A. 持票人对票据的出票人的权利，自票据到期日起 2 年
B. 持票人对票据的承兑人的权利，自票据到期日起 1 年
C. 持票人对支票出票人的权利，自出票日起 6 个月
D. 持票人对前手的再追索权，自清偿日或被提起诉讼之日起 3 个月

68. 根据《票据法》的规定，下列各项中，属于票据丧失后可以采取的补救措施有（ ）。

A. 挂失止付　　B. 公示催告　　C. 普通诉讼　　D. 仲裁

69. 根据票据法律制度的规定，下列各项票据中，可以挂失止付的包括（ ）。

A. 已承兑的商业汇票　　B. 支票
C. 填明“现金”字样的银行本票　　D. 未填明代理付款人的银行汇票

70. 根据票据法律制度的规定，下列各项中，票据债务人可以拒绝履行义务，行使票据抗辩权的有（ ）。

A. 背书不连续
B. 持票人向票据债务人交付的货物有严重的质量问题
C. 票据金额的中文大写与数码记载的内容不一致
D. 票据上没有记载付款地

71. 根据支付结算法律制度的规定，下列票据中，允许个人使用的有（ ）。

A. 支票　　B. 银行承兑汇票　　C. 银行本票　　D. 银行汇票

72. 根据《票据法》的规定，下列事项中，支票出票时必须记载的有（ ）。

A. 付款人名称　　B. 确定的金额　　C. 付款地　　D. 付款日期

73. 根据票据法律制度的规定，下列关于支票的表述中，符合规定的有（ ）。

A. 普通支票可以用于支取现金，也可用于转账
B. 支票的金额和收款人名称，可以由出票人授权补记
C. 用于支取现金的支票可以背书转让
D. 支票的出票人不得签发与其预留银行签章不符的支票

74. 根据票据法律制度的规定，下列关于商业汇票付款期限记载形式的表述中，正确的有（ ）。

A. 见票即付　　B. 定日付款　　C. 出票后定期付款　　D. 见票后定期付款

75. 根据票据法律制度的规定，下列关于票据信息登记的表述中，正确的有（ ）。

A. 纸质票据贴现前，金融机构办理承兑、质押、保证等业务，应当于当日在票据市场基础设施完成相关信息登记工作
B. 纸质商业承兑汇票完成承兑后，承兑人开户行应当根据承兑人委托代其进行承兑信息登记

C. 承兑信息未及时登记的，持票人有权要求承兑人补充登记相关信息
D. 电子商业汇票相关信息应当通过电子商业汇票系统同步传递至票据市场基础设施

76. 根据票据法律制度的规定，下列关于商业汇票贴现的表述中，正确的有（　）。
A. 贴现是一种非票据转让行为
B. 贴现申请人与出票人或直接前手之间具有真实的商品交易关系
C. 贴现申请人是在银行开立存款账户的企业法人以及其他组织
D. 贴现到期不获付款的，贴现银行行使追索权时可从贴现申请人的存款账户直接收取票款

77. 下列关于商业票据到期后偿付顺序的表述中，正确的有（　）。
A. 票据未经承兑人付款确认和保证增信即交易的，若承兑人未付款，应当由贴现人先行偿付。该票据在交易后又经承兑人付款确认的，应当由承兑人付款；若承兑人未付款，应当由贴现人先行偿付
B. 票据经承兑人付款确认且未保证增信即交易的，应当由承兑人付款；若承兑人未付款，应当由贴现人先行偿付
C. 票据保证增信后即交易且未经承兑人付款确认的，若承兑人未付款，应当由保证增信行先行偿付；保证增信行未偿付的，应当由贴现人先行偿付
D. 票据保证增信后且经承兑人付款确认的，应当由承兑人付款；若承兑人未付款，应当由保证增信行先行偿付；保证增信行未偿付的，应当由贴现人先行偿付

78. 根据票据法律制度的规定，下列关于商业汇票的表述中，正确的有（　）。
A. 商业汇票的付款人为承兑后的承兑人
B. 商业汇票的出票人为付款人
C. 商业汇票提示付款期限为自汇票到期日起 10 日
D. 商业汇票提示付款期限为自汇票到期日起 6 个月

79. 根据票据法律制度的规定，关于银行汇票的下列表述中，正确的有（　）。
A. 银行汇票的实际结算金额不得更改，且不得超过出票金额
B. 持票人向银行提示付款时，须同时提交银行汇票和解讫通知
C. 银行汇票的提示付款期限自出票日起 1 个月
D. 申请人或者收款人为单位的，可以申请使用现金银行汇票

80. 根据票据法律制度的规定，下列关于银行本票性质的表述中，正确的有（　）。
A. 银行本票的出票人就是付款人
B. 申请人应将银行本票交付给本票上记明的收款人
C. 申请人或收款人为单位的，不得申请签发现金银行本票
D. 收款人可以将银行本票背书转让给被背书人

81. 根据票据法律制度的规定，下列关于银行本票的表述中，正确的有（　）。
A. 单位和个人在同一票据交换区域的各种款项结算，均可使用银行本票
B. 填明“现金”字样的银行本票可以支取现金
C. 填明“现金”字样的银行本票丧失后可以挂失止付
D. 银行本票的提示付款期限自出票日起最长不得超过 1 个月

82. 根据《票据法》的规定，下列关于银行汇票提示付款的说法正确的有（ ）。
A. 银行汇票提示付款期限为自出票日起 2 个月内
B. 银行汇票持票人超过期限向代理付款银行提示付款，代理付款银行不予受理
C. 持票人向银行提示付款时，仅需提交银行汇票
D. 未填明实际结算金额和多余金额，银行不予受理

83. 下列利用信用卡进行诈骗活动的情形中，数额较大应追究刑事责任的有（ ）。
A. 恶意透支
B. 冒用他人信用卡
C. 以虚假身份证明骗领的信用卡
D. 使用伪造的信用卡

84. 据票据法律制度的规定，下列关于票据当事人的表述中，正确的有（ ）。
A. 本票的基本当事人有出票人与收款人
B. 商业汇票的承兑人，是汇票的主债务人
C. 支票的付款人是出票人的开户银行
D. 保证人属于票据的基本当事人

85. 根据支付结算法律制度的规定，下列业务中，Ⅲ类个人银行结算账户可以办理的有（ ）。
A. 存取现金
B. 限额消费和缴费
C. 限额向非绑定账户转出资金
D. 购买投资理财产品

86. 根据支付结算法律制度的规定，下列关于银行结算账户的表述中，正确的有（ ）。
A. 临时存款账户的有效期限最长不得超过 1 年
B. 业务支出账户除从其基本存款账户拨入款项外，只付不收，其现金支取必须按照国家现金管理的规定办理
C. 财政预算外资金、证券交易结算资金、期货交易保证金和信托基金专用存款账户不得支取现金
D. 基本建设资金、更新改造资金、政策性房地产开发资金、金融机构存放同业资金账户需要支取现金的，应在开户时报中国人民银行当地分支行批准

87. 根据《账户管理办法》的规定，存款人应向开户银行提出撤销银行结算账户申请的情形有（ ）。
A. 存款人被宣告破产
B. 存款人被吊销营业执照
C. 存款人变更法定代表人
D. 存款人因迁址需要变更开户银行

88. 根据《人民币银行结算账户管理办法》的规定，下列情形中，可以申请开立异地银行结算账户的有（ ）。
A. 营业执照注册地与经营地不在同一行政区域需要开立基本存款账户的
B. 办理异地借款需要开立一般存款账户的
C. 存款人因附属的非独立核算单位发生的收入汇缴或业务支出需要开立专用存款账户的
D. 异地临时经营活动需要开立临时存款账户的

89. 下列各项中，属于支付结算基本要求的有（ ）。
A. 单位、个人和银行办理支付结算，必须使用按中国人民银行统一规定印制的票据凭证和结算凭证
B. 单位、个人和银行应当按照《人民币银行结算账户管理办法》和《企业银行结算账户管理办法》的规定开立、使用账户
C. 票据和结算凭证上的签章和其他记载事项应当真实，不得伪造、变造
D. 填写各种票据和结算凭证应当规范

90. 根据《票据法》的规定，无权更改票据内容的人，改变票据的下列事项中，属于变造票据的有（　）。

A. 改变票据金额　　B. 改变票据上的到期日

C. 改变票据上的签章　　D. 改变票据上的付款日

91. 根据支付结算法律制度的规定，下列各项中，属于无效票据的有（　）。

A. 更改了出票金额的票据　　B. 更改了出票日期的票据

C. 更改了收款人名称的票据　　D. 金额中文大写与数码记载不一致的票据

三、判断题

92. 变更票据上的金额的，属于票据的伪造，不属于票据的变造。（　）

93. 财政部门为实行财政国库集中支付的预算单位在商业银行开设的零余额账户属于基本存款账户。（　）

94. 甲公司法定代表人发生变更后在 5 个工作日内书面通知开户银行并提供有关证明，办理账户变更手续。（　）

95. 撤销银行结算账户时，应当先撤销一般存款账户、专用存款账户、临时存款账户，将这些账户资金转入基本存款账户后，方可办理基本存款账户的撤销。（　）

96. 一个单位可以根据实际需要在银行开立两个以上基本存款账户。（　）

97. 存款人可以出租、出借银行结算账户，但不得利用银行结算账户套取银行信用或进行洗钱活动。（　）

98. 背书由背书人签章并记载背书日期。背书未记载日期的，视为在票据到期日前背书。（　）

99. 甲持有一张出票后定期付款的银行承兑汇票，承兑人为乙银行。甲提示承兑后背书转让给丙，丙于汇票到期后向乙银行提示付款，乙银行拒绝付款，理由是出票人因欠税已被冻结账户。乙银行拒绝付款的理由成立。（　）

100. 甲乙签订一项买卖合同，甲收到货物后开出一张汇票给乙，丙作为甲的保证人在汇票上签章。在汇票到期被拒绝付款时，持票人乙有权直接向丙请求付款。（　）

101. 追索权的行使以获得拒绝付款证明或退票理由书等有关证明为前提。（　）

102. 如果持票人因超票据权利时效或者因票据记载事项欠缺而丧失票据权利的，《票据法》为了保护持票人的合法权益，规定其仍享有民事权利，可以请求出票人或者承兑人返还其与未支付的票据款金额相当的利益。（　）

103. 票据丧失是指票据因灭失（如不慎被烧毁）、遗失（如不慎丢失）、被盗等原因而使票据权利人脱离其对票据的占有。票据丧失后，可以采取挂失止付、公示催告、普通诉讼三种形式进行补救。（　）

104. 票据丧失后，如果与票据上的权利有利害关系的人是明确的，无须公示催告，可按一般的票据纠纷向法院提起诉讼。（　）

105. 银行承兑汇票的出票人于汇票到期日未能足够交存票款的，承兑银行可以向持票人拒绝付款。（　）

106. 单张出票金额在 300 万元以上的银行承兑汇票，出票人可根据实际需求，自由选择纸质汇票或电子汇票。（　）

107. 贴现的期限从其贴现之日起至汇票到期日止。实付贴现金额按票面金额扣除贴现日至汇票到期前 1

日的利息计算。承兑人在异地的，贴现的期限以及贴现利息的计算应另加 3 天的划款日期。（ ）

108. 申请人使用银行本票，应向银行填写“银行本票申请书”，申请人或收款人为单位的，不得申请签发现金银行本票。（ ）

109. 张某向李某支付二手房购房款可以使用银行汇票办理。（ ）

110. 单笔金额不超过 200 元的小额支付业务，支付机构可以代替银行进行交易验证。（ ）

111. 票据的付款人对见票即付或者到期的票据，故意压票、拖延支付的，由国务院银行保险监督管理机构责令其改正，有违法所得的，没收违法所得。（ ）

四、不定项选择题

112. 张某因支付需要，2024 年 1 月向 P 银行申请开立了个人银行结算账户并办理一张借记卡，同时开通了网上银行业务。2024 年 2 月张某在 Q 互联网支付机构申请开立了支付账户，以非面对面方式通过实名制手机号验证、上传身份证照片、绑定其在 P 银行开立的借记卡账户三个合法安全的渠道进行身份基本信息验证。

已知：张某之前未在 P 银行开立任何个人银行结算账户。

要求：根据上述资料，不考虑其他因素，分析回答下列小题。

（1）下列关于张某申请开立个人银行结算账户的表述中，正确的是（ ）。

A. 张某可以申请开立 I 类银行账户
B. 张某应出具本人的有效身份证件
C. 张某不得授权他人代理
D. 张某可以通过智能柜员机申请开户

（2）下列业务中，张某通过其开通的网上银行可以办理的是（ ）。

A. 查询该借记卡的账户余额
B. 向他人名下的银行卡转账
C. 向自己名下的其他银行账户转账
D. 支付网上购物货款

（3）下列关于张某在 Q 支付机构开立账户的表述中，正确的是（ ）。

A. 该账户属于 I 类支付账户
B. 该账户属于 II 类支付账户
C. 该账户属于 III 类支付账户
D. 该账户属于一般存款账户

（4）下列关于张某办理的借记卡的表述中，正确的是（ ）。

A. 不可透支
B. 在 ATM 机每日累计提款不得超过 2 万元
C. P 银行应对该卡账户内的存款计付利息
D. 不得出租和转借

113. 2024 年 1 月 8 日，甲公司成立，张某为法定代表人，李某为财务人员。1 月 10 日李某携带资料到 P 银行申请开立了基本存款账户。1 月 15 日甲公司在 Q 银行申请开立了基本建设资金专户。1 月 20 日甲公司签发一张金额为 360 万元、由 P 银行承兑的电子商业汇票交付乙公司。乙公司因急需资金，于 5 月 6 日向 M 银行申请办理了汇票贴现。

要求：根据上述资料，不考虑其他因素，分析回答下列小题。

（1）关于甲公司在 P 银行开立账户的下列表述中，正确的是（ ）。

A. 该账户 2024 年 1 月 10 日不能办理对外付款业务
B. 甲公司应该填制开立银行结算账户申请书
C. P 银行应报经当地中国人民银行分支机构核准

D. 甲公司与 P 银行应签订银行结算账户管理协议

（2）关于甲公司在 Q 银行开立账户的下列表述中，正确的是（　）。

A. 甲公司应向 Q 银行出具主管部门批文

B. 甲公司应向 Q 银行出具基本存款账户开户许可证

C. 该账户支取现金应在开户时报经中国人民银行当地分支机构批准

D. Q 银行应向中国人民银行当地分支机构备案

（3）P 银行承兑该汇票应当办理的手续是（　）。

A. 与甲公司签订承兑协议　　B. 对汇票真实交易关系在线审核

C. 审查甲公司的资格与资信　　D. 收取甲公司承兑手续费

（4）乙公司到 M 银行办理贴现必须记载的事项是（　）。

A. 贴出人乙公司签章　　B. 贴现利率

C. 实付金额　　D. 贴入人 M 银行名称

114. 甲餐馆系有限责任公司，主要从事网上外卖业务。2022 年 2 月 2 日，甲餐馆因办理日常结算需要，在 P 银行开立了基本存款账户。2023 年 1 月 5 日，甲餐馆因贷款需要，在 Q 银行开立了一般存款账户。2024 年 3 月 16 日，甲餐馆因经营不善停业，注销了营业执照。甲餐馆拟撤销银行结算账户。

已知：甲餐馆只有上述两个银行结算账户。

要求：根据上述资料，不考虑其他因素，分析回答下列小题。

（1）下列关于甲餐馆在 P 银行开立的基本存款账户的表述中，正确的是（　）。

A. 该账户是甲餐馆的主办账户

B. 甲餐馆可以自主选择另一家银行再开立一个基本存款账户

C. 甲餐馆可以通过该账户发放工资

D. 甲餐馆申请开立该账户时应出具企业法人营业执照

（2）下列业务中，属于甲餐馆在 Q 银行开立的一般存款账户可以办理的是（　）。

A. 归还借款 50 万元　　B. 支取现金 3 万元　　C. 转存借款 20 万元　　D. 缴存现金 2 万元

（3）甲餐馆应在 2024 年 3 月 16 日起的一定期限内向银行提出撤销银行结算账户的申请，该期限为（　）。

A. 20 个工作日　　B. 15 个工作日　　C. 10 个工作日　　D. 5 个工作日

（4）下列关于甲餐馆撤销基本存款账户的表述中，正确的是（　）。

A. 应清偿在 Q 银行的债务，并将在 Q 银行的账户资金转入基本存款账户

B. 应将各种重要空白结算凭证、票据和开户许可证交回银行

C. 应先撤销在 Q 银行开立的一般存款账户

D. 应与 P 银行核对账户存款余额

115. 2024 年 3 月 11 日，甲公司签发一张商业汇票，收款人为乙公司，到期日为 2024 年 9 月 11 日，甲公司的开户银行 P 银行为该汇票承兑。2024 年 6 月 30 日，乙公司从丙公司采购一批货物，将该汇票背书转让给丙公司，丙公司 9 月 30 日持该汇票到其开户银行 Q 银行办理委托收款，Q 银行为丙公司办理了委托收款手续，P 银行收到委托收款凭证后，拒绝付款。

要求：根据上述资料，不考虑其他因素，分析回答下列小题。

（1）丙公司应去银行办理该汇票提示付款的期限是（　）。

A. 自受让该汇票之日起 10 日内　　B. 自受让该汇票之日起 1 个月内

C. 自该汇票到期日起 10 日　　D. 自该汇票到期日起 1 个月

（2）该汇票的付款人是（　）。

A. 甲公司　　B. P 银行　　C. 乙公司　　D. Q 银行

（3）关于银行是否应受理该汇票并承担付款责任的下列判断中，正确的是（　）。

A. Q 银行不应受理　　B. Q 银行应当受理

C. P 银行不再承担付款责任　　D. P 银行仍应承担付款责任

（4）丙公司委托收款被 P 银行拒绝后，正确的做法是（　）。

A. 向甲公司进行追索

B. 向乙公司进行追索

C. 出具书面说明，再次要求 Q 银行发出委托收款

D. 出具书面说明，直接到 P 银行提示付款

116. 2024 年 4 月 6 日，甲公司为履行与乙公司的买卖合同，签发一张由本公司承兑的商业汇票交付乙公司，汇票收款人为乙公司。到期日为 10 月 6 日。4 月 14 日，乙公司将该汇票背书转让给丙公司，9 月 8 日，丙公司持该汇票向其开户银行 Q 银行办理贴现，该汇票到期后，Q 银行向异地的甲公司开户银行 P 银行发出委托收款，P 银行于收到委托收款的次日通知甲公司付款，甲公司以乙公司一直未发货为由拒绝付款。

要求：根据上述资料，不考虑其他因素，分析回答下列小题。

（1）该汇票的付款人是（　）。

A. 甲公司　　B. 乙公司　　C. P 银行　　D. Q 银行

（2）下列各项中，属于转让背书行为的是（　）。

A. 甲公司将汇票交付乙公司　　B. 乙公司将汇票转让给丙公司

C. 丙公司持汇票向 Q 银行办理贴款　　D. Q 银行向 P 银行办理委托收款

（3）下列当事人中，属于该汇票债务人的是（　）。

A. 甲公司　　B. 乙公司　　C. 丙公司　　D. P 银行

（4）关于该汇票付款责任的下列判断中，正确的是（　）。

A. 乙公司未发货，甲公司可以拒绝付款

B. 乙公司应当对 Q 银行承担第一付款责任

C. Q 银行是善意持票人，甲公司不得拒绝付款

D. Q 银行遭拒付后，可从丙公司的存款账户直接收取票款

117. 2024 年 3 月 15 日，甲公司向乙公司签发了一张出票后 2 个月付款、金额为 20 万元的商业汇票，该汇票载明丙公司为付款人，丁公司在汇票上签章作了保证，但未记载被保证人名称。乙公司取得汇票后背书转让给戊公司，但未记载背书日期，戊公司于 2024 年 5 月 15 日向丙公司提示承兑时，丙公司以其所欠甲公司债务只有 15 万元为由拒绝承兑。戊公司拟行使追索权实现自己的票据

权利。

要求：根据上述资料，不考虑其他因素，分析回答下列小题。

（1）下列各项中，属于该汇票被保证人的是（　）。

A. 甲公司　B. 乙公司　C. 丙公司　D. 戊公司

（2）下列票据当事人中，戊公司可以向其行使追索权的是（　）。

A. 甲公司　B. 乙公司　C. 丙公司　D. 丁公司

（3）关于乙公司未记载背书日期行为效力的下列表述中，正确的是（　）。

A. 该背书无效　B. 该背书有效　C. 该票据无效　D. 该票据有效

（4）戊公司行使追索权的截止日期是（　）。

A. 2024 年 6 月 15 日　B. 2024 年 8 月 15 日

C. 2024 年 10 月 15 日　D. 2024 年 11 月 15 日

118. 2024 年 5 月 10 日，甲公司向乙公司签发一张金额为 50 万元，出票后 1 个月付款的银行承兑汇票，经其开户行 P 银行承兑后交付乙公司。5 月 15 日，乙公司将该票据背书转让给丙公司；5 月 20 日，丙公司将该票据背书转让给丁公司，并在票据上记载“不得转让”字样；5 月 25 日，丁公司在票据上记载“只有戊公司交货后，该背书转让方发生效力”的字样后，将该票据背书转让给戊公司。6 月 12 日，戊公司向 P 银行提示付款时，P 银行以甲公司存款不足为由拒绝付款。

要求：根据上述资料，不考虑其他因素。分析回答下列小题。

（1）关于该票据当事人的下列表述中，正确的是（　）。

A. 甲公司为出票人　B. 乙公司为收款人

C. 戊公司为最后一手转让背书的被背书人　D. P 银行为付款人

（2）下列票据当事人中，丙公司应对其承担保证付款责任的是（　）。

A. 丁公司　B. 甲公司　C. P 公司　D. 戊公司

（3）关于丁公司条件背书在票据上效力的下列表述中，正确的是（　）。

A. 所附条件无效，该票据无效　B. 所附条件有效，该背书有效

C. 所附条件无效，该背书有效　D. 所附条件有效，该票据无效

（4）关于该汇票付款的下列表述中，正确的是（　）。

A. P 银行应于 6 月 12 日足额付款

B. P 银行对甲公司尚未支付的汇票金额按照日万分之五计收利息

C. P 银行有权以甲公司存款不足为由拒绝付款

D. 甲公司应于 6 月 10 日前将票款足额交存 P 银行

119. 甲公司法定代表人为赵某，公司在 P 银行开立支票存款账户，预留签章为公司单位公章加会计机构负责人刘某的个人名章。2024 年 1 月 11 日，赵某派业务员李某采购原料，刘某签发一张转账支票交给李某，但支票上未填写金额和收款人名称。李某与乙公司签订合同后，将支票交付乙公司会计人员张某，张某在支票上填写合同金额 10 万元，并在收款人栏填写乙公司。1 月 12 日张某持支票到本公司的开户银行 Q 银行，拟通过委托收款方式向 P 银行提示付款。

要求：根据上述资料，不考虑其他因素，分析回答下列小题。

（1）刘某填写支票时，出票日期 2024 年 1 月 11 日正确的填写形式是（　）。

A. 贰零贰肆年壹月壹拾壹日　　B. 贰零贰肆年壹月零拾壹日

C. 贰零贰肆年零壹月零拾壹日　　D. 贰零贰肆年零壹月壹拾壹日

（2）刘某签发支票时，下列拟在支票上的签章中，正确的是（　）。

A. 甲公司单位公章加赵某的个人名章　　B. 甲公司财务专用章加赵某的个人名章

C. 甲公司财务专用章加刘某的个人名章　　D. 甲公司单位公章加刘某的个人名章

（3）下列关于该支票出票及补记行为的表述中，正确的是（　）。

A. 刘某未填写支票金额，支票无效　　B. 张某可以补记支票金额 10 万元

C. 刘某未填写收款人名称，支票无效　　D. 张某可以补记收款人为乙公司

（4）张某委托 Q 银行收取支票款项，应当办理的手续是（　）。

A. 填制进账单　　B. 在支票背书人签章栏记载“委托收款”字样

C. 在支票上记载背书日期　　D. 在支票被背书人栏记载 Q 银行

120. 2023 年 8 月 7 日，王某为购物消费便利，到甲支付机构一次性购买一张记名预付卡和若干张不记名预付卡，共计金额 6 万元。购卡后，王某在生活中广泛使用。2024 年 5 月王某因被派驻国外工作，将剩余的不记名预付卡交由妻子刘某使用，同时委托妻子刘某将记名预付卡代理自己赎回。

要求：根据上述资料，不考虑其他因素，分析回答下列小题。

（1）甲支付机构向王某出售预付卡时，下列信息中，应当登记的是（　）。

A. 王某的身份证件名称和号码　　B. 王某的联系方式

C. 购卡总金额　　D. 预付卡卡号

（2）王某本次购买预付卡，下列拟使用的资金结算方式中，正确的是（　）。

A. 现金支付 6 万元　　B. 手机银行转账 6 万元

C. 借记卡刷 POS 机 6 万元　　D. 信用卡刷 POS 机 6 万元

（3）下列事项中，王某可以使用记名预付卡办理的是（　）。

A. 在甲支付机构签约的特约商户中购物消费　　B. 在商场购买预付卡

C. 将卡内资金转入支付账户　　D. 购买交通卡

（4）刘某为王某代理赎回预付卡时，下列资料中，必须出示的是（　）。

A. 王某的记名预付卡　　B. 王某的有效身份证件

C. 刘某的有效身份证件　　D. 刘某与王某的结婚证件

121. 2024 年 6 月 1 日，甲公司在 M 银行开立基本存款账户。6 月 10 日，甲公司财务人员王某向 M 银行申请签发一张金额为 100 万元的银行汇票，交予业务员张某到异地乙公司采购货物。

2024 年 6 月 11 日，张某以甲公司的名义与乙公司签订了货物采购合同，采购货物金额为 98 万元，与票面金额相差 2 万元。乙公司发货后，张某在未填写实际结算金额的情况下，将汇票交付乙公司财务人员李某。

2024 年 7 月 6 日，李某填写结算金额后，持该汇票到乙公司开户银行 Q 银行提示付款。

要求：根据上述资料，不考虑其他因素，分析回答下列小题。

（1）下列关于王某办理银行汇票申请业务的表述中，正确的是（　）。

A. 在“银行汇票申请书”上的出票金额栏填写“现金”字样

B. 在“银行汇票申请书”上加盖甲公司预留 M 银行签章

C. 在“银行汇票申请书”上填明申请人为甲公司

D. 在“银行汇票申请书”上填明收款人为乙公司

（2）关于张某以甲公司名义与乙公司签订货物采购合同行为的性质的下列表述中正确的是（　）。

A. 该行为是要式行为　　B. 该行为是有偿行为

C. 该行为是积极行为　　D. 该行为是多方行为

（3）填写该汇票的下列方式中，李某应采取的是（　）。

A. 在汇票上填写实际结算金额 100 万元

B. 在汇票上不填写实际结算金额，填写多余金额 2 万元

C. 在汇票上填写实际结算金额 98 万元，填写多余金额 2 万元

D. 在汇票上填写实际结算金额 98 万元，不填写多余金额

（4）根据《票据法》的规定，下列关于银行汇票提示付款的说法正确的是（　）。

A. 银行汇票提示付款期限为自出票日起 2 个月内

B. 银行汇票持票人超过期限向代理付款银行提示付款，代理付款银行不予受理

C. 持票人向银行提示付款时，仅需提交银行汇票

D. 未填明实际结算金额和多余金额，银行不予受理

第四章　税法概述及货物和劳务税法律制度

手机扫码学习本章视频教程

一、单选题

1. 根据增值税法律制度的规定，下列服务中，应按照“生活服务”税目计缴增值税的是（　）。
   A. 信息技术服务　　B. 广播影视服务　　C. 教育医疗服务　　D. 文化创意服务

2. 根据增值税法律制度的规定，下列服务中，应按照“金融服务——贷款服务”税目计缴增值税的是（　）。
   A. 融资性售后回租取得的利息收入　　B. 财务担保收入
   C. 资金结算收入　　D. 理财产品转让收入

3. 甲商业银行为增值税一般纳税人，2024 年第三季度提供贷款服务取得含增值税利息收入 8 480 万元，支付存款利息 1 696 万元；取得金融同业往来含增值税利息收入 583 万元。已知增值税税率为 6%。计算甲商业银行该季度上述业务增值税销项税额的下列算式中，正确的是（　）。
   A. 8 480÷（1+6%）×6%＝480 万元
   B.（8 480+583）÷（1+6%）×6%＝513 万元
   C.（8 480－1 696+583）÷（1+6%）×6%＝417 万元
   D.（8 480－1 696）÷（1+6%）×6%＝384 万元

4. 根据增值税法律制度的规定，企业发生的下列行为中，不属于视同销售货物行为的是（　）。
   A. 将委托加工的货物无偿赠送他人　　B. 将自产的货物无偿赠送给客户
   C. 将购进的货物用于个人消费　　D. 将自产的货物分配给股东

5. 根据增值税法律制度的规定，下列各项中，不属于视同销售货物行为的是（　）。
   A. 将自产啤酒用于职工福利　　B. 将自产服装委托商场代销
   C. 将购进玩具无偿赠送幼儿园　　D. 将购进白酒用于个人消费

6. 一般纳税人销售自产的特殊货物，可选择按照简易办法计税，选择简易办法计算缴纳增值税后一定期限内不得变更，该期限是（　）。
   A. 24 个月　　B. 12 个月　　C. 36 个月　　D. 18 个月

7. 根据增值税法律制度的规定，下列各项中，属于认定增值税小规模纳税人的年应征增值税销售标准的是（　）。
   A. 50 万元及以下　　B. 100 万元及以下　　C. 200 万元及以下　　D. 500 万元及以下

8. 甲建筑公司为增值税一般纳税人，2024 年为 M 工程项目提供建筑服务，取得含增值税价款 1 545 万元、工期奖励费 30.9 万元；将部分 M 工程项目分包给乙施工队，支付含增值税分包款 206 万元，取得增值税普通发票。该工程项目选择简易计税方法计税。已知增值税征收率为 3%。计算甲建筑公司 M 工程项目应缴纳增值税税额的下列算式中，正确的是（　）。
   A.（1 545+30.9－206）÷（1+3%）×3%＝39.9 万元
   B.（1 545－206）÷（1+3%）×3%＝39 万元
   C.（1 545+30.9）÷（1+3%）×3%＝45.9 万元
   D. 1 545÷（1+3%）×3%＝45 万元

9. 根据增值税法律制度的规定，下列关于增值税纳税人的表述中，正确的是（　）。

A. 单位以承包方式经营的，一律以承包人为纳税人

B. 资管产品运营过程中发生的增值税应税行为，以资管产品投资人为纳税人

C. 提供建筑安装服务，以建筑安装服务接受方为纳税人

D. 转让无形资产，以无形资产转让方为纳税人

10. 根据增值税法律制度的规定，下列各项中，属于兼营行为的是（　）。

A. 购物中心既销售商品又提供餐饮服务

B. 装修公司在提供装修服务的同时销售装修材料

C. 家用空调专卖店在销售家用空调的同时提供安装服务

D. 门窗商店在销售门窗的同时提供送货服务

11. 甲公司为增值税一般纳税人，2024 年 2 月采取折扣方式销售货物一批，该批货物不含税销售额 200 000 元，折扣额 20 000 元，销售额和折扣额在同一张发票上分别注明。已知增值税税率 13%。甲公司当月该笔业务增值税销项税额的下列计算列式中，正确的是（　）。

A. (200 000 − 20 000) × (1 + 13%) × 13% = 26 442 元

B. 200 000 × 13% = 26 000 元

C. 200 000 × (1 + 13%) × 13% = 29 380 元

D. (200 000 − 20 000) × 13% = 23 400 元

12. 某电商企业为增值税一般纳税人，6 月采取以旧换新方式销售电脑 10 台，同时回收 10 台旧电脑，每台收购金额为 200 元，取得现金净收入为 43 200 元。已知每台新电脑市场零售价格为 4 520 元。该企业此项业务的增值税销售额为（　）元。

A. 4 320　　B. 43 200　　C. 45 200　　D. 40 000

13. 某金店是增值税的一般纳税人，2024 年 12 月采取以旧换新方式销售纯金手镯 20 只，每只新手镯的不含税销售额为 5 000 元，收购旧手镯的不含税金额为每只 3 000 元。已知销售金手镯适用的增值税税率为 13%，该笔业务的销项税额为（　）元。

A. 3 000　　B. 7 800　　C. 5 200　　D. 13 000

14. 根据增值税法律制度的规定，下列关于以物易物方式销售货物销售额确定的表述中，正确的是（　）。

A. 甲企业收到乙企业的抵顶货物不应作购货处理

B. 乙企业发出抵顶货款的货物不应作销售处理，不应计算销项税额

C. 甲、乙双方发出货物都作销售处理，但收到货物所含增值税额一律不能计入进项税额

D. 甲、乙双方都应作购销处理，可对开增值税专用发票，分别核算销售额和购进额，并计算销项税额和进项税额

15. 某企业为增值税一般纳税人，2024 年 2 月初购进货物一批，因管理不善该批货物一部分发生霉烂变质，经核实造成 1/3 损失。该批货物支付的增值税进项税额为 39 万元。该企业当月可以抵扣的进项税额为（　）万元。

A. 0　　B. 13　　C. 26　　D. 39

16. 甲商店为增值税小规模纳税人，2024 年 1 月销售商品取得含税销售额 121 200 元，购入商品取得普通发票注明金额 10 000 元。已知征收率为 1%。计算甲商店当月应缴纳增值税税额的下列算式

中，正确的是（　）。

A. 121 200÷（1+1%）×1% − 10 000×1% = 1 100 元

B. 121 200×1% = 1 212 元

C. 121 200×1% − 10 000×1% = 1 112 元

D. 121 200÷（1+1%）×1% = 1 200 元

17. 甲公司将一批价值 500 万元的货物运往境外加工，出境时已向海关报明并在海关规定期限内复运进境，支付出境的运输及保险费 30 万元，海关审定的境外加工费和料件费 100 万元、复运进境的运输及保险费 35 万元。计算甲公司该批货物复运进境时进口关税完税价格的下列算式中，正确的是（　）。

A. 100+35 = 135 万元

B. 500+30+100+35 = 665 万元

C. 500+100+35 = 635 万元

D. 500+100 = 600 万元

18. 甲酒厂为增值税一般纳税人。2024 年 3 月销售白酒取得含税价款 5 000 元，另收取包装物押金为 20 元，本月没收三个月前收取的包装物押金 25 元。已知增值税税率为 13%。计算甲酒厂当月增值税销项税额的下列算式中，正确的是（　）。

A.（5 000+20）÷（1+13%）×13% = 577.52 元

B.（5 000+25）÷（1+13%）×13% = 578.10 元

C.（5 000+20+25）÷（1+13%）×13% = 580.40 元

D. 5 000÷（1+13%）×13% = 575.22 元

19. 某公司为增值税一般纳税人，公司的销售人员在 2024 年 2 月因公出差，差旅费用如下：2 月 9 日到 11 日赴深圳出差，取得注明销售人员身份信息的往返航空运输电子客票行程单，累计金额为 4 000 元，其中注明的票价为 3 500 元，燃油附加费 450 元，机场建设费 50 元。2 月 15 日到 17 日赴郑州出差，取得注明销售人员身份信息的铁路往返车票，共计 1 200 元。2 月 20 日至 22 日坐长途汽车赴张家口出差，取得注明销售人员身份信息的客运发票，往返累计金额为 300 元。购进航空旅客运输服务和铁路运输服务进项税额 9%，购进公路、水路运输服务征收率为 3%。该公司当月可抵扣的进项税额是（　）元。

A. 450.48

B. 438.10

C. 921.13

D. 433.97

20. 甲食品厂为增值税一般纳税人，2024 年 7 月从农民手中收购一批黄桃，农产品收购发票上注明买价为 18 万元。因保管不善，该批黄桃的 30% 霉烂变质，剩余的黄桃当月全部用于加工黄桃罐头。已知购进农产品按 10% 的扣除率计算进项税额。计算甲食品厂当月收购黄桃准予抵扣进项税额的下列算式中，正确的是（　）。

A. 18×10%×（1 − 30%）= 1.26 万元

B. 18×10% = 1.8 万元

C. 18÷（1 − 10%）×10% = 2 万元

D. 18÷（1 − 10%）×10%×（1 − 30%）= 1.4 万元

21. 甲房地产开发企业为增值税一般纳税人。2022 年 1 月购入土地一块用于建设某住宅项目，支付给政府的土地价款为 7 000 万元。2024 年 1 月公司此项目销售款项为 20 000 万元。甲房地产开发企业适用增值税税率为 9%，因销售该住宅项目的销项税额计算公式正确的是（　）。

A.（20 000 − 7 000）÷（1+9%）×9% = 1 073.4 万元

B. 20 000÷（1+9%）×9%＝1 651.4 万元

C. 20 000×9%＝1 800 万元

D.（20 000+7 000）÷（1+9%）×9%＝2 229.4 万元

22. 甲商场为增值税一般纳税人，2024 年 7 月销售货物取得含增值税销售额 101.7 万元，销售餐饮服务取得含增值税销售额 21.2 万元。已知销售货物增值税税率为 13%，销售餐饮服务增值税税率为 6%。计算甲商场当月增值税销项税额的下列算式中，正确的是（ ）。

A. 101.7÷（1+13%）×13%+21.2÷（1+6%）×6%＝12.9 万元

B. 101.7÷（1+13%）×13%+21.2×6%＝12.972 万元

C. 101.7×13%+21.2×6%＝14.493 万元

D. 101.7×13%+21.2÷（1+6%）×6%＝14.421 万元

23. 甲劳务派遣公司为一般纳税人，向某单位提供劳务派遣服务，每个月向用工单位收 200 万元的员工工资和社会保险等费用，同时收 10 万元的手续费，共计 210 万元，该公司选择按照简易计税方法计税，则该公司每月应纳的增值税是（ ）万元。

A. 0.48　　B. 0.29　　C. 10　　D. 9.52

24. 某一从事二手车经销业务的公司，2024 年 5 月销售其收购的二手车取得含增值税销售额 68 000 元。从事二手车经销业务的纳税人销售其收购的二手车，减按 0.5% 征收增值税。该公司应缴纳的增值税为（ ）元。

A. 310　　B. 328.7　　C. 330.6　　D. 338.31

25. 根据增值税法律制度的规定，下列各项中，不得从销项税额中抵扣进项税额的是（ ）。

A. 购进生产用燃料所支付的增值税款　　B. 不合格产品耗用材料所支付的增值税款

C. 因管理不善被盗材料所支付的增值税款　　D. 购进不动产耗用装修材料所支付的增值税款

26. 某汽车制造厂为增值税一般纳税人，2024 年 12 月进口汽车配件一批，海关审定的关税完税价格为 200 万元，从海关运往企业所在地支付运费 6 万元，取得承运部门开具的增值税专用发票，进口汽车配件的关税税率为 10%。已知增值税税率为 13%。计算该汽车制造厂当月进口汽车配件应缴纳的增值税额的算式中，正确的是（ ）。

A.（200+6）×13%＝26.78 万元

B.（200+6）×（1+13%）×13%＝30.2614 万元

C.（200+200×10%）×13%＝28.6 万元

D.（200+200×10%）×（1+13%）×13%＝32.318 万元

27. 甲物业公司为增值税一般纳税人，2024 年 10 月提供物业服务取得含增值税价款 31.8 万元，另代收符合条件的住宅专项维修资金 848 万元，当月可抵扣的进项税额 1.2 万元。已知增值税税率为 6%。计算甲物业公司当月应缴纳增值税税额的下列算式中，正确的是（ ）。

A. 31.8÷（1+6%）×6%－1.2＝0.6 万元

B.（31.8+848）÷（1+6%）×6%－1.2＝48.6 万元

C.（31.8+848）÷（1+6%）×6%＝49.8 万元

D. 31.8×6%－1.2＝0.71 万元

28. 按照增值税法律制度的规定，增值税起征点的适用范围是（ ）。

A. 个体工商户　　B. 其他个人
C. 个人独资企业　　D. 发生应税项目的事业单位

29. 按照增值税法律制度的规定，关于纳税人销售货物或者提供应税劳务纳税义务发生时间的下列表述中，不正确的是（　）。
A. 采取委托银行收款结算方式的，为货物发出并办妥托收手续的当天
B. 采取直接收款方式销售货物，先开发票的，为收到销售款的当天
C. 采取分期付款结算方式的，为合同约定的收款日期的当天
D. 委托其他纳税人代销货物，未收到代销清单及货款的，为发出代销货物满 180 天的当天

30. 甲公司为增值税一般纳税人，2024 年 9 月以分期收款方式销售货物，该批货物不含增值税价款共计 300 万元，合同约定本月应收取 50%，月末实际收到价款 100 万元。已知增值税税率为 13%。计算甲公司该业务当月增值税销项税额的下列算式中，正确的是（　）。
A. 300×50%×13% = 19.5 万元　　B. 300×13% = 39 万元
C. 100×13% = 13 万元　　D.（300 − 100）×13% = 26 万元

31. 根据增值税法律制度的规定，下列金融机构纳税人中，不允许以 1 个季度为纳税期限的是（　）。
A. 信用社　　B. 保险公司　　C. 银行　　D. 信托投资公司

32. 根据增值税法律制度的规定，下列关于增值税专用发票记账联用途的表述中，正确的是（　）。
A. 作为购买方核算采购成本的记账凭证
B. 作为购买方核算增值税进项税额的记账凭证
C. 作为购买方报送主管税务机关认证和留存备查的扣税凭证
D. 作为销售方核算销售收入和增值税销项税额的记账凭证

33. 根据增值税法律制度的规定，下列业务中，一般纳税人可以开具增值税专用发票的是（　）。
A. 向个人提供修理、修配服务　　B. 向个体经营者零售烟酒、食品
C. 向一般纳税人销售货物　　D. 发生应税销售行为适用免税规定的

34. 根据消费税法律制度的规定，下列关于消费税征税范围的表述中，不正确的是（　）。
A. 纳税人生产的应税消费品（金银首饰除外），于纳税人销售时纳税
B. 纳税人自产自用的应税消费品，用于连续生产应税消费品的，于移送时纳税
C. 经营单位将金银首饰用于馈赠，视同零售业，在零售环节缴纳消费税
D. 纳税人从事金银首饰零售业务的，在零售时纳税

35. 根据消费税法律制度的规定，下列关于消费税纳税环节的表述中，不正确的是（　）。
A. 纳税人生产应税消费品对外销售的，在销售时纳税
B. 纳税人自产自用应税消费品，用于其他方面的，在移送使用时纳税
C. 纳税人委托加工应税消费品，收回后直接销售的，在销售时纳税
D. 纳税人委托加工的应税消费品，除受托方为个人外，由受托方在向委托方交货时代收代缴消费税

36. 甲公司（烟草公司）提供烟叶委托乙公司加工一批烟丝。甲公司将收回烟丝中的一部分用于生产卷烟，另一部分烟丝卖给丙公司。在这项委托加工烟丝业务中，消费税的纳税人是（　）。
A. 甲公司　　B. 乙公司　　C. 丙公司　　D. 甲公司和丙公司

37. 根据消费税法律制度的规定，下列应税消费品中，应当在生产和批发两个环节同时缴纳消费税的是（　）。

A. 烟丝　B. 卷烟　C. 超豪华小汽车　D. 钻石饰品

38. 根据消费税法律制度的规定，下列应税消费品中，属于在零售环节缴纳消费税的是（　）。

A. 高档化妆品　B. 柴油　C. 小汽车　D. 钻石饰品

39. 根据消费税法律制度的规定，下列各项消费品中，不属于消费税征税范围的是（　）。

A. 葡萄酒　B. 黄酒　C. 药酒　D. 调味料酒

40. 下列各项中，属于消费税和增值税都可采用的税率形式是（　）。

A. 比例税率　B. 全额累进税率　C. 超额累进税率　D. 定额税率

41. 根据消费税法律制度的规定，下列各项中，应当以纳税人同类应税消费品的最高销售价格作为计税依据计缴消费税的是（　）。

A. 甲酒厂将自产的白酒用于抵偿债务

B. 乙化妆品厂将自产的高档化妆品赠送客户

C. 丙首饰店将购进的金项链奖励优秀员工

D. 丁汽车厂将自产的小汽车用于赞助运动会

42. 甲汽车厂将1辆生产成本5万元的自产小汽车用于抵偿债务，同型号小汽车不含增值税平均售价10万元/辆，不含增值税最高售价12万元/辆。已知小汽车消费税税率5%。甲汽车厂该笔业务应缴纳消费税税额的下列计算列式中，正确的是（　）。

A. 1×10×5%＝0.5万元

B. 1×12×5%＝0.6万元

C. 1×5×5%＝0.25万元

D. 1×5×（1+5%）×5%＝0.2625万元

43. 甲酒厂为增值税一般纳税人，2024年5月销售果木酒，取得不含增值税销售额10万元，同时收取包装物租金0.565万元、优质费2.26万元。已知果木酒消费税税率为10%，增值税税率为13%。甲酒厂当月销售果木酒应缴纳消费税税额的下列计算中，正确的是（　）。

A.（10+0.565+2.26）×10%＝1.2825万元

B.（10+0.565）×10%＝1.0565万元

C. [10+（0.565+2.26）/（1+13%）]×10%＝1.25万元

D. [10+0.565/（1+13%）]×10%＝1.05万元

44. 某烟草生产企业是增值税一般纳税人。2024年6月销售甲类卷烟1 000标准条，取得销售收入（含增值税）90 400元。（已知卷烟消费税定额税率为0.003元/支，1标准条有200支；比例税率为56%）。该企业应缴纳的消费税税额为（　）。

A. 90 400÷（1+13%）×56%＝44 800元

B. 90 400×56%+1 000×0.003＝50 627元

C. 90 400÷（1+13%）×56%+200×1 000×0.003＝45 400元

D. 90 400×56%+200×1 000×0.003＝51 224元

45. 某石化公司2024年6月销售汽油1 000吨，柴油500吨，另向本公司在建工程车辆提供汽油5吨。已知汽油1吨＝1 388升，柴油1吨＝1 176升；汽油的定额税率为1.52元/升，柴油的定额税率为1.2元/升。计算该公司当月应纳消费税税额的下列算式中，正确的是（　）。

A. 1 000×1.52+500×1.2＝2 120元

B. 1 000×1.52+500×1.2+5×1.52＝2 127.6元

C. 1 000×1 388×1.52+500×1 176×1.2+5×1 388×1.52=2 825 908.8 元

D. 1 000×1 388×1.52+500×1 176×1.2=2 815 360 元

46. 甲化妆品公司为增值税一般纳税人，2024 年 5 月向某商场销售一批高档化妆品，取得含增值税销售额 3 842 000 元。已知增值税税率为 13%，消费税税率为 15%。计算甲化妆品公司该笔业务应缴纳消费税税额的下列算式中，正确的是（　）。

A. 3 842 000×15%=576 300 元　　B. 3 842 000÷（1+13%）×15%=510 000 元

C. 3 842 000×（1+13%）×15%=651 219 元　　D. 3 842 000÷（1－15%）×15%=678 000 元

47. 甲化妆品公司为增值税一般纳税人，2024 年 12 月销售高档化妆品元旦套装 400 套，每套含增值税售价 678 元，将同款元旦套装 30 套用于对外赞助。已知增值税税率为 13%，消费税税率为 15%。计算甲化妆品公司当月元旦套装应缴纳消费税税额的下列算式中，正确的是（　）。

A.（400+30）×678÷（1+13%）×15%=38 700 元

B. 400×678÷（1+13%）×15%=36 000 元

C.（400+30）×678×15%=43 731 元

D. 400×678×15%=40 680 元

48. 某白酒厂 2024 年春节前，将新研制的薯类白酒 1 吨作为过节福利发放给员工饮用，该薯类白酒无同类产品市场销售价格。已知该批薯类白酒生产成本 20 000 元，成本利润率为 5%，白酒消费税比例税率为 20%；定额税率为 0.5 元/500 克。计算该批薯类白酒应纳消费税税额的下列算式中，正确的是（　）。

A. [20 000×（1+5%）+（1×2 000×0.5）]×20%=4 400 元

B. [20 000×（1+5%）+（1×2 000×0.5）]×20%+1×2 000×0.5=5 400 元

C. [20 000×（1+5%）+（1×2 000×0.5）]÷（1－20%）×20%=5 500 元

D. [20 000×（1+5%）+（1×2 000×0.5）]÷（1－20%）×20%+1×2 000×0.5=6 500 元

49. 某化妆品企业 2024 年 5 月受托为某商场加工一批高档化妆品，收取不含增值税的加工费 13 万元，商场提供的原材料金额为 72 万元。已知该化妆品企业无同类产品销售价格，消费税税率为 15%。下列计算该化妆品企业应代收代缴消费税的算式中，正确的是（　）。

A. 72×15%=10.8 万元　　B.（72+13）×15%=12.75 万元

C.（72+13）÷（1－15%）×15%=15 万元　　D.（72+13）÷（1+15%）×15%=11.09 万元

50. 某汽车贸易公司 2024 年 10 月从国外进口小汽车 50 辆，海关核定的每辆小汽车关税完税价为 28 万元，已知小汽车关税税率为 20%，消费税税率为 25%。下列计算该公司进口小汽车应纳消费税税额的算式中，正确的是（　）。

A. 50×28×25%=350 万元

B.（50×28+50×28×20%）×25%=420 万元

C. 50×28÷（1－25%）×25%=466.67 万元

D.（50×28+50×28×20%）÷（1－25%）×25%=560 万元

51. 甲酒厂 2024 年 3 月受托加工 20 吨白酒，收取不含增值税加工费 80 000 元，成本 300 000 元的原材料由委托方提供。甲酒厂同类产品不含增值税售价为 27 500 元/吨，已知白酒消费税比例税率为 20%，定额税率为 0.5 元/500 克，1 吨=1 000 千克。计算甲酒厂上述受托加工业务应代收代缴消费税的下列算式中正确的是（　）。

A. (300 000 + 80 000) × 20% + 20 × 1 000 × 1 000 ÷ 500 × 0.5 = 96 000 元

B. 20 × 27 500 × 20% = 110 000 元

C. 300 000 × 20% + 20 × 1 000 × 1 000 ÷ 500 × 0.5 = 80 000 元

D. 20 × 27 500 × 20% + 20 × 1 000 × 1 000 ÷ 500 × 0.5 = 130 000 元

52. 甲烟厂为增值税一般纳税人，2024 年 12 月初库存的外购烟丝不含增值税买价 5 万元，当月外购烟丝不含增值税买价 40 万元，月末库存的外购烟丝不含增值税买价 10 万元，领用的烟丝当月全部于连续生产卷烟。已知烟丝消费税税率为 30%。计算甲烟厂当月准予扣除的外购烟丝已缴纳消费税税额的下列算式中，正确的是（ ）。

A. 40 × 30% = 12 万元　　B. (40 − 10) × 30% = 9 万元

C. (5 + 40 − 10) × 30% = 10.5 万元　　D. (5 + 40) × 30% = 13.5 万元

53. 根据消费税法律制度的规定，企业发生的下列经营行为中，外购应税消费品已纳消费税税额准于从应纳消费税税额中抵扣的是（ ）。

A. 以外购已税酒精为原料生产的白酒　　B. 以外购已税烟丝为原料生产的卷烟

C. 以外购已税汽油为原料生产的润滑油　　D. 以外购已税汽车轮胎为原料生产的应税小汽车

54. 2024 年 10 月 5 日，甲公司与乙公司签订书面合同，采用预收货款结算方式向乙公司销售一批自产高档化妆品。甲公司 10 月 10 日预收 80% 货款，10 月 20 日发出货物，10 月 30 日收到尾款。甲公司该业务消费税纳税义务发生时间为（ ）。

A. 10 月 30 日　　B. 10 月 20 日　　C. 10 月 5 日　　D. 10 月 10 日

55. 根据城市维护建设税法律制度的规定，纳税人向税务机关实际缴纳的下列税款中，应作为城市维护建设税计税依据的是（ ）。

A. 土地增值税　　B. 增值税　　C. 房产税　　D. 城镇土地使用税

56. 某企业 3 月销售应税货物缴纳增值税 340 万元、消费税 120 万元，出售房产缴纳土地增值税 40 万元。已知该企业所在地适用的城市维护建设税税率为 7%。计算该企业当月应缴纳的城市维护建设税的下列算式中，正确的是（ ）。

A. 120 × 7% = 8.4 万元　　B. (340 + 120 + 40) × 7% = 35 万元

C. (340 + 120) × 7% = 32.2 万元　　D. 340 × 7% = 23.8 万元

57. 甲企业为增值税一般纳税人。7 月进口原材料一批，向海关缴纳进口环节增值税 10 万元；本期在国内销售甲产品缴纳增值税 30 万元、消费税 50 万元，由于缴纳消费税时超过纳税期限 10 天，被罚滞纳金 1 万元；当月出口乙产品一批，按规定退回增值税 5 万元。已知城市维护建设税适用税率为 5%。计算甲企业当月应缴纳城市维护建设税的下列算式中，正确的是（ ）。

A. (10 + 30 + 50 + 1 + 5) × 5% = 4.8 万元　　B. (30 + 50) × 5% = 4 万元

C. (10 + 30 + 50 + 1) × 5% = 4.55 万元　　D. (30 + 50 + 5) × 5% = 4.25 万元

58. 甲企业 10 月份缴纳了被查补的增值税为 45 000 元、房产税 15 000 元，被加收滞纳金 1 000 元，被处罚款 5 000 元。纳税人所在地区城市维护建设税的税率是 7%；教育费附加的征收比率为 3%。该企业应补缴 10 月份城市维护建设税和教育费附加的下列算式中，正确的是（ ）。

A. 45 000 × (7% + 3%) = 4 500 元

B. (45 000 + 1 000) × (7% + 3%) = 4 600 元

C. （45 000+15 000）×（7%+3%）=6 000 元

D. （45 000+1 000+5 000）×（7%+3%）=5 100 元

59. 原产于我国境内的进口货物，适用的关税税率是（ ）。

A. 最惠国税率　　B. 协定税率　　C. 特惠税率　　D. 普通税率

60. 根据关税法律制度的规定，下列税费中，计入进口货物关税计税价格的是（ ）。

A. 由买方负担的购货佣金

B. 进口货物运抵我国境内输入地点起卸前发生的保险费

C. 报关时海关代征的增值税和消费税

D. 由买方负担的包装材料费用

61. 某进出口企业于 2024 年 5 月进口了一批货物成交价格为 60 万元，关税税率为 40%，从起运地至输入地点起卸前的运费为 10 万元，保险费 0.5 万元。则该公司进口该批化妆品应缴纳的关税税额为（ ）万元。

A. 28.2　　B. 28　　C. 24　　D. 25

62. 甲粮油公司为增值税一般纳税人，2024 年 10 月向农民收购一批大豆，开具的农产品收购发票上注明买价 99 190 元；从农场购进花生，取得农产品销售发票注明买价 273 000 元。当月购进的大豆和花生均用于生产食用植物油。已知购进农产品按 9% 的扣除率计算进项税额。计算甲粮油公司当月上述业务准予抵扣的进项税额的下列算式中，正确的是（ ）。

A. 99 190×9%+273 000×9%=33 497.1 元

B. 99 190÷（1－9%）×9%=9 810 元

C. 99 190÷（1－9%）×9%+273 000÷（1－9%）×9%=36 810 元

D. 273 000÷（1－9%）×9%=27 000 元

二、多选题

63. 根据关税法律制度的规定，下列各项中，应计入到进口货物计税价格中的有（ ）。

A. 货物运抵我国关境内输入地点起卸前的包装费

B. 货物运抵我国关境内输入地点起卸前的运费

C. 货物运抵我国关境内输入地点起卸前的保险费

D. 买方必须支付的、与该进口货物有关的特许权使用费

64. 根据城市维护建设税法律制度的规定，下列各项中，不属于城建税计税依据的有（ ）。

A. 纳税人进口货物缴纳的增值税税额和消费税税额

B. 纳税人实际缴纳的增值税税额和消费税税额

C. 纳税人被处罚的增值税和消费税罚款

D. 纳税人期末留抵退税退还的增值税税额

65. 根据车辆购置税法律制度的规定，下列各项中，属于车辆购置税应税行为的有（ ）。

A. 购买使用行为　　B. 进口使用行为　　C. 受赠使用行为　　D. 获奖使用行为

66. 根据车辆购置税法律制度的规定，下列各项中，属于车辆购置税征税范围的有（ ）。

A. 汽车　B. 汽车挂车　C. 有轨电车　D. 火车

67. 根据车辆购置税法律制度的规定，下列车辆，免征车辆购置税的有（　）。

A. 设有固定装置的非运输专用作业车辆

B. 1.6 升及以下排量乘用车

C. 悬挂应急救援专用号牌的国家综合性消防救援车辆

D. 城市公交企业购置的公共汽电车辆

68. 根据消费税法律制度的规定，下列关于消费税纳税义务发生时间的表述中，正确的有（　）。

A. 纳税人委托加工应税消费品的，为签订委托加工合同的当天

B. 纳税人进口应税消费品的，为报关进口的当天

C. 纳税人自产自用应税消费品的，为移送使用当天

D. 纳税人采用预收货款结算方式销售货物的，为发出应税消费品的当天

69. 根据消费税法律制度的规定，甲化妆品厂自产高档化妆品的下列用途中，应征收消费税的有（　）。

A. 移送用于连续生产高档化妆品　B. 用于广告宣传

C. 用于职工福利　D. 用于馈赠客户

70. 根据消费税法律制度的规定，下列纳税人自产自用应税消费品中，需缴纳消费税的有（　）。

A. 日化厂自产高档化妆品用于赠送客户　B. 日化厂自产高档化妆品用于广告样品

C. 酿造厂自产酒精勾兑白酒　D. 汽车制造厂自产小汽车赞助汽车拉力赛

71. 根据消费税法律制度的规定，下列关于委托加工应税消费品的表述中，正确的有（　）。

A. 除受托方为个人外，由受托方在向委托方交货时代收代缴消费税

B. 委托个人加工的应税消费品，由委托方收回后缴纳消费税

C. 委托加工的应税消费品，委托方用于连续生产应税消费品的，所纳税款准予按规定抵扣

D. 委托方以高于受托方的计税价格出售的，不属于直接出售，需按照规定申报缴纳消费税，不准予扣除受托方已代收代缴的消费税

72. 根据消费税法律制度的规定，下列各项中，属于消费税征税范围的有（　）。

A. 竹制筷子　B. 木制一次性筷子　C. 实木家具　D. 实木地板

73. 根据消费税法律制度的规定，下列各项中，应当以纳税人同类应税消费品的最高销售价格作为计税依据计算消费税的有（　）。

A. 纳税人用于换取生产资料的应税消费品　B. 纳税人用于换取消费资料的应税消费品

C. 投资入股的应税消费品　D. 抵偿债务的应税消费品

74. 根据消费税法律制度的规定，下列关于消费税从量计征销售数量确定的表述中，正确的有（　）。

A. 销售应税消费品的，为应税消费品的销售数量

B. 自产自用应税消费品的，为应税消费品的生产数量

C. 委托加工应税消费品的，为纳税人收回的应税消费品数量

D. 进口应税消费品的，为海关核定的应税消费品进口征税数量

75. 甲公司为小微企业，2024 年预享受增值税留抵退税政策，其可享受留抵退税必须满足的条件有（　）。

A. 纳税信用等级为 A 级或者 B 级

B. 申请退税前 36 个月未发生骗取留抵退税、出口退税或虚开增值税专用发票情形
C. 申请退税前 36 个月未因偷税被税务机关处罚两次及以上
D. 自 2019 年 4 月 1 日起未享受即征即退、先征后返（退）政策

76. 根据增值税法律制度的规定，下列各项中，可以作为增值税扣税凭证的有（　）。
A. 增值税专用发票
B. 海关进口增值税专用缴款书
C. 农产品收购发票
D. 载明旅客身份信息的公路客票

77. 根据增值税法律制度的规定，下列情形中，其进项税额不得从销项税额中抵扣的有（　）。
A. 非正常损失的购进货物
B. 将外购的货物发给职工作福利
C. 将外购的货物无偿赠送给外单位
D. 将外购的货物作为实物投资

78. 根据增值税法律制度的规定，纳税人购进的下列服务中，其进项税额不得从销项税额中抵扣的有（　）。
A. 旅客运输服务　B. 餐饮服务　C. 居民日常服务　D. 娱乐服务

79. 根据增值税法律制度的规定，下列行为中，外购货物进项税额准予从销项税额中抵扣的有（　）。
A. 将外购货物无偿赠送给客户
B. 将外购货物作为投资提供给联营单位
C. 将外购货物用于本单位职工福利
D. 将外购货物分配给股东

80. 根据增值税法律制度的规定，一般纳税人发生的下列应税行为，可以选择适用简易计税方法计税的有（　）。
A. 公共交通运输服务　B. 电影放映服务　C. 仓储服务　D. 装卸搬运服务

81. 甲公司为增值税一般纳税人，主要从事机器设备的生产与销售业务。2024 年 8 月销售自产机器设备同时提供安装服务，取得机器设备不含增值税销售额 1 000 000 元，不含增值税安装费 309 000 元。甲公司提供的安装服务选择简易计税方法计税。已知：增值税税率为 13%；增值税征收率为 3%；取得的扣税凭证均符合规定，并于当月抵扣。下列关于甲公司当月销售自产机器设备同时提供安装服务的增值税处理中，正确的有（　）。
A. 销售机器设备同时提供安装服务增值税销项税额为：[1 000 000+309 000÷(1+3%)]×13%＝169 000 元
B. 销售机器设备增值税销项税额为：1 000 000×13%＝130 000 元
C. 提供安装服务应缴纳增值税税额为：309 000×3%＝9 270 元
D. 销售机器设备同时提供安装服务应缴纳的增值税税额为：(1 000 000+309 000)×3%＝39 270 元

82. 根据增值税法律制度的规定，下列混合销售行为中，按照销售服务计缴增值税的有（　）。
A. 百货商店在销售商品的同时又提供送货服务
B. 餐饮公司提供餐饮服务的同时又销售烟酒
C. 建材商店在销售木质地板的同时提供安装服务
D. 歌舞厅在提供娱乐服务的同时销售食品

83. 根据增值税法律制度的规定，下列各项中，属于不征收增值税项目的有（　）。
A. 存款利息
B. 被保险人获得的保险赔付
C. 物业管理单位代收的住宅专项维修资金
D. 电力公司销售电力

84. 根据增值税法律制度的规定，下列纳税人中，不办理一般纳税人资格登记的有（　）。

A. 个体工商户以外的其他个人

B. 选择按照小规模纳税人纳税的非企业性单位

C. 从事进出口业务的专业外贸公司

D. 年应税销售额超过 500 万元且会计核算制度健全的公司

85. 下列税种中，属于海关征收或代征的有（　）。

A. 关税　B. 进口环节增值税　C. 进口环节消费税　D. 车船税

三、判断题

86. 公共租赁住房经营单位出租公共租赁房的减半征收增值税。（　）

87. 纳税人进口货物，应向其机构所在地的主管税务机关申报缴纳进口环节增值税。（　）

88. 除国家税务总局另有规定外，纳税人一经认定为一般纳税人后，不得转为小规模纳税人。（　）

89. 融资性售后回租业务，应按照“租赁服务”税目计缴增值税。（　）

90. 无运输工具承运业务，应按照“交通运输服务”税目计算缴纳增值税。（　）

91. 甲未按规定向乙支付货款，乙企业按合同规定向甲收取违约金，由于违约金是在销售实现后收取的，故不应征增值税。（　）

92. 经纪代理服务，以取得的全部价款和价外费用，扣除向委托方收取并代为支付的政府性基金或者行政事业性收费后的余额为销售额。（　）

93. 将建筑物的广告位出租给其他单位用于发布广告，应按照“广告服务”税目计缴增值税。（　）

94. 增值税一般纳税人将租入的大楼兼用于办公和职工宿舍的，其进项税额不得从销项税额中抵扣。（　）

95. 白酒生产企业向商业销售单位收取的“品牌使用费”是随着应税白酒的销售而向购货方收取的，属于应税白酒销售价款的组成部分，因此，不论企业采取何种方式或以何种名义收取价款，均应并入白酒的销售额中缴纳消费税。（　）

96. 纳税人通过自设非独立核算门市部销售的自产应税消费品，应当按照门市部对外销售额或者销售数量征收消费税。（　）

97. 车辆购置税按月计算，按季申报缴纳。（　）

98. 关税的纳税人包括进口货物的收货人、出口货物的发货人、进境物品的携带人或者收件人。（　）

四、不定项选择题

99. 甲公司为增值税一般纳税人。2024 年 5 月有关生产经营情况如下：

（1）以还本销售方式向乙办公设备租赁公司销售一批办公桌，取得含增值税销售额 1 695 000 元，合同约定甲公司 5 年向乙退还全部货款的 80%。

（2）销售员工乘坐飞机出差，取得注明员工身份信息的航空运输电子客票行程单，票价合计 87 200 元、民航发展基金 2 000 元。

（3）外购 300 台空调发职工福利。

（4）委托加工实木书柜奖励员工。

（5）自产会议桌交给丙家具城代销。

（6）购进的机床投资给丁家具工厂。

（7）出租一处经营用房。

已知：销售增值税税率为 13%，购进航空旅客运输服务进项税额 9%，取得扣税凭证均符合规定，并于当月扣除。

（1）计算销售办公桌增值税销项税正确的是（　）。

A. 1 695 000×（1－80%）÷（1+13%）×13% = 39 000 元

B. 1 695 000×80%×13% = 176 280 元

C. 1 695 000×13% = 220 350 元

D. 1 695 000÷（1+13%）×13% = 195 000 元

（2）计算甲公司当月取得航空运输电子客票行程单，准予抵扣进项税额是（　）。

A. 87 200÷（1+9%）×9% = 7 200 元

B. [87 200÷（1+9%）+2 000]×9% = 7 380 元

C. 87 200×9% = 7 848 元

D. （87 200+2 000）×9% = 8 028 元

（3）应当视同销售增值税的是（　）。

A. 委托加工实木书柜奖给员工

B. 将购进的机床作为投资给丁家具工厂

C. 自产会议桌交给丙家具城代销

D. 外购 300 台空调发职工福利

（4）甲公司出租经营用房缴纳的税费是（　）。

A. 房产税　　B. 契税　　C. 增值税　　D. 土地增值税

100. 甲旅游公司为增值税一般纳税人，主要从事旅游服务，2024 年 10 月有关经营情况如下：

（1）提供旅游服务取得含增值税销售额 3 604 000 元，替游客支付交通费 901 000 元，餐饮住宿费 1 441 600 元，门票 720 800 元，甲旅游公司选择差额计税方法计算增值税。

（2）出售旅游纪念商品取得含增值税销售额 113 000 元，同时收取旅游纪念商品包装费 13 560 元。

（3）购进广告服务，取得的增值税专用发票上注明税额 6 000 元，购进装修服务，取得的增值税专用发票上注明税额 6 300 元。购进一批办公用品、取得的增值税电子专用发票上注明税额 3 900 元，因管理不善，该批办公用品中的 20% 被盗。购进用于员工福利的餐饮服务，取得的增值税普通发票上注明税额 30 元。

（4）出售 2015 年购入的一辆自己使用过的小汽车，取得含增值税销售额 73 542 元，并具增值税普通发票。

已知：旅游服务增值税税率为 6%，销售货物增值税税率为 13%；销售自己使用过的固定资产按照简易办法，依照 3% 征收率减按 2% 征收增值税；取得的扣税凭证均符合规定，并于当月抵扣。

要求：根据上述资料，不考虑其他因素，分析回答下列小题。

（1）计算甲旅游公司当月提供旅游服务增值税销项税额的下列算式中，正确的是（　）。

A.（3 604 000－901 000－1 441 600－720 800）÷（1+6%）×6% = 30 600 元

B.（3 604 000－720 800）÷（1+6%）×6% = 163 200 元

C. 3 604 000×6% = 216 240 元

D.（3 604 000－901 000－720 800）÷（1+6%）×6% = 112 200 元

（2）计算旅游公司当月出售旅游纪念商品增值税销项税额的下列算式中，正确的是（　）。

A.（113 000 + 13 560）÷（1 + 13%）× 13% = 14 560 元

B.（113 000 + 13 560）× 13% = 16 452.8 元

C. 113 000 ÷（1 + 13%）× 13% = 13 000 元

D. 113 000 × 13% + 13 560 ÷（1 + 13%）× 13% = 16 250 元

（3）甲旅游公司的下列进项税额中，准予全额抵扣的是（　）。

A. 购进员工餐饮服务进项税额 30 元

B. 购进办公室装修用建筑服务的进项税额 6 300 元

C. 购进广告服务的进项税额 6 000 元

D. 购进办公用品的进项税额 3 900 元

（4）计算甲旅游公司出售小汽车应缴纳增值税税额的下列算式中，正确的是（　）。

A. 73 542 × 2% = 1 470.84 元

B. 73 542 ÷（1 + 3%）× 2% = 1 428 元

C. 73 542 × 3% = 2 206.26 元

D. 73 542 ÷（1 + 2%）× 3% = 2 163 元

101. 甲公司为增值税一般纳税人，主要从事建筑、装修材料的生产和销售业务，2024 年 10 月有关经济业务如下：

（1）购进生产原材料取得增值税专用发票注明税额 13 万元，另支付运输费取得增值税专用发票注明税额 0.27 万元。

（2）购进办公设备取得增值税专用发票注明税额 2.6 万元。

（3）仓库因保管不善丢失一批上月购进的零配件，该批零配件账面成本 11.3 万元，其中含运输费成本 0.3 万元，购进零配件和支付运输费的进项税额均已于上月抵扣。

（4）销售装修板材取得含税价 226 万元，另收取包装费 22.6 万元。

（5）销售一台自己使用过的机器设备，取得含税销售额 20.6 万元，该设备于 2008 年 2 月购入。甲公司属于 2008 年 12 月 31 日以前未纳入扩大增值税抵扣范围试点的纳税人。

已知：货物增值税税率为 13%，提供交通运输业服务增值税税率为 9%，销售自己使用过的机器设备按简易办法依照 3% 征收率减按 2% 征收增值税；上期留抵增值税税额为 5.6 万元；取得的增值税专用发票已通过税务机关认证。

要求：根据上述资料，不考虑其他因素，分析回答下列小题。

（1）甲公司的下列进项税额，准予从销项税额中抵扣的是（　）。

A. 上期留抵增值税额 5.6 万元

B. 支付运输费的进项税额 0.27 万元

C. 购进生产用原材料的进项税额 13 万元

D. 购进办公设备的进项税额 2.6 万元

（2）甲公司当月丢失零配件增值税进项税额转出的下列计算列式中，正确的是（　）。

A.（11.3 − 0.3）× 13% = 1.43 万元

B. 11.3 ÷（1 + 13%）× 13% = 1.3 万元

C. 11.3 ÷（1 + 13%）× 13% + 0.3 × 13% = 1.339 万元

D.（11.3 − 0.3）× 13% + 0.3 × 9% = 1.457 万元

（3）甲公司当月销售装修板材增值税销项税额的下列计算列式中，正确的是（　）。

A. [226 + 22.6 ÷（1 + 13%）] × 13% = 31.98 万元

B. 226÷（1+13%）×13%＝26 万元

C. 226×13%＝29.38 万元

D.（226+22.6）÷（1+13%）×13%＝28.6 万元

（4）甲公司当月销售机器设备应缴纳增值税税额的下列算式中，正确的是（　）。

A. 20.6÷（1+3%）×2%＝0.4 万元

B. 20.6×3%×5%＝0.309 万元

C. 20.6×2%＝0.412 万元

D. 20.6×（1+3%）×3%×50%＝0.3 万元

102.（不定项选择题）甲公司为增值税一般纳税人，主要从事货物运输、装卸搬运和仓储服务。2024 年 9 月有关经营情况如下：

（1）提供货物运输服务，取得含增值税价款 2 180 000 元，同时收取包装费 10 900 元。

（2）提供装卸搬运服务，取得含增值税价款 41 200 元。

（3）提供仓储服务，取得含增值税价款 82 400 元。

（4）出租一间闲置仓库，取得含增值税租金 52 500 元，该仓库系甲公司 2006 年购入。

（5）采取预收款方式向乙公司出租运输车 1 辆，此车购置于 2018 年 1 月。9 月 16 日签订有形动产租赁合同，租期 3 个月。9 月 20 日收到乙公司支付的租赁费，9 月 23 日向乙公司开具增值税专用发票，9 月 28 日向乙公司交付出租的运输车辆。

（6）将资金贷与关联企业丙公司使用，取得利息 200 000 元。

（7）无偿为关联企业丙公司提供仓储服务，同类仓储服务含增值税价款 15 000 元。

（8）因公司车辆发生交通事故，获得保险赔付 350 000 元。

（9）取得银行存款利息 2 000 元。

已知：销售交通运输服务增值税税率为 9%。

要求：根据上述资料，不考虑其他因素，分析回答下列小题。

（1）计算甲公司当月提供货物运输服务增值税销项税额的下列算式中，正确的是（　）。

A. 2 180 000÷（1+9%）×9%＝180 000 元

B. 10 900÷（1+9%）×9%＝900 元

C.（2 180 000+10 900）÷（1+9%）×9%＝180 900 元

D.（2 180 000+10 900）×9%＝197 181 元

（2）甲公司提供的下列服务中，可以选择使用简易计税方法的有（　）。

A. 出租闲置仓库

B. 提供仓储服务

C. 向乙公司出租运输车辆

D. 提供装卸搬运服务

（3）甲公司当月采取预收款方式出租运输车辆，增值税纳税义务发生时间是（　）。

A. 9 月 16 日　　B. 9 月 20 日　　C. 9 月 23 日　　D. 9 月 28 日

（4）甲公司当月发生的下列业务中，属于不缴纳增值税项目的有（　）。

A. 取得存款利息 2 000 元

B. 将资金贷与关联企业丙公司使用取得利息 200 000 元

C. 获得保险赔付 350 000 元

D. 无偿为关联企业丙公司提供仓储服务

103. 甲公司为增值税一般纳税人，主要从事高档化妆品生产和销售业务，2024 年 10 月有关经营情况如下：

（1）进口一批香水精，海关审定的货价 210 万元，运抵我国境内输入地点起卸前的包装费 11 万元，运输费 20 万元，保险费 4 万元；

（2）接受乙公司委托加工一批口红，不含增值税加工费 35 万元，乙公司提供原材料成本 84 万元，该批口红无同类产品销售价格；

（3）销售香水，取得不含增值税价款 678 万元，另收取包装费 5.65 万元。

已知：高档化妆品消费税税率为 30%，关税税率为 10%，增值税税率为 13%。

要求：根据上述资料，不考虑其他因素，分析回答下列小题。

（1）甲公司进口香水精应缴纳消费税税额的下列算式中，正确的是（ ）。

A.（210+20）×（1+10%）×（1+30%）×30%=98.67 万元

B.（210+11+4）×（1+10%）÷（1－30%）×30%=106.07 万元

C.（210+11+20+4）×（1+10%）÷（1－30%）×30%=115.5 万元

D.（210+11+20+4）×（1+10%）×（1+30%）×30%=105.105 万元

（2）甲公司进口香水精应缴纳增值税税额的下列算式中，正确的是（ ）。

A.（210+20）×（1+10%）×（1+30%）×13%=42.757 万元

B.（210+11+4）×（1+10%）÷（1－30%）×13%=45.96 万元

C.（210+11+20+4）×（1+10%）÷（1－30%）×13%=50.05 万元

D.（210+11+20+4）×（1+10%）×（1+30%）×13%=45.55 万元

（3）甲公司受托加工口红应代收代缴消费税税额的下列计算中，正确的是（ ）。

A.（84+35）×30%=35.7 万元

B.（84+35）÷（1－30%）×30%=51 万元

C. [84÷（1－30%）+35]×30%=46.5 万元

D. [84+35÷（1－30%）]×30%=40.2 万元

（4）甲公司销售香水应缴纳消费税税额的下列计算中，正确的是（ ）。

A. 678÷（1+13%）×30%=180 万元

B. [678+5.65÷（1+13%）]×30%=204.9 万元

C.（678+5.65）×30%=205.095 万元

D. 678×30%=203.4 万元

104. 甲餐具生产厂为增值税一般纳税人，主要从事一次性餐具的生产和销售业务，2024 年 8 月有关经济业务如下：

（1）收购原木，开具的农产品收购发票注明买价 32 700 元，运输途中发生合理损耗 436 元。

（2）采取预收款方式向乙公司销售一次性餐具，8 月 1 日双方签订销售合同；8 月 3 日预售全部含税货款 113 000 元，另收包装费 3 390 元；8 月 15 日和 8 月 25 日各发出 50% 的餐具。

（3）受托加工木制一次性筷子，收取不含增值税加工费 17 100 元，委托方提供的原材料成本 39 900 元。甲餐具生产厂无同类木制一次性筷子销售价格。

已知：增值税税率为 13%；农产品扣除率为 9%；木制一次性筷子消费税税率为 5%。

要求：根据上述资料，不考虑其他因素，分析回答下列小题。

（1）甲餐具厂当月收购原木准予抵扣的增值税进项税额的下列计算列式中，正确的是（　）。

A.（32 700－436）÷（1+9%）×9%＝2 664 元　　B. 32 700×9%＝2 943 元

C. 32 700÷（1+9%）×9%＝2 700 元　　D.（32 700－436）×9%＝2 903.76 元

（2）甲餐具生产厂采取预收款方式销售一次性餐具，其增值税纳税义务发生时间是（　）。

A. 8 月 15 日　　B. 8 月 25 日　　C. 8 月 3 日　　D. 8 月 1 日

（3）甲餐具生产厂当月销售一次性餐具增值税销项税额的下列计算列式中，正确的是（　）。

A. 11 300×13%＝1 469 元

B. 11 300÷（1+13%）×13%＝1 300 元

C.（11 300+3 390）÷（1+13%）×13%＝1 690 元

D.（11 300+3 390）×13%＝1 909.7 元

（4）甲餐具厂当月受托加工木质一次性筷子应代收代缴消费税税额的下列计算列式中，正确的是（　）。

A.（39 900+17 100）÷（1－5%）×5%＝3 000 元

B. 17 100÷（1－5%）×5%＝900 元

C.（39 900+17 100）×5%＝2 850 元

D. 17 100×5%＝855 元

105. 甲企业为增值税一般纳税人，主要从事房地产开发与销售业务。2015 年 4 月取得 M 住宅项目的开发权，领取的《建筑工程许可证》注明的开工日期为 2015 年 4 月 20 日，2024 年 8 月项目竣工销售。甲企业 2024 年 9 月该项目有关业务情况如下：

（1）销售住宅 10 000 平方米，不含增值税售价 7 350 元／平方米，另代收住宅专项维修资金 136 500 元。

（2）将 600 平方米底商用于出租；将 500 平方米底商用于抵偿工程款；将 200 平方米底商无偿赠送给关联企业；将 100 平方米底商转为办公自用。

（3）购进 M 住宅项目用装修材料，取得增值税专用发票注明税额 69 062.5 元。

已知：M 住宅项目属于老项目，甲企业选择简易计税方法缴纳增值税，增值税征收率为 5%。城市维护建设税税率为 7%，教育费附加税率为 3%。

要求：根据上述资料，不考虑其他因素，分析回答下列小题。

（1）计算甲企业当月销售住宅应缴纳增值税税额的下列算式中，正确的是（　）。

A. 10 000×7 350×5%＝3 675 000 元

B.（10 000×7 350+136 500）×5%＝3 681 825 元

C. 10 000×7 350÷（1+5%）×5%＝3 500 000 元

D. [10 000×7 350+136 500÷（1+5%）]×5%＝3 681 500 元

（2）甲企业当月销售住宅应缴纳的城市维护建设税和教育费附加的金额是（　）元。

A. 367 500　　B. 368 182.5　　C. 350 000　　D. 368 150

（3）甲企业下列业务中，应缴纳增值税的是（　）。

A. 将 600 平方米底商用于出租　　B. 将 500 平方米底商用于抵偿工程款

C. 将 200 平方米底商无偿赠送给关联企业　　D. 将 100 平方米底商转为办公自用

（4）关于甲企业购进 M 项目用装修材料进项税额 69 062.5 元处理的下列表述中，正确的是（　）。

A. 不允许抵扣　B. 当月允许抵扣 40%

C. 当月允许抵扣 60%　D. 当月允许全部抵扣

106. 甲酒店为增值税一般纳税人，主要从事住宿、餐饮等业务。2024 年 11 月有关经营情况如下：

（1）提供住宿服务取得含税收入 1 176 600 元；提供餐饮服务取得含税收入 349 800 元；提供场地出租给乙银行放置 ATM 机取得含税收入 47 064 元；提供酒店建筑物广告位出租给丙公司用于发布广告取得含税收入 69 324 元。

（2）商品部销售商品取得含税收入 56 500 元，同时收取商品包装费 1 695 元。

（3）购进办公用品取得增值税专用发票注明税额 2 470 元；从小规模纳税人处购进客房用品取得的增值税专用发票注明税额 6 000 元；购进营业用电取得增值税专用发票注明税额 39 000 元。

已知：生活服务增值税税率为 6%；不动产租赁服务增值税税率为 9%；销售货物增值税税率为 13%。取得的增值税专用发票均已通过税务机关认证。

要求：根据上述资料，不考虑其他因素，分析回答下列小题。

（1）甲酒店下列业务中，应按照“现代服务”税目计缴增值税的是（　）。

A. 住宿服务　B. 餐饮服务　C. 提供场地出租　D. 提供广告位出租

（2）计算甲酒店当月提供各项服务增值税销项税额的下列算式中，正确的是（　）。

A. 提供住宿服务增值税销项税额 = 1 176 600 ÷（1 + 6%）× 6% = 66 600 元

B. 提供餐饮服务增值税销项税额 = 349 800 ÷（1 + 9%）× 9% = 28 882.5688 元

C. 提供场地出租增值税销项税额 = 47 064 ÷（1 + 6%）× 6% = 2 664 元

D. 提供酒店建筑物广告位出租增值税销项税额 = 69 324 ÷（1 + 9%）× 9% = 5 724 元

（3）计算甲酒店商品部当月销售商品增值税销项税额的下列算式中，正确的是（　）。

A.（56 500 + 1 695）÷（1 + 13%）× 13% = 6 695 元

B. 56 500 ÷（1 + 13%）× 13% = 6 500 元

C.（56 500 + 1 695）× 13% = 7 565.35 元

D. 56 500 × 13% = 7 345 元

（4）计算甲酒店当月允许抵扣增值税进项税额的下列算式中，正确的是（　）。

A. 2 470 + 6 000 + 39 000 = 47 470 元　B. 2 470 + 39 000 = 41 470 元

C. 2 470 + 6 000 = 8 470 元　D. 6 000 + 39 000 = 45 000 元

107. 甲商业银行 W 分行为增值税一般纳税人，主要提供存款、贷款、货币兑换、基金管理、资金结算、金融商品转让等相关金融服务。2024 年第三季度有关经营情况如下：

（1）取得含增值税贷款利息收入 6 360 万元，支付存款利息 1 590 万元；取得含增值税转贷利息收入 530 万元，支付转贷利息 477 万元。

（2）本季度销售一批债券，卖出价 805.6 万元，该批债券买入价 795 万元，除此之外无其他金融商品买卖业务，上一纳税期金融商品买卖销售额为正差且已纳税。

（3）租入营业用房屋，取得增值税专用发票注明税额 13.5 万元；对该房屋进行装修，支付装修费取得增值税专用发票注明税额 9 万元。

已知：金融服务增值税税率为 6%。取得的增值税专用发票均已通过税务机关认证。

要求：根据上述资料，不考虑其他因素，分析回答下列小题。

（1）甲商业银行 W 分行提供的下列金融服务中，应按照“金融服务——直接收费金融服务”税目计缴增值税的是（　）。

A. 贷款　　B. 货币兑换　　C. 基金管理　　D. 资金结算

（2）计算甲商业银行 W 分行第三季度贷款及转贷业务增值税销项税额的下列算式中，正确的是（　）。

A.（6 360+530）÷（1+6%）×6%＝390 万元

B.（6 360－1 590+530－477）÷（1+6%）×6%＝273 万元

C.（6 360+530－477）÷（1+6%）×6%＝363 万元

D.（6 360－1 590+530）÷（1+6%）×6%＝300 万元

（3）计算甲商业银行 W 分行第三季度金融商品买卖业务应缴纳增值税税额的下列算式中，正确的是（　）。

A.（805.6－795）÷（1+6%）×6%＝0.6 万元

B. 805.6÷（1+6%）×6%＝45.6 万元

C. 805.6×6%＝48.336 万元

D.（805.6+795）÷（1+6%）×6%＝90.6 万元

（4）关于甲商业银行 W 分行第三季度租入营业用房屋及装修业务增值税进项税额抵扣的下列表述中，正确的是（　）。

A. 租入营业用房屋进项税额 13.5 万元及装修进项税额 9 万元都允许在当期抵扣

B. 租入营业用房屋进项税额 13.5 万元及装修进项税额 9 万元都不允许抵扣

C. 租入营业用房屋进项税额 13.5 万元及装修进项税额 9 万元允许在当期抵扣 60%

D. 租入营业用房屋进项税额 13.5 万元允许在当期全额抵扣，装修进项税额 9 万元只允许在当期抵扣 60%

108. 甲公司为增值税一般纳税人，主要从事房地产开发与销售业务。2024 年 8 月有关经营情况如下：

（1）高档住宅 W 项目竣工销售，取得含税销售价款 16 350 万元，受让 W 项目土地时支付土地价款为 4 578 万元。该项目于 2016 年 6 月开工。

（2）普通住宅 Y 项目竣工销售，取得含税销售价款 52 500 万元，另代收住宅专项维修资金 105 万元。该项目于 2016 年 3 月开工。

（3）将自行开发的一栋商业楼无偿赠送给关联企业乙公司。

（4）购买 W 项目用装饰材料，取得增值税专用发票注明税额 2.6 万元；购买 Y 项目用装饰材料，取得增值税普通发票注明税额 0.26 万元；购买办公用小轿车一部，取得增值税专用发票注明税额 3.9 万元；购买办公用品，取得增值税专用发票注明税额 0.78 万元。

已知：W 项目适用一般计税方法，增值税税率为 9%；Y 项目选择适用简易计税方法，增值税征收率为 5%。

要求：根据上述资料，不考虑其他因素，分析回答下列小题。

（1）计算甲公司高档住宅 W 项目增值税销项税额的下列算式中，正确的是（　）。

A. 16 350×9%＝1 471.5 万元

B.（16 350－4 578）÷（1+9%）×9%＝972 万元

C.（16 350－4 578）×9%＝1 059.48 万元

D. 16 350÷（1+9%）×9%＝1 350 万元

（2）计算甲公司普通住宅 Y 项目应缴纳增值税税额的下列算式中，正确的是（　）。

A. 52 500÷（1+5%）×5%＝2 500 万元

B.（52 500+105）÷（1+5%）×5%＝2 505 万元

C.（52 500+105）×5%＝2 630.25 万元

D. 52 500×5%＝2 625 万元

（3）下列关于甲公司无偿赠送商业楼的增值税处理中，正确的是（　）。

A. 属于增值税非经营活动，不征收增值税

B. 属于增值税免税项目

C. 属于增值税零税率项目

D. 属于视同销售不动产，应征收增值税

（4）甲公司当月下列进项税额允许从销项税额中抵扣的是（　）。

A. 购买高档住宅 W 项目用装饰材料进项税额 2.6 万元

B. 购买普通住宅 Y 项目用装饰材料进项税额 0.26 万元

C. 购买办公用小轿车进项税额 3.9 万元

D. 购买办公用品进项税额 0.78 万元

手机扫码学习本章视频教程

第五章 所得税法律制度

一、单选题

1. 根据企业所得税法律制度的规定，关于确定来源于中国境内、境外所得的下列表述中，不正确的是（ ）。

A. 提供劳务所得，按照劳务发生地确定

B. 销售货物所得，按照交易活动发生地确定

C. 股息、红利等权益性投资所得，按照分配所得的企业所在地确定

D. 转让不动产所得，按照转让不动产的企业或者机构、场所所在地确定

2. 根据企业所得税法律制度的规定，下列关于不同方式下销售货物收入金额确定的表述中，正确的是（ ）。

A. 采用商业折扣方式销售商品的，按照商业折扣前的金额确定销售货物收入金额

B. 采用现金折扣方式销售商品的，按照现金折扣前的金额确定销售货物收入金额

C. 采用售后回购方式销售商品的，按照扣除回购商品公允价值后的余额确定销售货物收入金额

D. 采用以旧换新方式销售商品的，按照扣除回收商品公允价值后的余额确定销售货物收入金额

3. 根据企业所得税法律制度的规定，企业缴纳的下列税金中，不得在企业所得税税前扣除的是（ ）。

A. 增值税　　B. 消费税　　C. 印花税　　D. 房产税

4. 某企业 2024 年计入成本、费用中的实发工资 270 万元，发生的工会经费 7.5 万元、职工福利费 41 万元、职工教育经费 23.85 万元。已知：企业拨缴的工会经费，不超过工资薪金总额 2% 的部分，准予扣除；企业发生的职工教育经费支出，不超过工资薪金总额 8% 的部分，准予在计算企业所得税应纳税所得额时扣除；企业发生的职工福利费支出，不超过工资薪金总额 14% 的部分，准予扣除。该企业的“三项经费”的纳税调整增加额为（ ）万元。

A. 5.3　　B. 7.55　　C. 5.45　　D. 12.5

5. 甲公司 4 月 1 日向银行借款 1 000 万元用于建造生产线（建造时间超过 1 年），借款期限 1 年，当年向银行支付了 3 个季度的借款利息 45 万元，该厂房于 10 月 31 日完工结算并投入使用，税前可直接扣除的利息费用为（ ）万元。

A. 45　　B. 60　　C. 10　　D. 0

6. 根据企业所得税法律制度的规定，企业取得的下列收入中，属于非货币形式收入的是（ ）。

A. 零售商品取得的现金

B. 销售办公用品取得购买方签发的一张商业汇票

C. 出租经营场地取得承租方签发的一张转账支票

D. 收到债务人用于抵偿货款的一台运输设备

7. 某企业 2024 年度销售收入净额为 2 000 万元，全年发生业务招待费 25 万元，且能提供有效凭证。已知企业发生的与生产经营活动有关的业务招待费支出，按照发生额的 60% 扣除，但最高不得超过当年销售（营业）收入的 5‰。在计算该企业在当年企业所得税应纳税所得额时，准予扣除的

业务招待费为（ ）万元。

A. 25　B. 20　C. 15　D. 10

8. 甲企业 2024 年销售收入为 3 000 万元，广告费支出为 400 万元，上年结转广告费为 60 万元。已知所得税前广告费可以按企业销售收入的 15% 扣除。甲企业 2024 年准予扣除的广告费是（ ）万元。

A. 460　B. 510　C. 450　D. 340

9. 根据企业所得税法律制度的规定，纳税人在生产经营过程中租入固定资产而支付的下列费用中，不能直接作为费用扣除的是（ ）。

A. 经营性租赁方式发生的租赁费
B. 安装交付使用后产生的借款利息
C. 经营租赁方式承租方支付的手续费
D. 融资租赁方式发生的租赁费按照规定构成融资租入固定资产价值的部分

10. 甲公司 2024 年度利润总额 300 万元，预缴企业所得税税额 60 万元，在“营业外支出”账户中列支了通过公益性社会组织向灾区的捐款 38 万元。已知企业所得税税率为 25%；公益性捐赠支出不超过年度利润总额 12% 的部分，准予在计算企业所得税应纳税所得额时扣除。计算甲公司当年应补缴企业所得税税额的下列算式中，正确的是（ ）。

A. 300×25%－60＝15 万元
B.（300＋300×12%）×25%－60＝24 万元
C. [300＋（38－300×12%）]×25%－60＝15.5 万元
D.（300＋38）×25%－60＝24.5 万元

11. 甲公司 2024 年取得销售家具收入 600 万元、受托加工家具收入 200 万元。当年发生符合条件的广告费和业务宣传费支出 100 万元，以前年度符合条件的广告费和业务宣传费累计结转金额 30 万元。已知广告费和业务宣传费支出不超过当年销售（营业）收入 15% 的部分，准予扣除。甲公司在计算 2024 年度企业所得税应纳税所得额时，准予扣除的广告费和业务宣传费支出为（ ）万元。

A. 90　B. 100　C. 120　D. 130

12. 某居民企业，2024 年计入成本、费用的实发工资总额为 400 万元，支出职工福利费 55 万元，职工教育经费 10 万元，拨缴职工工会经费 20 万元，该企业本年计算应纳税所得额时，准予在税前扣除的工资和三项经费合计为（ ）万元。

A. 400＋400×14%＋400×2%＋400×8%＝496 万元
B. 400＋55＋400×2%＋10＝473 万元
C. 400＋55＋10＋20＝485 万元
D. 400＋400×14%＋10＋20＝486 万元

13. 甲公司 2024 年度发生合理的工资、薪金支出 700 万元，为全体员工支付补充养老保险费 40 万元、补充医疗保险费 25 万元，已知补充养老保险费、补充医疗保险费分别在不超过职工工资总额 5% 标准内的部分，在计算应纳税所得额时准予扣除。公司在计算 2024 年度企业所得税应纳税所得额时准予扣除的补充养老保险费、补充医疗保险费合计为（ ）万元。

A. 60　B. 65　C. 55　D. 70

14. 下列企业为职工缴纳的保险费中，不予全额扣除的是（　）。

A. 雇主责任险

B. 职工因公出差乘坐交通工具发生的人身意外保险费

C. 补充养老保险费

D. 为特殊工种职工支付的人身安全保险费

15. 根据企业所得税法律制度的规定，下列固定资产中，在计算企业所得税应纳税所得额时准予扣除折旧费的是（　）。

A. 未投入使用的房屋　　B. 以经营租赁方式租入的固定资产

C. 未投入使用的机器设备　　D. 以融资租赁方式租出的固定资产

16. 根据企业所得税法律制度的规定，下列各项中，可计提折旧的生物资产是（　）。

A. 经济林　　B. 防风固沙林　　C. 用材林　　D. 存栏待售的牲畜

17. 甲公司2024年度企业所得税收入总额1 000万元，免税收入100万元，各项扣除600万元，无不征税收入和结转的以前年度亏损。已知企业所得税税率为25%，甲公司2024年度应缴纳企业所得税税额为（　）万元。

A. 75　　B. 250　　C. 225　　D. 100

18. 甲居民企业的主营业务为电动工具的生产，2024年发生的亏损，可以用以后纳税年度的所得逐年弥补，但延续弥补的期限最长不得超过（　）。

A. 2027年　　B. 2028年　　C. 2029年　　D. 2030年

19. 甲居民企业不具备高新技术企业或科技型中小企业资格，2018年－2024年未弥补亏税前的应纳税所得额分别为－500万元、－100万元、50万元、150万元、200万元、－50万元和250万元。2024年甲居民企业应纳企业所得税税额为（　）万元。

A. 0　　B. 25　　C. 27　　D. 33

20. 甲公司2024年应纳税所得额为1 000万元，减免税额为10万元，抵免税额为20万元，企业所得税税率为25%。甲公司当年企业所得税应纳税额的下列算式中，正确的是（　）。

A. 1 000×25%－20＝230万元　　B. 1 000×25%－10－20＝220万元

C. 1 000×25%－10＝240万元　　D. 1 000×25%＝250万元

21. 某企业来源于境外的所得已在境外缴纳所得税税款，且超过抵免限额。根据企业所得税法律制度的规定，该企业对超过的部分可采用的处理方法是（　）。

A. 列为当年费用支出

B. 从本年度的应纳所得税额中扣除

C. 在以后5个年度内，用每年度抵免限额抵免当年应抵税额后的余额进行抵补

D. 从以后年度境外所得中扣除

22. 某居民企业2024年度实现销售收入1 000万元、利润总额200万元，全年发生的与生产经营活动有关的业务招待费支出10万元，持有国债取得的利息收入3万元，除上述两项外无其他纳税调整项目。已知企业所得税税率为25%。该企业2024年度企业所得税应纳税额为（　）万元。

A. 50　　B. 50.5　　C. 52　　D. 51.75

23. 居民个人李某出租住房，2024 年 4 月取得租金收入 4 000 元，当月发生的准予扣除税费合计为 400 元，修缮费用 1 200 元，均取得合法票据。已知：租金每次收入不超过 4 000 元的，减除费用 800 元；4 000 元以上的，减除 20% 的费用，其余额为应纳税所得额。对个人出租住房取得的所得暂减按 10% 的税率征收个人所得税。李某应缴纳个人所得税为（ ）元。

A. 160　　B. 200　　C. 280　　D. 360

24. 根据企业所得税法律制度的规定，下列各项中，属于免税收入的是（ ）。

A. 财政拨款　　B. 国债转让收入

C. 国债利息收入　　D. 依法收取并纳入财政管理的政府性基金

25. 根据企业所得税法律制度的规定，下列收入中，可以免征企业所得税的是（ ）。

A. 符合条件的居民企业之间的权益性投资收益　　B. 租金收入

C. 汇兑收益　　D. 接受的捐赠收入

26. 甲企业 2024 年利润总额为 4 000 万元，其中投资收益项目为：国债利息收入 20 万元，国债转让收益 60 万元，无其他调整事项。根据企业所得税法律制度的规定，该企业 2024 年应纳税所得额为（ ）万元。

A. 3 920　　B. 3 940　　C. 3 980　　D. 4 000

27. 根据企业所得税法律制度的规定，企业从事下列项目的所得中，减半征收企业所得税的是（ ）。

A. 饮料作物种植　　B. 家禽饲养　　C. 远洋捕捞　　D. 棉花种植

28. 根据企业所得税法律制度的规定，符合条件的小型微利企业年度应纳税所得额的标准为（ ）。

A. 不超过 100 万元　　B. 不超过 150 万元　　C. 不超过 200 万元　　D. 不超过 300 万元

29. 根据企业所得税法律制度的规定，一般企业开展研发活动中实际发生的研发费用，未形成无形资产计入当期损益的，在按规定据实扣除的基础上，自 2023 年 1 月 1 日起，再按照实际发生额的一定比例在税前加计扣除，该比例为（ ）。

A. 50%　　B. 75%　　C. 100%　　D. 175%

30. 某交通运输企业 2024 年利润总额为 2 000 万元，当年开发新产品研发费用实际支出为 200 万元，未形成无形资产计入当期损益。已知该企业研发费用在据实扣除的基础上可实行 100% 加计扣除政策，企业所得税税率为 25%。假设不存在其他纳税调整项目。该企业当年应纳企业所得税税额为（ ）万元。

A. 500　　B. 375　　C. 250　　D. 450

31. 甲企业 2024 年利润总额为 200 万元，当年支付给残疾人员的实际工资为 20 万元。已知企业安置残疾人员的，在按照支付给残疾职工工资据实扣除的基础上，按照支付给残疾职工工资的 100% 加计扣除；该企业适用的企业所得税税率为 25%。假设没有其他纳税调整项目，该企业当年应纳企业所得税为（ ）万元。

A. 50　　B. 37.5　　C. 45　　D. 47.5

32. 甲企业为创业投资企业。该企业 2022 年 6 月 1 日向境内某未上市的中小高新技术企业投资 500 万元，至 2024 年仍然持有该投资。2024 年度该企业利润总额 4 000 万元；未经财税部门核准，提取存货减值准备 100 万元。已知企业所得税税率为 25%。假定不考虑其他纳税调整事项，2024 年该企业应纳企业所得税税额为（ ）万元。

A. 900　　B. 937.5　　C. 1 000　　D. 1 025

33. 甲公司为增值税一般纳税人，2024 年购置并实际使用《环境保护专用设备企业所得税优惠目录》中规定的环境保护专用设备，取得增值税专用发票注明金额 300 万元，税额 39 万元。甲公司 2024 年度企业所得税应纳税所得额为 180 万元。甲公司享受应纳税抵免的企业所得税优惠。已知企业所得税税率为 25%，甲公司 2024 年度应缴纳企业所得税税额为（ ）万元。

A. 18　　B. 11.1　　C. 37.5　　D. 15

34. 根据企业所得税法律制度的规定，关于企业所得税的纳税期限的下列表述中，正确的是（ ）。

A. 按季计征　　B. 按月计征

C. 按年计征，分期预缴　　D. 按次计征，汇总缴纳

35. 根据企业所得税法律制度的规定，企业按月或按季预缴企业所得税的，应当自月份或者季度终了之日起一定期限内，向税务机关报送预缴企业所得税纳税申报表，预缴税款。该期限是（ ）。

A. 5 日　　B. 10 日　　C. 15 日　　D. 20 日

36. 根据个人所得税法律制度的规定，下列各项中，不属于个人所得税纳税人的是（ ）。

A. 个人独资企业的个人投资者　　B. 个体工商户

C. 一人有限责任公司　　D. 合伙企业中的自然人合伙人

37. 根据个人所得税法律制度的规定，下列各项中，属于工资、薪金所得项目的是（ ）。

A. 劳动分红　　B. 托儿补助费　　C. 独生子女补贴　　D. 差旅费津贴

38. 根据个人所得税法律制度的规定，下列各项中，应按“工资、薪金所得”税目征收个人所得税的是（ ）。

A. 单位全勤奖　　B. 参加商场活动中奖　　C. 出租闲置房屋所得　　D. 国债利息所得

39. 中国居民袁某 2024 年 8 月应邀为甲公司提供培训一次，取得报酬 32 000 元，袁某自己负担交通费 300 元。已知劳务报酬所得每次收入 4 000 元以上的，减除费用按 20% 计算；累计预扣预缴应纳税所得额超过 20 000 元至 50 000 元的部分，预扣率为 30%，速算扣除数为 2 000。计算袁某上述业务应预扣预缴个人所得税税额的下列算式中，正确的是（ ）。

A. 32 000×（1－20%）×30%－2 000＝5 680 元

B.（32 000－300）×（1－20%）×30%＝7 608 元

C.（32 000－300）×（1－20%）×30%－2 000＝5 608 元

D. 32 000×（1－20%）×（1－30%）×30%－2 000＝3 376 元

40. 根据个人所得税法律制度的规定，中国居民李某取得的下列所得中，属于来源于中国境内所得的是（ ）。

A. 在境外签订合同，将其境内的房屋转让给美国人汤姆取得的收入

B. 在境外维修设备取得的报酬

C. 许可王某在境外使用其专利取得的特许权使用费

D. 将境外的一套房屋出租给当地居民取得的租金

41. 某作家将自己文字作品手稿复印件在某国公开拍卖，其拍卖所得应属的个人所得税应税所得项目

是（ ）。

A. 稿酬所得　　B. 财产转让所得
C. 特许权使用费所得　　D. 劳务报酬所得

42. 法国人里奥 2024 年 9 月被派到中国工作四个月，取得境内分公司支付的当月工资 11 000 元。已知非居民个人工资、薪金所得以每月收入减除 5 000 元后的余额为应纳税所得额；应纳税所得额超过 3 000 元至 12 000 元的部分，税率为 10%，速算扣除数为 210。计算里奥当月工资应缴纳个人所得税税额的下列算式中，正确的是（ ）。

A. （11 000 − 5 000）× 10% − 210 = 390 元
B. 11 000 × 10% − 210 = 890 元
C. （11 000 − 5 000）×（1 − 10%）× 10% − 210 = 330 元
D. 11 000 × 10% = 1 100 元

43. 2024 年 11 月赵某出租房屋，取得当月租金 20 000 元，房屋租赁过程中发生相关税费 400 元，当月支付水电费 100 元、房屋修缮费 1 000 元。已知个人出租住房所得暂减按 10% 的税率征收个人所得税；财产租赁所得，每次收入 4 000 元以上的，减除 20% 的费用；准予减除的修缮费用以 800 元为限。计算赵某 11 月该笔租金应缴纳个人所得税税额的下列算式中，正确的是（ ）。

A. （20 000 − 400 − 800）×（1 − 20%）× 10% = 1 504 元
B. （20 000 − 400 − 100 − 800）×（1 − 20%）× 10% = 1 496 元
C. （20 000 − 400 − 1 000）×（1 − 20%）× 10% = 1 488 元
D. （20 000 − 400 − 100 − 1 000）×（1 − 20%）× 10% = 1 480 元

44. 根据个人所得税法律制度的规定，个人购买符合规定的商业健康保险产品的支出，允许在当年（月）计算应纳税所得额时在一定限额内予以税前扣除。该限额为（ ）。

A. 3 600 元／年　　B. 3 200 元／年　　C. 2 800 元／年　　D. 2 400 元／年

45. 根据个人所得税法律制度的规定，个体工商户的下列支出中，在计算个人所得税应纳税所得额时准予扣除的是（ ）。

A. 实际支付给从业人员合理的工资薪金支出　　B. 代其从业人员负担的税款
C. 交通违章罚款　　D. 对某小学的直接捐赠

46. 根据个人所得税法律制度的规定，个体工商户的下列支出中，在计算应纳税所得额时，准予扣除的是（ ）。

A. 个人所得税税款　　B. 用于个人和家庭的支出
C. 业主的工资薪金支出　　D. 从事生产经营活动发生的固定资产盘亏

47. 郑某 2024 年 3 月在某公司举行的有奖销售活动中获得资金 12 000 元，领奖时发生交通费 600 元、食宿费 400 元（均由郑某承担）。在颁奖现场郑某直接向某大学图书馆捐款 3 000 元。已知偶然所得适用的个人所得税税率为 20%。郑某中奖收入应缴纳的个人所得税税额为（ ）元。

A. 0　　B. 1 600　　C. 1 800　　D. 2 400

48. 根据个人所得税法律制度的规定，甲公司员工王某取得的下列收益中，不应按“偶然所得”项目缴纳个人所得税的是（ ）。

A. 为张某提供担保获得收入 4 000 元

B. 在乙公司业务宣传活动中取得随机赠送的电脑一台

C. 王某参加职业技能大赛获得奖金 5 000 元

D. 取得房屋转租收入 10 000 元

49. 中国某公司职员李某 2024 年 1~3 月每月取得工资、薪金收入均为 10 000 元。当地规定的社会保险和住房公积金个人缴存比例为：基本养老保险 8%，基本医疗保险 2%，失业保险 0.5%，住房公积金 12%。王某缴纳社会保险费核定的缴费工资基数为 8 000 元。李某 1~2 月份累计已预扣预缴个人所得税税额为 192 元。该公司向李某发放 3 月份工资时，应预扣预缴的个人所得税的下列算式中，正确的是（　）。

A. [10 000×3 − 5 000 − 10 000×(8%+2%+0.5%+12%)]×3% = 588 元

B. [10 000×3 − 5 000 − 10 000×(8%+2%+0.5%+12%)]×3% − 192 = 396 元

C. [10 000× − 3 500×3 − 8 000×(8%+2%+0.5%+12%)]×3% − 192 = 204 元

D. [10 000×3 − 5 000×3 − 8 000×(8%+2%+0.5%+12%)×3]×3% − 192 = 96 元

50. 李先生通过拍卖行将一幅珍藏多年的字画拍卖，取得收入 500 000 元，主管税务机关核定王某收藏该字画发生的费用为 100 000 元，拍卖时支付相关税费 50 000 元。已知转让财产适用的个人所得税税率为 20%，李先生拍卖字画所得应缴纳个人所得税的下列算式中，正确的是（　）。

A. (500 000 − 100 000)×20% = 80 000 元

B. (500 000 − 100 000 − 50 000)×20% = 70 000 元

C. (500 000 − 50 000)×20% = 90 000 元

D. 500 000×20% = 100 000 元

51. 2024 年 6 月赵某在商场有奖竞赛活动中获得奖金 2 000 元，随后将其中 800 元直接捐赠给某农村小学。已知偶然所得个人所得税税率为 20%。计算赵某该笔奖金应缴纳个人所得税税额的下列算式中，正确的是（　）。

A. 2 000×20% = 400 元

B. (2 000÷20% − 800)×20% = 1 840 元

C. 800×20% = 160 元

D. (2 000 − 800)×20% = 240 元

52. 甲公司出资购买房屋，将所有权登记在股东李某名下。关于上述业务个人所得税税务处理的下列表述中，正确的是（　）。

A. 李某不需要缴纳个人所得税

B. 李某应按照“综合所得”项目缴纳个人所得税

C. 李某应按照“利息、股息、红利所得”项目缴纳个人所得税

D. 李某应按照“经营所得”项目缴纳个人所得税

53. 2024 年 10 月黄某转让其所有的两套普通住房中的一套，取得转让收入 588 万元，支付合理费用 24.4 万元。该住房为黄某六年前购入，房产原值为 336 万元。已知财产转让所得个人所得税税率为 20%。计算黄某转让该套住房应缴纳个人所得税税额的下列算式中，正确的是（　）。

A. 588×20% = 117.6 万元

B. (588 − 336 − 24.4)×20% = 45.52 万元

C. (588 − 336)×20% = 50.4 万元

D. (588 − 24.4)×20% = 112.72 万元

54. 根据个人所得税法律制度的规定，下列各项个人所得中，应当缴纳个人所得税的是（　）。

A. 某体育明星取得的国家体育总局奖励 20 万元人民币

B. 某科学家获得国务院特殊津贴每月 1 200 元人民币
C. 某高校教师取得学校奖励其一项发明专利 3 万元人民币
D. 李某取得的保险公司赔付保险金 2 万元

55. 根据个人所得税法律制度的规定，个人取得的下列收入中，免征个人所得税的是（　）。
A. 从依法宣告破产的企业取得的一次性安置费收入
B. 办理内部退养手续后从原任职单位取得的一次性收入
C. 离退休人员从原任职单位取得的补贴收入
D. 退休人员再任职取得的收入

二、多选题

56. 根据企业所得税法律制度的规定，下列企业中，属于我国企业所得税纳税人的有（　）。
A. 依照外国法律成立未在中国境内设立机构但有来源于中国境内所得的企业
B. 依照中国法律在中国境内成立的个人独资企业
C. 依照外国法律成立但实际管理机构在中国境内的企业
D. 依照外国法律成立在中国境内设立机构且取得所得的企业

57. 根据企业所得税法律制度的规定，下列关于收入确认时间的表述中，正确的有（　）。
A. 特许权使用费收入，按照合同约定的特许权使用人应付特许权使用费的日期确认收入的实现
B. 租金收入，按照承租人实际支付租金的日期确认收入的实现
C. 接受捐赠收入，按照合同约定的受赠人接受捐赠资产的日期确认收入的实现
D. 利息收入，按照合同约定的债务人应付利息的日期确认收入的实现

58. 根据企业所得税法律制度的规定，下列所得中，属于企业所得税征税范围的有（　）。
A. 居民企业来源于中国境外的所得
B. 非居民企业来源于中国境内的所得
C. 在我国境内未设机构场所的非居民企业来源于中国境外的所得
D. 非居民企业来源于中国境外但与其在我国所设机构、场所有实际联系的所得

59. 根据企业所得税法律制度的规定，下列各项中，属于来源于中国境内所得的有（　）。
A. 甲国企业在中国境内提供咨询服务取得的收入
B. 乙国企业转让中国境内公司股权取得的收入
C. 丙国企业通过其代理商在中国境内销售货物取得的收入
D. 丁国企业在中国境外为中国公司技术人员提供培训服务取得的收入

60. 根据企业所得税法律制度的规定，下列各项中，属于转让财产收入的有（　）。
A. 转让股权收入　　B. 转让固定资产收入
C. 转让土地使用权收入　　D. 转让债权收入

61. 根据企业所得税法律制度的规定，下列各项中，属于视同销售货物的有（　）。
A. 将外购货物用于偿债　　B. 将外购货物用于利润分配
C. 将外购货物用于广告　　D. 将外购货物用于职工福利

62. 根据企业所得税法律制度的规定，关于确认收入实现时间的下列表述中，正确的有（　）。

A. 销售商品采用预收款方式的，在收到预收款时确认收入

B. 销售商品采取托收承付方式的，在办妥托收手续时确认收入

C. 以分期收款方式销售货物的，在发出商品时确认收入的实现

D. 采取产品分成方式取得收入的，按照企业分得产品的日期确认收入的实现

63. 根据企业所得税法的规定，下列项目中，属于不征税收入的有（　）。

A. 财政拨款

B. 国债转让收入

C. 国债利息收入

D. 基本养老保险基金管理机构在国务院批准的投资范围内，运用养老基金投资取得的归属于养老基金的投资收入

64. 甲企业 2024 年利润总额为 2 000 万元，工资薪金支出为 1 500 万元，已知在计算企业所得税应纳税所得额时，公益性捐赠支出、职工福利费支出、职工教育经费支出的扣除比例分别不超过 12%、14% 和 8%，下列支出中，允许在计算 2024 年企业所得税应纳税所得额时全额扣除的有（　）。

A. 公益性捐赠支出 200 万元

B. 职工福利费支出 160 万元

C. 职工教育经费支出 240 万元

D. 2024 年 7 月至 2025 年 4 月期间的厂房租金支出 300 万元

65. 根据企业所得税法律制度的规定，关于企业所得税税前扣除限额的下列表述中，正确的有（　）。

A. 财产保险企业按照全部保费收入扣除退保金等后余额的 18% 计算限额

B. 人身保险企业按当年全部保费收入扣除退保金等后余额的 18% 计算限额

C. 保险代理企业为取得保险代理收入而实际发生的手续费及佣金支出，准予在企业所得税前据实扣除

D. 国有企业纳入管理费用的党组织工作经费，实际支出不超过职工年度工资薪金总额 1% 的部分，可以据实在企业所得税前扣除

66. 根据企业所得税法律制度的规定，下列支出项目中，不得在企业所得税税前扣除的有（　）。

A. 税收滞纳金　　B. 银行按规定加收的罚息

C. 被没收财物的损失　　D. 未经核定的准备金支出

67. 根据企业所得税法律制度的规定，下列支出项目中，不得在企业所得税税前扣除的有（　）。

A. 企业内营业机构之间支付的特许权使用费　　B. 在经营过程中发生的咨询费用

C. 未履行合同规定支付的违约金　　D. 未经核定的资产减值准备

68. 根据企业所得税法律制度的规定，下列各项中，计算企业所得税应纳税所得额时可以计算折旧的扣除有（　）。

A. 已提足折旧继续使用的生产线

B. 以融资租赁方式出租的固定资产

C. 日常维修期间停止生产的设备

D. 上月已达到预定可使用状态尚未办理竣工决算的办公大楼

69. 根据企业所得税法律制度的规定，下列关于无形资产税务处理的表述中，正确的有（　）。

A. 自创商誉不得计算摊销费用扣除
B. 无形资产按照直线法计算的摊销费用，准予扣除
C. 外购商誉的支出，在企业整体转让或者清算时，准予扣除
D. 无形资产的摊销年限不得低于 5 年

70. 根据企业所得税法律制度的规定，企业发生的下列支出中，应作为长期待摊费用按照规定摊销的有（　）。
A. 长期借款的利息支出
B. 租入固定资产的改建支出
C. 固定资产的大修理支出
D. 已提足折旧的固定资产的改建支出

71. 根据企业所得税法律制度的规定，下列行业中，不适用研究开发费用税前加计扣除政策的有（　）。
A. 烟草制造业
B. 房地产业
C. 租赁服务业
D. 商务服务业

72. 根据企业所得税法律制度的规定，下列资产中，可采用加速折旧方法的有（　）。
A. 常年处于强震动状态的固定资产
B. 常年处于高腐蚀状态的固定资产
C. 单独估价作为固定资产入账的土地
D. 由于技术进步原因产品更新换代较快的固定资产

73. 根据企业所得税法律制度的规定，下列关于企业所得税纳税期限的表述中，正确的有（　）。
A. 企业所得税按年计征，分月或者分季预缴，年终汇算清缴，多退少补
B. 企业在一个纳税年度中间开业，使该纳税年度的实际经营不足 12 个月的，应当以其实际经营期为 1 个纳税年度
C. 企业依法清算时，应当以清算期作为 1 个纳税年度
D. 企业在纳税年度中间终止经营活动的，应当自实际经营终止之日起 60 日内，向税务机关办理当期企业所得税汇算清缴

74. 根据个人所得税法律制度的规定，下列各项中，属于居民个人的有（　）。
A. 在中国境内有住所的个人
B. 在中国境内无住所而一个纳税年度内在中国境内居住累计满 183 天的个人
C. 在中国境内无住所又不居住的个人
D. 在中国境内无住所而一个纳税年度内在中国境内居住累计满 180 天的个人

75. 根据个人所得税法律制度的规定，下列收入中，属于来源于中国境内所得的有（　）。
A. 在中国境内受聘而取得的工资薪金所得
B. 因任职在中国境外提供各种劳务取得的劳务报酬所得
C. 将财产出租给承租人在中国境内使用而取得的所得
D. 转让中国境内的建筑物取得的所得

76. 根据个人所得税法律制度的规定，下列各项中，属于稿酬所得项目的有（　）。
A. 记者在本单位刊物发表文章取得的报酬
B. 提供著作权的使用权而取得的报酬
C. 将国外的作品翻译出版取得的报酬
D. 作者去世后，财产继承人取得的遗作稿酬

77. 经济学家李某取得的下列所得中，按照“稿酬所得”项目预扣预缴个人所得税的有（　）。

A. 将自己的论文手稿原件拍卖取得的报酬
B. 应邀担任学术会议主讲嘉宾取得的报酬
C. 将自己的研究成果整理成文章发表取得的报酬
D. 将自己的摄影作品发表在书画杂志取得的报酬

78. 根据个人所得税法律制度的规定，确定居民个人所得税年综合所得的应纳税所得额时，允许扣除的项目有（ ）。

A. 6 万元费用　　B. 失业保险费　　C. 子女教育费　　D. 继续教育费

79. 下列个人通过非营利性的社会团体和国家机关的捐赠中，在计算缴纳个人所得税时，准予在税前的所得额中全额扣除的有（ ）。

A. 向红十字事业的捐赠
B. 向遭受严重自然灾害地区的捐赠
C. 向农村义务教育的捐赠
D. 对公益性青少年活动场所（其中包括新建）的捐赠

80. 根据个人所得税法律制度的规定，下列各项中，属于“经营所得”的有（ ）。

A. 个人独资企业从事生产、经营活动取得的所得
B. 个人依法从事医疗咨询取得的所得
C. 个人对企业承包经营取得的所得
D. 个人转让著作权所得

81. 根据个人所得税法律制度的规定，计算个体工商户个人所得税应纳税所得额时，下列支出中，允许扣除的有（ ）。

A. 个体工商户参加财产保险，按照规定缴纳的保险费
B. 个体工商户按照规定缴纳的摊位费
C. 个体工商户在生产经营活动中发生的合理的不需要资本化的借款费用
D. 个体工商户业主的基本养老保险费

82. 根据个人所得税法律制度的规定，下列各项中，应按照财产转让所得项目征收个人所得税的有（ ）。

A. 个人转让股票取得的所得　　B. 个人将其收藏的齐白石画作拍卖取得的所得
C. 个人转让车船取得的所得　　D. 个人将自己的作品手稿拍卖取得的所得

83. 根据个人所得税法律制度的规定，下列各项中，属于财产转让所得的有（ ）。

A. 转让限售股取得的所得
B. 个人转让新三板挂牌公司原始股取得的所得
C. 个人通过招标、竞拍或其他方式购置债权以后，通过相关司法或行政程序主张债权而取得的所得
D. 个人通过网络收购玩家的虚拟货币，加价后向他人出售取得的收入

84. 根据个人所得税法律制度的规定，下列所得中，按次计征个人所得税的有（ ）。

A. 利息所得　　B. 股息所得　　C. 红利所得　　D. 偶然所得

85. 根据个人所得税法律制度的规定，下列个人缴纳的年金或保险费中，在规定的标准以内，允许计征个人所得税时扣除的有（ ）。

A. 企业年金　　B. 职业年金
C. 商业健康保险　　D. 税收递延型养老保险

86. 企业在销售商品（产品）和提供服务过程中向个人赠送礼品的下列情形中，不征收个人所得税的有（　）。

A. 企业通过价格折扣、折让方式向个人销售商品（产品）和提供服务
B. 企业在向个人销售商品（产品）和提供服务的同时给予赠品
C. 通信企业对个人购买手机赠话费、入网费，购话费赠手机
D. 企业对累积消费达到一定额度的个人按消费积分反馈礼品

87. 根据企业所得税法律制度的规定，下列各项中，应计入企业所得税收入总额的有（　）。

A. 转让债权取得的收入　　B. 提供固定资产使用权取得的收入
C. 接受捐赠收入　　D. 逾期未退包装物押金收入

88. 根据个人所得税法律制度的规定，下列个人所得中，不需要交个人所得税的有（　）。

A. 甲存入国有商业银行存款获得的利息收入 500 元
B. 乙向保险公司投保获得的保险赔款 200 元
C. 丙因工负伤获得的抚恤金 3 000 元
D. 丁获得县人民政府颁发的教育奖金 5 000 元

89. 张先生进行投资获得的下列收益中，暂免征收个人所得税的有（　）。

A. 获得储蓄存款利息 2 600 元
B. 持有甲上市公司股票 2 年时获得分红 8 000 元
C. 购买企业债券获得利息 6 000 元
D. 申购乙上市公司新股 3 个月时获得分红 2 000 元

90. 根据个人所得税法律制度的规定，下列情形中，需要办理个人所得税汇算清缴的有（　）。

A. 在两处或两处以上取得综合所得，且综合所得年收入额减去专项扣除的余额超过 6 万元
B. 取得劳务报酬所得、稿酬所得、特许权使用费所得中一项或多项所得，且综合所得年收入额减去专项扣除的余额超过 6 万元
C. 纳税年度内预缴税额低于应纳税额的
D. 纳税人需要退税的

三、判断题

91. 企业在 2024 年发生的专用设备数字化、智能化改造投入，不超过该专用设备购置时原计税基础 50% 的部分，可按照 10% 比例抵免企业当年应纳税额。（　）

92. 在中国境内设立机构、场所的非居民企业取得的发生在中国境外，但与其所设机构、场所有实际联系的所得无需缴纳企业所得税。（　）

93. 企业已经确认销售收入的售出商品发生销售折让和销售退回，应当在发生当期冲减当期销售商品收入。（　）

94. 企业的不征税收入用于支出所形成的费用或者财产，不得扣除或者计算对应的折旧、摊销扣除。（　）

95. 企业已经作为损失处理的资产，在以后纳税年度又全部收回或者部分收回时，应当计入当期收入。（ ）

96. 企业新购进（包括自行建造）的设备、器具，单位价值不超过 500 万元的，允许一次性计入当期成本费用在计算应纳税所得额时扣除，不再分年度计算折旧。（ ）

97. 高新技术企业或科技型中小企业的亏损弥补时间为 10 年。（ ）

98. 居民个人从中国境内和境外取得的所得，均需缴纳个人所得税。（ ）

99. 纳税人的子女接受学前教育和学历教育的相关支出，按照每个子女每年 24 000 元（每月 2 000 元）的标准定额扣除，父母分别按扣除标准的 50% 扣除，不能由一方按扣除标准的 100% 扣除。（ ）

100. 纳税人为非独生子女的，赡养 60 岁（含）以上父母，应当与其兄弟姐妹平均分摊每年 36 000 元（每月 3 000 元）的扣除额度。（ ）

101. 退休人员再任职取得的收入，符合相关条件的，在减除按税法规定的费用扣除标准后，按“工资、薪金所得”项目缴纳个人所得税。（ ）

102. 企业取得的利息收入按照合同约定的债务人应付利息的日期确认企业所得税收入的实现。（ ）

103. 股权转让合同履行完毕，股权已作变更登记，所得已经实现后，当事人双方签订并执行解除原股权转让合同，退回股权的协议，对前次转让行为征收的个人所得税款应予退还。（ ）

四、不定项选择题

104. 甲公司为居民企业，主要从事电子设备的生产和销售业务。甲公司 2024 年度有关经营情况如下：

（1）电子设备销售收入 5 000 万元，电子设备修理收入 3 000 万元，银行存款利息收入 13 万元，转让股权收入 600 万元。

（2）发生符合条件的广告费和业务宣传费支出 870 万元。

（3）6 月购进一台价值 20 万元的旧研发设备、一台价值 120 万元的新型研发设备、一辆价值 12 万元的运输工具，均于当月投入使用，7 月购进一处价值 360 万元的经营用房产。

（4）按照规定缴纳财产保险费 5 万元，按照国家规定和标准为职工缴纳社会保险费 260 万元，单独为本公司管理人员支付补充养老保险费、补充医疗保险费 30 万元，为股东支付商业保险费 3 万元。

已知：广告费和业务宣传费支出，不超过当年销售（营业）收入 15% 的部分，准予扣除。

要求：根据上述资料，不考虑其他因素，分析回答下列小题。

（1）下列收入中，应计入甲公司 2024 年度企业所得税收入总额的是（ ）。

A. 银行存款利息收入 13 万元　　B. 电子设备修理收入 3 000 万元

C. 电子设备销售收入 5 000 万元　　D. 转让股权收入 600 万元

（2）在计算甲公司 2024 年度企业所得税应纳税所得额时，允许扣除的广告费和业务宣传费是（ ）万元。

A. 750　　B. 795　　C. 870　　D. 796.95

（3）甲公司购进的下列资产中，允许一次性计入 2024 年度成本费用在计算企业所得额时扣除，不再分年度计算折旧的是（ ）。

A. 购进的运输工具　　B. 购进的旧研发设备

C. 购进的新型研发设备　　D. 购进的经营用房产

（4）甲公司支付的下列保险费，在企业所得税税前可以全额扣除的是（　）。

A. 按照规定缴纳财产保险费 5 万元

B. 按照国家规定和标准为职工缴纳社会保险费 260 万元

C. 单独为本公司管理人员支付补充养老保险费、补充医疗保险费 30 万元

D. 为股东支付商业保险费 3 万元

105. 甲公司为居民企业，主要从事化工产品的生产和销售业务。2024 年度有关经营情况如下：

（1）取得销售商品收入 9 000 万元，提供修理劳务收入 500 万元，出租包装物收入 60 万元，从其直接投资的未上市居民企业分回股息收益 25 万元。

（2）发生符合条件的广告费支出 1 380 万元、按规定为特殊工种职工支付的人身安全保险费 18 万元、合理的会议费 8 万元、直接向某敬老院捐赠 6 万元、上缴集团公司管理费 10 万元。

（3）由于管理不善被盗库存商品一批。经税务机关审核，该批存货的成本为 40 万元，增值税进项税额为 6.8 万元；取得保险公司赔款 12 万元，责任人赔偿 2 万元。

（4）上年度尚未扣除的符合条件的广告费支出 50 万元。

已知：广告费和业务宣传费支出不超过当年销售（营业）收入 15% 的部分，准予扣除。

要求：根据上述资料，不考虑其他因素，分析回答下列小题。

（1）甲公司的下列收入中，在计算 2024 年度企业所得税应纳税所得额时，应计入收入总额的是（　）。

A. 销售商品收入 9 000 万元

B. 提供修理劳务收入 500 万元

C. 出租包装物收入 60 万元

D. 从其直接投资的未上市居民企业分回股息收益 25 万元

（2）甲公司的下列费用中，在计算 2024 年度企业所得税应纳税所得额时，准予扣除的是（　）。

A. 特殊工种职工人身安全保险费 18 万元　　B. 合理的会议费 8 万元

C. 直接向某敬老院捐赠 6 万元　　D. 上缴集团公司管理费 10 万元

（3）甲公司在计算 2024 年度企业所得税应纳税所得额时，准予扣除的广告费支出是（　）万元。

A. 1 380　　B. 1 434　　C. 1 430　　D. 1 425

（4）甲公司在计算 2024 年度企业所得税应纳税所得额时，准予扣除被盗商品的损失金额的下列算式中，正确的是（　）。

A. 40 − 12 − 2 = 26 万元　　B. 40 + 6.8 = 46.8 万元

C. 40 + 6.8 − 12 = 34.8 万元　　D. 40 + 6.8 − 12 − 2 = 32.8 万元

106. 甲公司为居民企业，主要从事医药制造与销售业务。2024 年有关经营情况如下：

（1）药品销售收入 5 000 万元，房屋租金收入 200 万元，许可他人使用本公司专利获得特许权使用费收入 1 000 万元，接受捐赠收入 50 万元。

（2）缴纳增值税 325 万元，城市维护建设税和教育费附加 32.5 万元，房产税 56 万元，印花税 3.9 万元。

（3）捐赠支出 90 万元，其中通过公益性社会团体向受灾地区捐款 35 万元、直接向丙大学捐款 55 万元；符合条件的广告费支出 2 100 万元。

（4）全年利润总额为 480 万元。

已知：公益性捐赠支出，在年度利润总额 12% 以内的部分，准予扣除；医药制造企业发生的广告费和业务宣传费支出，不超过当年销售（营业）收入 30% 的部分，准予扣除。

要求：根据上述资料，不考虑其他因素，分析回答下列小题。

（1）甲公司的下列收入中，应计入 2024 年度企业所得税收入总额的是（　）。

A. 药品销售收入 5 000 万元　　B. 房屋租金收入 200 万元

C. 特许权使用费收入 1 000 万元　　D. 接受捐赠收入 50 万元

（2）下列各项中，在计算甲公司 2024 年度企业所得税应纳税所得额时，准予扣除的是（　）。

A. 增值税 325 万元　　B. 城市维护建设税和教育费附加 32.5 万元

C. 房产税 56 万元　　D. 印花税 3.9 万元

（3）在计算甲公司 2024 年度企业所得税应纳税所得额时，准予扣除的捐赠支出是（　）万元。

A. 35　　B. 90　　C. 55　　D. 57.6

（4）计算甲公司 2024 年度企业所得税应纳税所得额时，准予扣除的广告费支出是（　）万元。

A. 2 100　　B. 1 815　　C. 1 560　　D. 1 860

107. 甲公司为居民企业，2024 年 2 月 1 日开业，主要从事商品零售业务。2024 年有关经营情况如下：

（1）商品销售收入 1 000 万元，出租场地租金收入 200 万元，接受捐赠收入 10 万元，接受股东追加投资 300 万元。

（2）缴纳增值税 70 万元，发生与生产经营活动有关的业务招待费支出 95 万元，发生符合条件的广告费和业务宣传费支出 80 万元，向银行借入流动资金支付利息支出 7 万元。

（3）全年利润总额为 100 万元。

已知：广告费和业务宣传费支出，不超过当年销售（营业）收入 15% 的部分，准予扣除；业务招待费支出，按照发生额的 60% 扣除，但最高不得超过当年销售（营业）收入的 5‰。

要求：根据上述资料，不考虑其他因素，分析回答下列小题。

（1）甲公司 2024 年纳税年度的起止日期是（　）。

A. 2024 年 1 月 31 日至 2024 年 12 月 31 日　　B. 2024 年 2 月 1 日至 2025 年 2 月 28 日

C. 2024 年 2 月 1 日至 2024 年 12 月 31 日　　D. 2024 年 2 月 1 日至 2025 年 5 月 31 日

（2）下列各项中，应计入甲公司 2024 年度企业所得税收入总额的是（　）。

A. 商品销售收入 1 000 万元　　B. 出租场地租金收入 200 万元

C. 接受捐赠收入 10 万元　　D. 接受股东追加投资 300 万元

（3）甲公司的下列支出中，在计算 2024 年度企业所得税应纳税所得额时，准予全额扣除的是（　）。

A. 增值税 70 万元　　B. 业务招待费支出 95 万元

C. 广告费和业务宣传费支出 80 万元　　D. 向银行借入流动资金支付利息支出 7 万元

（4）计算甲公司 2024 年度企业所得税应纳税所得额的下列算式中，正确的是（　）。

A. 100+［95－（1 000+200）×5‰］=189 万元

B. 100－200+70+80=50 万元

C. 100－10+7=97 万元

D. 100 − 300 + 95 + 80 = −25 万元

108. 甲公司为居民企业，主要从事工艺品生产和销售业务。2024 年有关经营情况如下：

（1）销售产品收入 2 000 万元，出租设备租金收入 20 万元，接受捐赠收入 10 万元，国债利息收入 2 万元，转让商标权收入 60 万元。

（2）将价值 50 万元的产品用于换取乙公司生产的货物，将价值 34 万元的产品用于抵偿丙公司欠款，将价值 3.5 万元的产品用于馈赠客户，将价值 10 万元的产品用于奖励优秀职工。

（3）捐赠支出 27 万元，其中直接向丁中学捐赠 3 万元，通过市民政部门用于扶贫救济的捐赠 24 万元。

（4）违反规定被工商行政管理局罚款 2.5 万元；缴纳税收滞纳金 1 万元；非广告性赞助支出 3 万元。

（5）预缴企业所得税税款 33 万元。

（6）全年利润总额为 190 万元。

已知：公益性捐赠支出，在年度利润总额 12% 以内的部分，准予在计算应纳税所得额时扣除。

要求：根据上述资料，不考虑其他因素，分析回答下列小题。

（1）甲公司的下列收入中，属于免税收入的是（　）。

A. 国债利息收入 2 万元　　B. 接受捐赠收入 10 万元

C. 转让商标权收入 60 万元　　D. 出租设备租金收入 20 万元

（2）甲公司的下列业务中，在计算 2024 年度企业所得税应纳税所得额时，应视同销售货物的是（　）。

A. 将价值 50 万元的产品用于换取乙公司生产的货物

B. 将价值 34 万元的产品用于抵偿丙公司欠款

C. 将价值 3.5 万元的产品用于馈赠客户

D. 将价值 10 万元的产品用于奖励优秀职工

（3）甲公司在计算 2024 年度企业所得税应纳税所得额时，准予扣除的公益性捐赠支出金额是（　）万元。

A. 22.8　　B. 27　　C. 24　　D. 25

（4）甲公司在计算 2024 年度企业所得税应纳税所得额时，下列各项中，不得扣除的是（　）。

A. 违反规定被工商行政管理局罚款 2.5 万元　　B. 缴纳税收滞纳金 1 万元

C. 非广告性赞助支出 3 万元　　D. 预缴企业所得税税款 33 万元

109. 公民周某为境内高校教师。2024 年度有关收支情况如下：

（1）全年扣除个人按照规定缴纳的基本养老保险、基本医疗保险、失业保险和住房公积金后的工资合计 150 000 元。

（2）应邀到甲公司做技术培训，取得税前劳务报酬 5 000 元。

（3）取得体育彩票中奖收入 30 000 元。

（4）取得乙商场按其累积消费积分反馈的价值 100 元的礼品。

（5）取得教育部颁发的奖金 10 000 元。

（6）取得一年期定期储蓄存款利息 1 200 元。

已知：综合所得的减除费用标准为每年 60 000 元；劳务报酬所得以减除费用后的余额为收入额，

每次收入 4 000 元以上的，减除费用按 20% 计算。劳务报酬所得预扣预缴个人所得税每次收入 4 000 以上的，减除费用按 20% 计算；应纳税所得额不超过 20 000 元的部分，适用 20% 的比例预扣率。

要求：根据上述资料。不考虑其他因素分析回答下列小题。

（1）计算甲公司应预扣预缴周某劳务报酬所得个人所得税税额的下列算式中，正确的是（ ）。

A. 5 000×（1－20%）×20%＝800 元
B. 5 000×（1＋20%）×20%＝1 200 元
C. 5 000×20%＝1 000 元
D. 5 000÷（1－20%）×20%＝1 250 元

（2）计算周某 2024 年度综合所得应缴纳个人所得税税额的下列算式中，正确的是（ ）。

A. [150 000＋5 000×（1－20%）－60 000]×10%－2 520＝6 880 元
B. （150 000＋5 000－60 000）×10%－2 520＝6 980 元
C. [（150 000＋5 000）×（1－20%）－60 000]×10%－2 520＝3 880 元
D. [150 000＋5 000×（1－20%）]×20%－16 920＝13 880 元

（3）周某 2024 年度取得的下列所得中，无需缴纳个人所得税的是（ ）。

A. 反馈的价值 100 元的礼品
B. 体育彩票中奖收入 30 000 元
C. 教育部颁发的奖金 10 000 元
D. 一年期定期储蓄存款利息 1 200 元

（4）周某 2024 年度取得的综合所得，办理汇算清缴的期限是（ ）。

A. 2024 年 12 月 1 日至 2025 年 2 月 28 日
B. 2025 年 1 月 1 日至 2025 年 3 月 31 日
C. 2025 年 1 月 1 日至 2025 年 6 月 30 日
D. 2025 年 3 月 1 日至 2025 年 6 月 30 日

110. 中国公民张某为个体工商户业主，主要从事汽车修理业务。2024 年度有关收支情况如下：

（1）取得汽车修理收入 1 000 000 元。

（2）发生成本、费用 350 000 元，其中包括雇员工资 90 000 元，张某本人工资 120 000 元。

（3）张某的独生女正在读小学，课外辅导班支出 30 000 元，为妻子购买轿车支出 100 000 元。

（4）2 月从境内公开发行和转让市场购入 W 上市公司股票，4 月取得该上市公司分配的股息 35 000 元，4 月将持有的股票全部卖出。

（5）8 月转让普通住房一套，取得销售收入 800 000 元，转让时发生合理费用 53 000 元。该住房原值 500 000 元，系张某 2014 年 8 月购进，为张某在本地的第二套住房。

已知：张某当年没有综合所得；其他扣除项目：减除费用 60 000 元，专项扣除 27 000 元，子女教育专项附加扣除标准为 2 000 元/月，由张某按扣除标准的 100% 扣除；转让不动产增值税征收率为 5%；利息、股息、红利所得及财产转让所得个人所得税税率为 20%。

要求：根据上述资料，不考虑其他因素，分析回答下列小题。

（1）计算张某 2024 年度经营所得个人所得税应纳税所得额时，下列支出不得扣除的是（ ）。

A. 张某本人工资 120 000 元
B. 为妻子购买轿车支出 100 000 元
C. 雇员工资 90 000 元
D. 独生女课外辅导班支出 30 000 元

（2）计算张某 2024 年度经营所得个人所得税应纳税所得额的下列算式中，正确的是（ ）。

A. 1 000 000－（350 000－120 000）－60 000－27 000－2 000×12＝659 000 元
B. 1 000 000－（350 000－120 000）－2 000×12＝746 000 元
C. 1 000 000－（350 000－120 000）－60 000－27 000＝683 000 元

D. 1 000 000 − 350 000 − 30 000 − 100 000 = 520 000 元

（3）计算张某 2024 年 4 月取得股息所得应缴纳个人所得税税额的下列算式中，正确的是（　）。

A. 35 000×（1 − 20%）×20% = 5 600 元
B. 35 000×（1 − 20%）×50%×20% = 2 800 元
C. 35 000×20% = 7 000 元
D. 35 000×50%×20% = 3 500 元

（4）计算张某 2024 年 8 月转让普通住房应缴纳个人所得税税额的下列算式中，正确的是（　）。

A.（800 000 − 500 000）×20% = 60 000 元
B. 800 000×20% = 160 000 元
C.（800 000 − 53 000）×20% = 149 400 元
D.（800 000 − 500 000 − 53 000）×20% = 49 400 元

111. 居民个人陈某为国内某大学教授。2024 年有关收支情况如下：

（1）1 月，转让一套住房，取得含增值税销售收入 945 000 元。该套住房原值 840 000 元，系陈某 2023 年 8 月购入，本次转让过程中，发生合理费用 5 000 元。

（2）2 月，获得当地教育部门颁发的区（县）级教育方面的奖金 10 000 元。

（3）3 月，在上海证券交易所转让从公开发行市场购入的上市公司股票 6 000 股，取得股票转让所得 120 000 元。

（4）4 月，在甲电信公司购话费获赠价值 390 元的手机一部；获得乙保险公司给付的保险赔款 30 000 元。

（5）10 月，取得劳务报酬所得 8 000 元，稿酬所得 5 000 元。

（6）全年工资、薪金所得 190 000 元，全年专项扣除为 40 000 元。

已知：财产转让所得个人所得税税率为 20%，个人将购买不足 2 年的住房对外销售的，按照 5% 的征收率全额缴纳增值税。综合所得，每一纳税年度减除费用 60 000 元；劳务报酬所得、稿酬所得以收入减除 20% 的费用后的余额为收入额；稿酬所得的收入减按 70% 计算。

个人所得税税率表（节选）
（综合所得适用）

级数	全年应纳税所得额	税率	速算扣除数
1	不超过36 000元	3%	0
2	超过36 000元不超过144 000元的部分	10%	2 520

要求：根据上述资料，不考虑其他因素，分析回答下列小题。

（1）计算陈某 1 月转让住房应缴纳个人所得税税额的下列算式中，正确的是（　）。

A. [945 000÷（1+5%）− 840 000 − 5 000]×20% = 11 000 元
B.（945 000 − 840 000）×20% = 21 000 元
C.（945 000 − 840 000 − 5 000）×20% = 20 000 元
D. [945 000÷（1+5%）− 840 000]×20% = 12 000 元

（2）计算陈某 1 月转让住房应纳增值税税额的下列式中，正确的是（　）。

A. 945 000×5% = 47 250 元
B. [945 000 − 840 000÷（1+5%）]×5% = 7 250 元
C. 945 000÷（1+5%）×5% = 45 000 元
D.（945 000 − 840 000）×5% = 5 250 元

（3）陈某的下列所得中，不纳个人所得税的是（　）。

A. 区（县）级教育方面的奖金 10 000 元　　B. 获赠价值 390 元的手机

C. 股票转让所得 120 000 元　　D. 获得的保险款 30 000 元

（4）计算陈某 2024 年综合所得应纳税额的下列算式中，正确的是（　）。

A. [190 000 + 8 000×（1 − 20%）+ 5 000×（1 − 20%）×70% − 60 000 − 40 000]×10% − 2 520 = 7 400 元

B.（190 000 − 60 000 − 40 000）×10% − 2 520 + 8 000×（1 − 20%）×3% + 5 000×70%×3% = 6 777 元

C.（190 000 − 60 000 − 40 000）×10% − 2 520 + 8 000×（1 − 20%）×3% + 5 000×（1 − 20%）×70%×3% = 6 756 元

D.（190 000 + 8 000 + 5 000×70% − 60 000 − 40 000）×10% − 2 520 = 7 630 元

112. 中国公民陈某为国内某大学教授。2024 年有关收支情况如下：

（1）10 月出租一套住房，当月取得租金为 8 000 元。支付房产税 320 元，修缮费用 1 200 元，供暖费 520 元，水电费 180 元。

（2）11 月，举报犯罪行为获得奖金 5 000 元；购买彩票一次性中奖收入 20 000 元；转让全国中小企业股份转让系统（新三板）某挂牌公司的非原始股取得所得 120 000 元；取得某百货公司因累计消费达到规定额度按积分反馈的礼品，价值 200 元。

（3）12 月，从某出版社取得稿酬 50 000 元。

（4）取得全年的工资薪金所得 260 000 元；取得劳务报酬所得 60 000 元；个人支付的基本养老保险费、失业保险费和住房公积金共计 58 150 元；职业年金 8 848 元。陈某有一子正在读大学；陈某为独生子，父母均已超过 60 岁。

已知：个人出租住房适用的个人所得税税率为 10%；财产租赁所得，每次收入 4 000 元以上的，减除 20% 的费用，其余额为应纳税所得额。扣缴义务人预扣预缴个人所得税时，稿酬所得以收入减除费用后的余额为收入额，稿酬所得的收入额减按 70% 计算，稿酬所得每次收入不超过 4 000 元的，减除费用 800 元，4 000 元以上的，减除费用按 20% 计算，稿酬所得预扣率为 20% 的税率。综合所得，每一纳税年度减除费用 60 000 元；劳务报酬所得、稿酬所得以收入减除 20% 的费用后的余额为收入额；稿酬所得的收入减按 70% 计算。对于儿子的教育支出，陈某和妻子协议按照扣除标准的 50% 扣除，扣除标准为每月 2 000 元。赡养老人的扣除标准为每月 3 000 元。

个人所得税税率表（节选）
（综合所得适用）

级数	全年应纳税所得额	税率	速算扣除数
1	不超过 36 000 元	3%	0
2	超过 36 000 元至 144 000 元的部分	10%	2 520
3	超过 144 000 元至 300 000 元的部分	20%	16 920

要求：根据上述资料，不考虑其他因素，分析回答下列小题。

（1）计算陈某 10 月出租住房应缴纳个人所得税税额的下列算式中，正确的是（　）。

A.（8 000 − 320 − 800）×（1 − 20%）×10% = 550.4 元

B.（8 000 − 320 − 1 200）×（1 − 20%）×10% = 518.4 元

C.（8 000 − 320 − 800 − 520 − 180）×（1 − 20%）×10% = 494.4 元

D.（8 000 − 320 − 1 200 − 520 − 180）×（1 − 20%）×10% = 462.4 元

（2）陈某的下列所得中，不缴纳个人所得税的是（　）。

A. 举报犯罪行为获得的奖金 5 000 元

B. 购买彩票一次性中奖收入 20 000 元

C. 转让非原始股的所得 120 000 元

D. 取得的价值 200 元的反馈礼品

（3）出版社支付稿酬时，应预扣预缴陈某个人所得税税额的下列算式中，正确的是（　）。

A. 50 000×（1 − 20%）×20% = 8 000 元

B. 50 000×（1 − 20%）×70%×20% = 5 600 元

C.（50 000 − 800）×70%×20% = 6 888 元

D.（50 000 − 800）×20% = 9 840 元

（4）计算陈某 2024 年综合所得应缴纳个人所得税的下列算式中，正确的是（　）。

A.（260 000 − 60 000 − 58 150 − 2 000×50%×12 − 3 000×12 − 8 848）×10% − 2 520 + 60 000×（1 − 20%）×10% − 2 520 + 50 000×（1 − 20%）×70%×3% = 9 100.2 元

B.（260 000 − 60 000 − 58 150 − 2 000×50%×12 − 3 000×12 − 8 848）×10% − 2 520 + 60 000×（1 − 20%）×10% − 2 520 + 50 000×70%×3% = 9 310.2 元

C. [260 000 + 60 000×（1 − 20%）+ 50 000×（1 − 20%）×70% − 60 000 − 58 150 − 2 000×50%×12 − 3 000×12 − 8 848]×20% − 16 920 = 15 280.4 元

D. [260 000 + 60 000×（1 − 20%）+ 50 000×（1 − 20%）×70% − 60 000 − 58 150 − 2 000×12 − 3 000×2×12 − 8 848]×10% − 2 520 = 8 780.2 元

第六章　财产和行为税法律制度

手机扫码学习本章视频教程

一、单选题

1. 根据房产税法律制度的规定，下列关于房产税纳税人的表述中，正确的是（　）。

A. 房屋出典的由出典人纳税

B. 房屋出租的由承租人纳税

C. 房屋产权未确定的由代管人或使用人纳税

D. 个人无租使用纳税单位的房产，由纳税单位缴纳房产税

2. 根据房产税法律制度的规定，下列房屋中，不属于房产税征税范围的是（　）。

A. 城市的房屋　　B. 县城的房屋　　C. 建制镇的房屋　　D. 农村的房屋

3. 某企业有原值为 1 000 万元的房产，2024 年 1 月 1 日将全部房产作价 2 000 万元对外投资联营，参与投资利润分红，并承担经营风险。已知当地政府规定的扣除比例为 30%。计算该企业当年投资房产应缴纳房产税税额的下列算式中，正确的是（　）。

A. 1 000×（1－30%）×1.2%＝8.4 万元　　B. 1 000×1.2%＝12 万元

C. 2 000×（1－30%）×1.2%＝16.8 万元　　D. 2 000×1.2%＝24 万元

4. 某企业有一处房产原值 2 000 万元，2024 年 7 月 1 日用于投资联营（收取固定收入，不承担联营风险），投资期为 5 年。该企业当年取得固定收入 50 万元。已知该投资房产已于 2024 年 6 月 30 日交付；当地政府规定的扣除比例为 20%，房产税从价计征的税率为 1.2%，从租计征的税率为 12%。该企业 2024 年该房产应缴纳房产税为（　）万元。

A. 15.6　　B. 18.72　　C. 24　　D. 25.2

5. 甲企业 2024 年 6 月以融资租赁的方式租入一处房产，原值 2 000 万元，租赁期 10 年，租入当月投入使用，每月支付租赁费 20 万元，税务机关确定甲企业为该房产的纳税人，当地政府规定的计算房产余值的扣除比例为 20%，房产税从价计征的税率为 1.2%，从租计征的税率为 12%。2024 年甲企业融资租赁的房产应缴纳房产税为（　）万元。

A. 9.6　　B. 11.2　　C. 14.4　　D. 16.8

6. 某上市公司 2024 年以 5 000 万元购得一处高档会所，然后加以改建，支出 500 万元在后院新建一露天泳池，支出 500 万元新增中央空调系统，拆除 200 万元的照明设施，再支付 500 万元安装智能照明和楼宇声控系统，会所于 2024 年底改建完毕并对外营业。房产税从价计征税率为 1.2%。当地规定计算房产余值扣除比例为 30%，2024 年该会所应缴纳房产税（　）万元。

A. 42　　B. 48.72　　C. 50.4　　D. 54.6

7. 甲企业，拥有一处房产自用，该房产原值 1 200 万元，已计提折旧 100 万元。该房产于 2023 年 12 月更换了监控系统，新系统价值 60 万元，原系统价值 20 万元，已知房产原值减除比例为 30%；房产税从价计征税率为 1.2%。计算甲企业该房产 2024 年度应缴纳房产税税额的下列算式中，正确的是（　）。

A.（1 200＋60）×（1－30%）×1.2%＝10.58 万元

B.（1 200＋60）×1.2%＝15.12 万元

C.（1 200－100）×（1－30%）×1.2%＝9.24 万元

D.（1 200－20＋60）×（1－30%）×1.2%＝10.42 万元

8. 甲公司为增值税一般纳税人，2024 年通过“招拍挂”方式从政府受让一宗土地使用权，成交价格为 2 180 万元，取得财政票据；从乙公司购买一宗土地使用权，含增值税成交价格为 1 090 万元，取得乙公司开具的增值税专用发票。已知增值税税率为 9%，契税适用税率为 4%。计算甲公司上述业务应缴纳契税税额的下列算式中，正确的是（ ）。

A.［2 180＋1 090÷（1＋9%）］×4%＝127.2 万元

B.（2 180＋1 090）÷（1＋9%）×4%＝120 万元

C.（2 180＋1 090）×4%＝130.8 万元

D.［2 180÷（1＋9%）＋1 090］×4%＝123.6 万元

9. 甲公司委托某施工企业建造一幢办公楼，工程于 2023 年 12 月完工，2024 年 1 月办妥（竣工）验收手续，入账原值为 400 万元，4 月付清全部价款。当地政府规定房产计税余值扣除比例为 30%，甲公司 2024 年度应缴纳房产税（ ）万元。

A. 2.8　　B. 3.08　　C. 3.36　　D. 0

10. 2024 年甲公司出租办公用房取得含增值税租金 199 500 元。已知增值税征收率为 5%；房产税从租计征的税率为 12%。计算甲公司当年出租办公用房应缴纳房产税税额的下列算式中，正确的是（ ）。

A. 199 500÷（1＋5%）×12%＝22 800 元

B. 199 500×12%＝23 940 元

C. 199 500×（1－5%）×12%＝22 743 元

D. 199 500÷（1－5%）×12%＝25 200 元

11. 甲公司自有一处平房，共 16 间，其中用于公司开餐馆的 7 间（房屋原值为 20 万元）。2024 年 1 月 1 日，甲公司将 4 间出典给李某，取得出典价款收入 12 万元，将剩余的 5 间出租给乙公司，每月收取租金 1 万元，该出租的 5 间房屋于 2023 年 12 月 20 日交付给乙公司。已知该地区规定按照房产原值一次扣除 20% 后的余值计税，房产税从价计征的税率为 1.2%，从租计征的税率为 12%。则甲公司 2024 年应纳房产税额为（ ）万元。

A. 1.652　　B. 0.816　　C. 0.516　　D. 1.632

12. 根据房产税法律制度的规定，下列房产中，不需要缴纳房产税的是（ ）。

A. 政府机关自用的房产

B. 宗教寺庙出租的房产

C. 人民团体出典的房产

D. 事业单位的经营性房产

13. 根据房产税法律制度的规定，下列各项中，免征房产税的是（ ）。

A. 国家机关用于出租的房产

B. 公立幼儿园自用的房产

C. 公园附设饮食部使用的房产

D. 公立学校附设招待所使用的房产

14. 根据契税法律制度的规定，下列各项中，属于契税纳税义务人的是（ ）。

A. 将土地、房屋抵债的抵债方

B. 房屋赠与中的受赠方

C. 土地使用权的出让方

D. 土地、房屋投资的投资方

15. 根据城镇土地使用税法律制度的规定，下列土地中，不予免征城镇土地使用税的是（ ）。

A. 国家机关自用土地

B. 宗教寺庙自用土地

C. 物流企业办公用地

D. 市政街道公共用地

16. 甲企业以价值 500 万元的办公用房与乙企业互换一处厂房，并向乙企业支付差价款 100 万元。已知契税适用税率为 3%，甲企业应缴纳的契税税额为（ ）万元。

A. 0　　B. 3　　C. 9　　D. 6

17. 周某原有两套住房，2024 年 8 月，出售其中一套，成交价为 70 万元；将另一套以市场价格 60 万元与谢某的住房进行了等价置换；又以 100 万元价格购置了一套新住房。已知契税的税率为 3%。计算周某 2024 年应缴纳契税的下列算式中，正确的是（ ）。

A. 100×3%＝3 万元
B.（100＋60）×3%＝4.8 万元
C.（100＋70）×3%＝5.1 万元
D.（100＋70＋60）×3%＝6.9 万元

18. 周某向谢某借款 80 万元，后因谢某急需资金，周某以一套价值 90 万元的房产抵偿所欠谢某债务，谢某取得该房产产权的同时支付周某差价款 10 万元。已知契税税率为 3%。关于此次房屋交易缴纳税的下列表述中，正确的是（ ）。

A. 周某应缴纳契税 3 万元
B. 周某应缴纳契税 2.4 万元
C. 谢某应缴纳契税 2.7 万元
D. 谢某应缴纳契税 0.3 万元

19. 2024 年 10 月王某购买一套住房，支付购房价款 97 万元，增值税税额 4.85 万元。已知契税税率为 3%，计算王某应缴纳契税税额的下列算式中，正确的是（ ）。

A.（97＋4.85）×3%＝3.0555 万元
B. 97÷（1－5%）×3%＝3.0632 万元
C.（97－4.85）×3%＝2.7645 万元
D. 97×3%＝2.91 万元

20. 根据契税法律制度的规定，下列关于契税纳税义务发生时间的表述中，正确的是（ ）。

A. 纳税人签订土地、房屋权属转移合同的当日
B. 纳税人办妥土地、房屋权属变更登记手续的当日
C. 纳税人签订土地、房屋权属转移合同的 10 日内
D. 纳税人签订土地、房屋权属变更登记手续的 10 日内

21. 根据土地增值税法律制度的规定，下列各项中，不属于土地增值税纳税人的是（ ）。

A. 以房抵债的某企业
B. 出租写字楼的外国驻华机构
C. 转让商铺的某个人
D. 转让国有土地使用权的某事业单位

22. 根据土地增值税法律制度的规定，下列行为中，应缴纳土地增值税的是（ ）。

A. 甲企业将自有厂房出租给乙企业
B. 丙企业转让国有土地使用权给丁企业
C. 某市政府出让国有土地给戊房地产开发商
D. 己软件开发公司将闲置房屋通过民政局捐赠给庚养老院

23. 根据土地增值税法律制度的规定，下列各项中，在确定土地增值税计税依据时，不允许扣除的是（ ）。

A. 超过贷款期限的利息部分
B. 在转让房地产时缴纳的城市维护建设税
C. 土地征用及拆迁补偿费
D. 纳税人为取得土地使用权所支付的地价款

24. 出售旧房及建筑物计算土地增值税的增值额时，其扣除项目金额中的旧房及建筑物的评估价格等于（ ）。

A. 账面余额
B. 重置成本
C. 账面原值乘以成新度折扣率
D. 重置成本价乘以成新度折扣率

25. 2024 年某房地产开发公司销售其新建商品房一幢，取得不含增值税销售收入 7 000 万元，已知该公司支付与商品房相关的土地使用权费及开发成本合计为 2 500 万元；房地产开发公司能够按转让该商品房计算分摊利息支出，并能提供金融机构的贷款证明，利息支出总额是 400 万元；该商品房所在地的省政府规定计征土地增值税时房地产开发费用扣除比例为 5%；销售商品房缴纳的增值税 600 万元，城建税及教育费附加 70 万元，不考虑地方教育附加。该公司销售该商品房应缴纳的土地增值税为（　）万元。

A. 1 856.55　　B. 1 182.25　　C. 4 970.65　　D. 2 761.51

26. 位于县城的某商贸公司为一般增值税纳税人，2024 年 12 月销售一栋旧办公楼，取得收入 1 000 万元，缴纳印花税 0.5 万元，因无法取得评估价格，公司提供了购房发票，该办公楼购于 2021 年 1 月，价款为 600 万元，缴纳契税 18 万元。该办公楼适用于简易计税办法，该省允许地方教育费附加在税金及附加中扣除。该公司销售办公楼计算土地增值税时，可扣除项目金额的合计数为（　）万元。

A. 639.6　　B. 640.1　　C. 740.4　　D. 763.7

27. 根据耕地占用税法律制度的规定，下列情形中，应征收耕地占用税的是（　）。

A. 储存种子的仓储设施占用耕地　　B. 鸡鸭养殖设施占用耕地
C. 医疗机构内职工住房占用耕地　　D. 森林防火设施占用耕地

28. 在土地增值税清算时，房地产开发企业发生利息支出不能提供金融机构贷款证明的，其允许扣除的房地产开发费用是（　）。

A. 房地产开发成本 ×5% 以内
B.（取得土地使用权所支付的金额 + 房地产开发成本）×5% 以内
C. 取得土地使用权所支付的金额 ×10% 以内
D.（取得土地使用权所支付的金额 + 房地产开发成本）×10% 以内

29. 下列情形中，纳税人应当进行土地增值税清算的是（　）。

A. 取得销售许可证满 1 年仍未销售完毕的
B. 转让未竣工结算房地产开发项目 50% 股权的
C. 直接转让土地使用权的
D. 房地产开发项目尚未竣工但已销售面积达到 50% 的

30. 房地产开发企业销售开发产品适用的土地增值税纳税申报表中，“与转让房地产有关的税金”中不包括（　）。

A. 增值税　　B. 地方教育附加　　C. 城市维护建设税　　D. 教育费附加

31. 某公司销售一幢已经使用过的办公楼，取得收入 500 万元，办公楼原价 480 万元，已提折旧 300 万元。经房地产评估机构评估，该楼重置成本价为 800 万元，成新度折扣率为五成，销售时缴纳相关税费 30 万元。已知增值额与扣除项目金额的比率不超过 50% 的部分，适用 30% 的土地增值税税率。该公司销售该办公楼应缴纳土地增值税是（　）万元。

A. 21　　B. 30　　C. 51　　D. 60

32. 按照城镇土地使用税法律制度的规定，关于城镇土地使用税纳税人的下列表述中，正确的是（　）。

A. 城镇土地使用税由拥有土地所有权的单位和个人缴纳

B. 土地使用权权属发生纠纷的，由土地实际使用人纳税
C. 土地使用权共有的，由所占份额大的一方纳税
D. 对外商投资企业和外国企业暂不适用城镇土地使用税

33. 根据城镇土地使用税法律制度的规定，下列土地中，不属于城镇土地使用税征税范围的是（ ）。
A. 城市土地 B. 县城土地 C. 农村土地 D. 建制镇土地

34. 根据城镇土地使用税法律制度的规定，下列各项中，属于城镇土地使用税计税依据的是（ ）。
A. 建筑面积 B. 使用面积
C. 居住面积 D. 实际占用土地的面积

35. 某企业 2024 年实际占地面积为 2 000 平方米，2024 年 4 月该企业为扩大生产，根据有关部门的批准，新征用非耕地 3 000 平方米。该企业所处地段适用年税额 5 元/平方米。该企业 2024 年应缴纳城镇土地使用税是（ ）元。
A. 10 000 B. 15 000 C. 20 000 D. 25 000

36. 某公司与政府机关共同使用一栋共有土地使用权的建筑物，该建筑物占用土地面积 2 000 平方米，建筑面积 10 000 平方米（公司与机关占用比例为 4 ∶ 1），城镇土地使用税年税额 5 元/平方米。该公司应缴纳城镇土地使用税是（ ）元。
A. 0 B. 2 000 C. 8 000 D. 10 000

37. 某人民团体拥有 A、B 两栋办公楼，A 栋占地 3 000 平方米，B 栋占地 1 000 平方米。2024 年 3 月 18 日至 12 月 31 日将 B 栋出租。当地城镇土地使用税的税额为每平方米 15 元，该人民团体 2024 年应缴纳城镇土地使用税是（ ）元。
A. 3 750 B. 11 250 C. 12 500 D. 15 000

38. 某火电厂总共占地面积 80 万平方米，其中围墙内占地 40 万平方米，围墙外灰场占地面积 3 万平方米，厂区及办公楼占地面积 37 万平方米，已知该火电厂所在地适用的城镇土地使用税为每平方米年税额 1.5 元。该火电厂年应缴纳的城镇土地使用税为（ ）万元。
A. 55.5 B. 60 C. 115.5 D. 120

39. 甲企业和乙企业共同使用面积为 10 000 平方米的土地，甲企业使用其中的 60%，乙企业使用其中的 40%。除此之外，经有关部门的批准，乙企业在 2024 年 1 月份新征用耕地 6 000 平方米。甲乙企业共同使用土地所处地段的城镇土地使用税年税额为 4 元/平方米，乙企业新征用土地所处地段的土地使用税年税额为 2 元/平方米。2024 年甲、乙企业各自应缴纳城镇土地使用税是（ ）元。
A. 甲企业纳税 24 000 元，乙企业纳税 28 000 元
B. 甲企业纳税 24 000 元，乙企业纳税 16 000 元
C. 甲企业纳税 48 000 元，乙企业纳税 16 000 元
D. 甲企业纳税 48 000 元，乙企业纳税 28 000 元

40. 根据耕地占用税法律制度的规定，下列各项中，应缴纳耕地占用税的是（ ）。
A. 占用耕地从事农业生产 B. 占用耕地建设工业生产用房
C. 占用耕地建设军事设施 D. 占用耕地建设幼儿园

41. 根据资源税法律制度的规定，由省、自治区、直辖市可以决定免征或者减征资源税的是（ ）。

A. 高含硫天然气　　B. 纳税人开采共伴生矿、低品位矿、尾矿
C. 稠油、高凝油　　D. 从衰竭期矿山开采的矿产品

42. 根据车船税法律制度的规定，下列车船中，以“净吨位数”作为计税依据的是（　）。
A. 商用货车　B. 非机动驳船　C. 游艇　D. 专用作业车

43. 根据车船税法律制度的规定，下列各项中，免予缴纳车船税的是（　）。
A. 载客汽车　B. 银行运钞车　C. 机关公务车　D. 养殖渔船

44. 根据车船税法律制度的规定，关于车船税计税单位的下列表述中，正确的是（　）。
A. 摩托车，以“排气量”为计税单位　B. 游艇，以“净吨位”为计税单位
C. 商用货车，以“整备质量每吨”为计税单位　D. 机动船舶，以“每艘”为计税单位

45. 2024 年某航运公司拥有机动船 3 艘，每艘净吨位 2 000 吨；拖船 2 艘，每艘净吨位 1 000 吨。其所在省车船税税额为净吨位 2 000 吨以下的，每吨 4 元；2 001－10 000 吨的，每吨 5 元。该航运公司 2024 年应缴纳车船税是（　）元。
A. 26 000　B. 27 000　C. 28 000　D. 32 000

46. 某个体工商户 2024 年 4 月 12 日购买小轿车 1 辆，到当年 12 月 31 日未到车辆管理部门登记。已知小轿车年单位税额 480 元。该个体工商户当年应缴纳车船税是（　）元。
A. 240　B. 320　C. 360　D. 480

47. 某船运公司 2024 年度拥有旧机动船 5 艘，每艘净吨位 1 500 吨；拥有拖船 4 艘，每艘发动机功率 3 000 千瓦。2024 年 7 月购置新机动船 6 艘，每艘净吨位 3 000 吨。该公司船舶适用的车船税年税额为：净吨位 201~2 000 吨的，每吨 4 元；净吨位 2 001~10 000 吨的，每吨 5 元，该公司 2024 年度应缴纳的车船税为（　）元。
A. 87 000　B. 95 100　C. 105 000　D. 123 000

48. 某机械制造厂 2024 年拥有货车 3 辆，每辆货车的整备质量均为 1.499 吨；挂车 1 部，其整备质量为 1.2 吨；小汽车 2 辆。已知货车车船税税率为整备质量每吨年基准税额 16 元，小汽车车船税税率为每辆年基准税额 360 元。该厂 2024 年度应纳车船税为（　）元。
A. 441.6　B. 792　C. 801.55　D. 811.2

49. 根据资源税法律制度规定，下列各项中，不属于资源税征税范围的是（　）。
A. 煤　B. 天然气　C. 石灰岩　D. 人造石油

50. 根据资源税法律制度的规定，下列情形中，不缴纳资源税的是（　）。
A. 纳税人以应税产品用于非货币性资产交换
B. 纳税人以应税产品自用于连续生产应税产品的
C. 纳税人以应税产品用于职工福利
D. 纳税人以应税产品用于连续生产非应税产品

51. 某油田开采原油 100 万吨，当年销售原油 80 万吨，非生产性自用 3 万吨，另有 2 万吨赠送协作单位，15 万吨待售。已知该油田每吨原油售价为 5 000 元（不含增值税），适用的资源税税率为 6%，下列关于该油田当年应纳资源税税额的算式中，正确的是（　）。
A.（80+2）×5 000×6% = 24 600 万元　B.（80+3+2）×5 000×6% = 25 500 万元

C.（80+15）×5 000×6%＝28 500 万元　　D. 100×5 000×6%＝30 000 万元

52. 某企业 2024 年 1 月开采铝土矿石 500 吨，销售 400 吨，80 吨用于生产铝锭，10 吨用于偿债，10 吨待售。已知该企业对外销售铝土矿的不含税售价为每吨 400 元，适用的资源税税率为 5%。计算该企业当月应纳资源税税额的下列算式中，正确的是（　）。

A. 500×400×5%＝ 10 000 元　　B.（400+10）×400×5%＝8 200 元

C.（400+80+10）×400×5%＝9 800 元　　D.（400+10+10）×400×5%＝8 400 元

53. 某铜矿 2024 年 10 月销售铜矿石原矿收取价款合计 600 万元，其中含收取的从坑口到车站的运输费用 20 万元，随运销产生的装卸、仓储费用 10 万元，均取得增值税发票。已知：该矿山铜矿石原矿适用的资源税税率为 6%。计算该铜矿当月应缴纳资源税税额的下列算式中，正确的是（　）。

A. 600×6%＝36 万元　　B.（600−20−10）×6%＝34.2 万元

C.（600−20）×6%＝34.8 万元　　D.（600−10）×6%＝35.4 万元

54. 根据资源税法律制度的规定，下列关于资源税税收优惠的表述中，不正确的是（　）。

A. 开采原油以及在油田范围内运输原油过程中用于加热的原油、天然气免征资源税

B. 对出口的应税资源免征资源税

C. 煤炭开采企业因安全生产需要抽采的煤成（层）气免征资源税

D. 从低丰度油气田开采的原油、天然气，减征 20% 资源税

55. 根据环境保护税法律制度的规定，下列关于环境保护税征收管理的表述中，不正确的是（　）。

A. 环境保护税的纳税义务发生时间为纳税人排放应税污染物的当日

B. 环境保护税按月计算，按年申报缴纳

C. 环境保护税可以按次申报缴纳

D. 纳税人应当向应税污染物排放地的税务机关申报缴纳环境保护税

56. 张某借给李某 200 万元用于生产经营，李某未能按期偿还。双方商定，李某以一套住房抵偿借款 180 万元，其余 20 万元以现金偿还。李某购入该套住房的价格为 110 万元。张某取得该套住房时应缴纳契税的计税依据为（　）万元。

A. 200　　B. 180　　C. 110　　D. 20

57. 根据契税法律制度的规定，下列情形中，属于契税征税范围的是（　）。

A. 张某转让境外的房产

B. 李某将土地使用权出租

C. M 公司增资扩股中，股东以房屋权属作为出资投入企业

D. 孙某转移土地承包经营权

58. 根据城镇土地使用税法律制度的规定，下列情形中，免征城镇土地使用税的是（　）。

A. 纳税单位无偿使用免税单位的土地　　B. 纳税单位有偿使用免税单位的土地

C. 免税单位无偿使用纳税单位的土地　　D. 免税单位有偿使用纳税单位的土地

59. 根据印花税法律制度的规定，下列各项中，属于印花税纳税人的是（　）。

A. 合同的当事人　　B. 合同的担保人　　C. 合同的证人　　D. 合同的鉴定人

60. 根据印花税法律制度的规定，下列合同或凭证中，应缴纳印花税的是（　）。

A. 运输合同
B. 企业仓库设置的产品进出统计簿
C. 某投资者与某会计师签订的会计咨询合同
D. 出版单位与订阅单位订立的征订凭证

61. 根据印花税法律制度的规定，下列合同中，应征印花税的是（　）。
A. 签订的无息、贴息借款合同
B. 出售标准住宅签订的购销合同
C. 企业与主管部门签订的租赁承包合同
D. 外国政府或国际金融组织向我国企业提供的优惠贷款所书立的合同

62. 根据印花税法律制度的规定，下列各项中，应缴纳印花税的是（　）。
A. 武警部队订立的合同
B. 建筑安装工程承包合同
C. 应税凭证的副本
D. 农林作物保险合同

63. 根据印花税法律制度的规定，下列合同中，应当征收印花税的是（　）。
A. 会计咨询合同
B. 技术咨询合同
C. 法律咨询合同
D. 审计咨询合同

64. 甲公司 2024 年 3 月开业，甲、乙公司签订加工承揽合同一份，合同载明由甲公司提供原材料金额 300 万元，需支付的加工费为 20 万元；另订立财产保险合同一份，保险金额为 1 000 万元，支付保险费 10 万元。已知加工承揽合同的印花税税率为 0.3‰，财产保险合同的印花税税率为 1‰，则甲公司应纳印花税额为（　）元。
A. 180
B. 160
C. 220
D. 600

65. 某企业 2024 年实收资本为 1 000 万元，资本公积为 100 万元。该企业 2023 年资金账簿上已按规定贴印花 2 500 元，印花税税率 0.25‰。该企业 2024 年应纳印花税为（　）元。
A. 500
B. 2 750
C. 250
D. 4 500

二、多选题

66. 根据房产税法律制度的规定，下列各项中，属于房产税征税范围的是（　）。
A. 某写字办公楼的水塔
B. 某宾馆的室外游泳池
C. 某企业的办公楼
D. 某房地产公司出租的写字楼

67. 根据房产税法律制度的规定，关于房产税计税依据的下列表述中，正确的有（　）。
A. 融资租赁房屋的，以房产原值计税
B. 联营投资房产，共担投资风险的，以房产余值计税
C. 出租房产的，出租人以租金计税
D. 租入房产的，承租人以租金计税

68. 某政府机关与甲公司共同使用一幢办公用房，房产价值 6 000 万元，政府机关占用房产价值 5 000 万元，甲公司占用房产价值 1 000 万元。3 月 1 日该政府机关将其使用房产的 40% 对外出租，当年取得租金收入 150 万元。同年 7 月 29 日甲公司将其使用房产的 30% 对外投资，不承担生产经营风险，投资期限 4 年，当年取得固定利润分红 8 万元，已知该省统一规定计算房产余值时的减除幅度为 20%，从价计征的房产税税率为 1.2%，从租计征的房产税税率为 12%。根据上述资料，下列表述中，正确的有（　）。

A. 该政府机关免征房产税
B. 该政府机关应纳房产税 18 万元
C. 甲公司应纳房产税 9.36 万元
D. 甲公司应纳房产税 7.68 万元

69. 根据房产税法律制度的规定，下列关于房产税纳税义务发生时间的表述中，正确的有（ ）。
A. 购置新建商品房，自房屋交付使用之次月起计征房产税
B. 纳税人自行新建房屋用于生产经营，从建成之次月起，缴纳房产税
C. 纳税人将原有房产用于生产经营，从生产经营之次月起，缴纳房产税
D. 房地产开发企业自用、出租、出借本企业建造的商品房，自房屋使用或交付之次月起计征房产税

70. 根据契税法律制度的规定，下列各项中，不属于契税的征税范围的有（ ）。
A. 接受作价房产入股 B. 承受抵债房产 C. 承租房产 D. 抵押房产

71. 根据契税法律制度的规定，关于契税计税依据的下列表述中，正确的有（ ）。
A. 以协议方式出让国有土地使用权的，以成交价作为计税依据
B. 房屋赠与的，计税依据为税务机关参照房屋买卖的市场价格依法核定的价格
C. 土地使用权出售的，以评估价格为计税依据
D. 土地使用权交换的，以所交换的土地使用权的价格差额为计税依据

72. 根据契税法律制度的规定，下列各项中，以成交价格为依据计算契税的有（ ）。
A. 土地使用权赠与 B. 土地使用权出让 C. 土地使用权互换 D. 土地使用权转让

73. 根据契税法律制度的规定，下列各项中，免征契税的有（ ）。
A. 军事单位承受土地用于军事设施
B. 国家机关承受房屋用于办公
C. 纳税人承受荒山土地使用权用于农业生产
D. 城镇居民购买商品房用于居住

74. 根据契税法律制度的规定，下列各项中，免征契税的有（ ）。
A. 在增资扩股中，对以土地、房屋权属作价入股或作为出资投入企业的
B. 非营利性的社会福利机构承受房屋用于养老的
C. 法定继承人通过继承承受土地、房屋权属的
D. 婚姻关系存续期间夫妻之间变更土地、房屋权属的

75. 根据土地增值税法律制度的规定，下列各项行为中，可以免征或不征土地增值税的有（ ）。
A. 企业与企业之间的房地产交换
B. 私营企业的房地产评估增值
C. 无力偿还借款，以房屋抵债
D. 双方合作建房，建成后分房自用的

76. 根据土地增值税法律制度的规定，下列行为中，应当征收土地增值税的有（ ）。
A. 将房屋产权赠与直系亲属的
B. 以房地产抵债而发生房地产产权转让的
C. 将房地产进行出租的
D. 房地产开发公司以房地产作价投资入股的

77. 某企业于 2016 年以每套 280 万元的价格购入两套高档公寓作为投资。2024 年将其中一套公寓以 480 万元的价格转让给李某，从中获利 200 万元，根据我国税收法律制度的规定，该企业出售公寓的行为应缴纳的税种有（ ）。
A. 契税 B. 企业所得税 C. 印花税 D. 土地增值税

78. 根据土地增值税法律制度的规定，房地产开发企业发生的下列税费中，属于土地增值税扣除项目

的有（　）。

A. 教育费附加　B. 所得税　C. 城市维护建设税　D. 印花税

79. 根据土地增值税法律制度的规定，纳税人转让旧房按购房发票计算扣除时，下列各项中，属于扣除金额的有（　）。

A. 发票金额　B. 发票金额 ×15%

C. 契税（能够提供契税完税凭证）　D. 发票金额 ×5%× 购买年份到出售年份的年数

80. 根据土地增值税法律制度的规定，下列各项中，主管税务机关可要求纳税人进行土地增值税清算的有（　）。

A. 取得销售许可证满 3 年仍未销售完毕的

B. 申请注销税务登记但未办理土地增值税清算手续的

C. 转让的房屋建筑面积占整个项目可售建筑面积 85% 以上的

D. 转让的房屋建筑面积占整个项目可售建筑面积虽未超过 85%，但剩余的可售建筑面积已经出租或自用的

81. 根据城镇土地使用税法律制度的规定，在城市、县城、建制镇和工矿区范围内的下列单位中，属于城镇土地使用税纳税人的有（　）。

A. 拥有土地使用权的集体企业　B. 拥有土地使用权的国有独资公司

C. 使用土地的外商投资企业　D. 使用土地的外国企业在中国境内设立的机构

82. 根据城镇土地使用税法律制度的有关规定，下列各项中，应征收城镇土地使用税的有（　）。

A. 某名胜古迹内的索道公司经营用地

B. 某建制镇所辖的行政村委会办公用地

C. 某大型钢铁企业生产车间用地

D. 城市、县城、建制镇和工矿区以外的某工矿企业用地

83. 根据城镇土地使用税法律制度的规定，下列关于民航机场用地，免征城镇土地使用税的有（　）。

A. 飞行区四周排水防洪设施用地　B. 机场办公区用地

C. 机场候机楼用地　D. 停机坪用地

84. 根据城镇土地使用税法律制度的规定，下列用地中，免征城镇土地使用税的有（　）。

A. 国家机关用于体育活动的土地　B. 非营利性老年服务机构自用土地

C. 企业厂区内的铁路专用线用地　D. 港口的码头用地

85. 根据城镇土地使用税法律制度的规定，下列关于城镇土地使用税的表述中，正确的有（　）。

A. 出借房产，自交付出借房产当月起，缴纳城镇土地使用税

B. 城镇土地使用税在土地所在地纳税

C. 纳税人新征用的非耕地，自批准征用次月起缴纳城镇土地使用税

D. 城镇土地使用税按年计算、分期缴纳

86. 根据耕地占用税法律制度的规定，下列占用农村土地的行为，需缴纳耕地占用税的有（　）。

A. 占用耕地建房　B. 占用耕地从事其他非农业建设

C. 占用耕地建设作战工程　D. 占用耕地建设水利工程

87. 根据耕地占用税法律制度的规定，下列项目占用耕地中，可以减按每平方米 2 元的税额标准征收耕地占用税的有（　）。

A. 铁路线路　　B. 公路线路　　C. 飞机场跑道　　D. 港口

88. 根据车船税法律制度的规定，下列各项中，属于车船税征税范围的有（　）。

A. 摩托车　　B. 客车　　C. 货车　　D. 火车

89. 根据车船税法律制度规定，下列各项中，属于车船税征税范围的有（　）。

A. 用于耕地的拖拉机　　B. 用于接送员工的客车

C. 用于休闲娱乐的游艇　　D. 供企业经理使用的小汽车

90. 下列车船中，应根据“整备质量每吨”作为计税依据的有（　）。

A. 商用客车　　B. 专用作业车　　C. 商用货车　　D. 轮式专用机械车

91. 根据资源税法律制度的规定，下列各项中，属于资源税征税范围的有（　）。

A. 经济林木　　B. 人造石油　　C. 海盐原盐　　D. 稀土矿原矿

92. 根据资源税法律制度的规定，下列各项中，在《资源税法》所附《资源税税目税率表》中规定了比例税率或定额税率的有（　）。

A. 地热　　B. 原油　　C. 石灰岩　　D. 矿泉水

93. 根据资源税法律制度的规定，纳税人收取的下列款项中，应计入到资源税销售额的有（　）。

A. 价款　　B. 包装费

C. 收取的增值税销项税额　　D. 取得增值税发票的的相关运杂费

94. 根据环境保护税法法律制度的规定，下列企业直接排放的污染物中，属于环境保护税征税范围的有（　）。

A. 大气污染物　　B. 水污染物　　C. 固体废物　　D. 噪声

95. 根据环境保护税法法律制度的规定，下列关于应税污染物计税依据的表述中，正确的有（　）。

A. 应税大气污染物按照污染物排放量折合的污染当量数确定

B. 应税水污染物按照污染物排放量折合的污染当量数确定

C. 应税固体废物按照固体废物的排放量确定

D. 应税噪声按照超过国家规定标准的分贝数确定

96. 根据船舶吨税法律制度的规定，下列关于船舶吨税的表述中，正确的有（　）。

A. 船舶吨税以应税船舶负责人为纳税人

B. 船舶吨税按船舶净吨位的大小分等级设置单位税额，分 30 日、半年和 1 年三种不同的税率

C. 拖船和非机动驳船分别按相同净吨位船舶税率的 50% 计征

D. 吨税以船舶净吨位为计税依据

97. 根据印花税法律制度的规定，关于印花税的纳税义务人的下列表述中，正确的有（　）。

A. 建立账簿的以立账簿人为纳税人

B. 订立财产转移书据的以立据人为纳税人

C. 书立经济合同的以合同各方当事人为纳税人

D. 国外领受，但在国内使用应税凭证以领受人为纳税人

98. 根据印花税法律制度的规定，下列各项中，属于印花税征税范围的有（　）。

A. 电网与电网之间签订的供用电合同　　B. 土地使用权出让合同

C. 建筑工程分包合同　　D. 商品房销售合同

99. 根据印花税法律制度的规定，下列各项中，按照“产权转移书据”税目征收印花税的有（　）。

A. 专利申请转让合同　　B. 土地使用权出让合同

C. 土地使用证　　D. 商品房销售合同

100. 根据印花税法律制度的规定，下列合同中，按照“技术转让合同”税目缴纳印花税的有（　）。

A. 专利申请转让合同　　B. 专利权转让合同

C. 专利实施许可合同　　D. 非专利技术转让合同

101. 根据印花税法律制度的规定，下列关于印花税纳税地点表述中，正确的有（　）。

A. 单位纳税人应当向应税凭证订立地的主管税务机关申报纳税

B. 个人纳税人应当向应税凭证订立、或居住地的税务机关申报纳税

C. 纳税人出让或转让不动产产权的，应当向不动产所在地的税务机关申报纳税

D. 证券交易印花税的扣缴义务人应当向其机构所在地的主管税务机关申报纳税

三、判断题

102. 夫妻因离婚分割共同财产发生土地、房屋权属变更的，免征契税。（　）

103. 张某将个人拥有产权的房屋出典给王某，则王某为该房屋房产税的纳税人。（　）

104. 我国现行房产税采用比例税率和定额税率两种形式。（　）

105. 凡以房屋为载体，不可随意移动的附属设备和配套设施，无论在会计核算中是否单独记账与核算，都应计入房产原值，计征房产税。（　）

106. 对于融资租赁的房屋，以“房产余值”作为计税依据计征房产税。（　）

107. 房产不在同一地方的纳税人，应按房产的坐落地点分别向房产所在地的税务机关申报纳税。（　）

108. 计征契税的成交价格中应包含增值税。（　）

109. 国家机关承受房屋用于办公，免征契税。（　）

110. 土地增值税只对转让国有土地使用权的行为征税，对出让国有土地的行为不征税。（　）

111. 凡是城市、县城、建制镇和工矿区范围内的土地，不论是国家所有的土地，还是集体所有的土地，都是城镇土地使用税的征税范围。（　）

112. 城镇土地使用税的纳税人，在尚未取得土地使用证书之前，不缴纳城镇土地使用税。（　）

113. 城镇土地使用税是以纳税人实际占用的土地面积为计税依据，按照规定的适用税额计算征收。（　）

114. 针对同一块土地，可以同时征收耕地占用税和城镇土地使用税。（　）

115. 农村居民在规定标准内占用耕地新建自用住宅，免征耕地占用税。（　）

116. 耕地占用税以纳税人实际占用的耕地面积为计税依据，按照规定的适用税额一次性征收。（　）

117. 从事机动车第三者责任强制保险业务的保险机构为机动车车船税的扣缴义务人。（　）

118. 车船税的纳税义务发生时间，为车船管理部门核发的车船登记证书或者行驶证中记载日期的“次月”。（　）

119. 已缴纳车船税的车船在同一纳税年度内办理转让过户的，不另纳税，也不退税。（　）

120. 纳税人以自采原矿洗选加工为选矿产品销售，或者将选矿产品自用于应当缴纳资源税情形的，按照选矿产品计征资源税，在原矿移送环节不缴纳资源税。（　）

121. 资源税纳税人应当在矿产品的开采地或者海盐的生产地缴纳资源税。（　）

122. 企业事业单位和其他生产经营者向依法设立的污水集中处理、生活垃圾集中处理场所排放应税污染物的，依法缴纳环境保护税。（　）

123. 机动车、铁路机车、非道路移动机械、船舶和航空器等流动污染源排放应税污染物的，应征收环境保护税。（　）

124. 土地增值税纳税人发生应税行为应向纳税人登记注册地主管税务机关缴纳土地增值税。（　）

125. 城镇土地使用税按年计算、一次性缴纳。（　）

126. 对纳税人以电子形式签订的各类应税凭证免征印花税。（　）

127. 印花税应税合同的计税依据为合同列明的价款或报酬，包括增值税税款。（　）

128. 印花税应税合同、产权转移书据未列明的价款或报酬，按照书立合同、产权转移书据时的市场价格确定。（　）

129. 印花税同一应税凭证载有两个或两个以上经济事项并分别列明价款或报酬的，按税率高的计算应纳税额。（　）

手机扫码学习本章视频教程

第七章　税收征收管理法律制度

一、单选题

1. 下列各项中，属于我国税收征收管理法律体系核心的是（　）。
   A.《中华人民共和国税收征收管理法》　B.《税务登记管理办法》
   C.《中华人民共和国发票管理办法实施细则》　D.《税务行政复议规则》

2. 根据税收征收管理法律制度的规定，下列各税种中，不适用《征管法》的是（　）。
   A. 增值税　B. 消费税　C. 环境保护税　D. 船舶吨税

3. 根据税收征收管理法律制度的规定，下列各项权利中，属于征税主体职权的是（　）。
   A. 知情权　B. 税务检查权　C. 要求保密权　D. 申请延期纳税权

4. 根据税收征收管理法律制度的规定，税务机关公布重大税收违法失信案件信息时，涉案纳税人的下列信息中，不属于应当予以公布的是（　）。
   A. 对涉案纳税人进行税务处理适用的相关法律依据
   B. 涉案纳税人的主要违法事实
   C. 对涉案纳税人进行税务处理、税务行政处罚的情况
   D. 涉案纳税人的整改情况

5. 根据税收征收管理法律制度的规定，负有纳税申报义务的纳税人连续一定期限所有税种均未进行纳税申报的，税收征管系统自动将其认定为非正常户。该期限为（　）。
   A. 3 个月　B. 6 个月　C. 9 个月　D. 12 个月

6. 根据税收征收管理法律制度的规定，从事生产、经营的纳税人应在一定期限内按规定设置账簿。该期限为（　）。
   A. 自领取营业执照之日起 30 日　B. 自领取税务登记证件之日起 10 日
   C. 自领取营业执照之日起 15 日　D. 自领取税务登记证件之日起 20 日

7. 根据税收征收管理法律制度的规定，下列主体中，可以不办理税务登记的是（　）。
   A. 公立医院　B. 国家机关
   C. 企业在外地设立的分支机构　D. 个体工商户

8. 根据税收征收管理法律制度的规定，除法律、行政法规另有规定的外，从事生产、经营的纳税人必须按照国务院财政、税务主管部门规定的保存期限保管账簿、记账凭证、完税凭证及其他有关涉税资料。该期限为（　）。
   A. 15 年　B. 30 年　C. 10 年　D. 20 年

9. 根据税收征收管理法律制度的规定，关于发票开具和保管的下列表述中，正确的是（　）。
   A. 销售货物开具发票时，可按付款方要求变更品名和金额
   B. 经单位财务负责人批准后，可拆本使用发票
   C. 已经开具的发票存根联保存期满后，开具发票的单位可直接销毁
   D. 收购单位向个人支付收购款项时，由付款方向收款方开具发票

10. 根据税收征收管理法律制度的规定，下列发票中，属于增值税专用发票的是（ ）。

A. 机动车销售统一发票　　B. 过路费发票

C. 定额发票　　D. 农产品收购发票

11. 根据税收征收管理法律制度的规定，纳税人财务制度不健全，生产经营不固定，零星分散、流动性大，适合采用的征收方式是（ ）。

A. 查账征收　　B. 查定征收　　C. 查验征收　　D. 定期定额征收

12. 按照规定甲公司最晚应于2024年1月19日缴纳应纳税款，甲公司因自身原因一直未缴纳。主管税务机关责令其于当年2月28日前缴纳，并加收滞纳金。甲公司直到2024年3月14日才交纳税款，主营税务机关应对甲公司加收滞纳金的起止时间为（ ）。

A. 2024年1月20日至2024年3月14日　　B. 2024年3月1日至2024年3月14日

C. 2024年1月19日至2024年3月14日　　D. 2024年2月28日至2024年3月14日

13. 根据税收征管法律制度的规定，下列各项中，不属于税务担保范围的是（ ）。

A. 罚款　　B. 滞纳金

C. 实现税款、滞纳金的费用　　D. 税款

14. 根据税收征收管理制度，下列个人财产中，不适用税收保全措施的是（ ）。

A. 机动车辆　　B. 金银首饰

C. 古玩字画　　D. 维持生活必需的住房

15. 根据税收征收管理法律制度的规定，下列情形中，不适用纳税担保的是（ ）。

A. 欠缴税款的纳税人需要出境

B. 纳税人经税务机关责令限期缴纳税款，被税务机关发现在限期内有明显的转移财产的迹象

C. 纳税人因适用税收优惠与税务机关发生争议而未缴清税款，需要申请行政复议

D. 纳税人因多缴税款申请退税与税务机关发生争议

16. 甲公司按照规定最晚应于2024年8月16日缴纳应纳税款180万元，该公司迟迟未缴。主管税务机关责令其于当年9月30日前缴纳，并加收滞纳金。但甲公司于10月19日才缴纳税款。计算甲公司应缴纳滞纳金的下列算式中，正确的是（ ）。

A. 180×0.5‰×（15+30+19）=5.76万元　　B. 180×0.5‰×18=1.62万元

C. 180×0.5‰×（30+19）=4.41万元　　D. 180×0.5‰×（15+19）=3.06万元

17. 根据税收征收管理法律制度的规定，税务机关对单价一定数额以下的其他生活用品，不采取税收保全措施和强制执行措施。该数额为（ ）元。

A. 5 000　　B. 1 000　　C. 10 000　　D. 50 000

18. 纳税人甲公司因有特殊困难，不能按期缴纳税款；经A省税务局批准，可以延期缴纳税款。A省税务局批准甲公司延期缴纳税款的期限最长为（ ）。

A. 1个月　　B. 3个月　　C. 6个月　　D. 12个月

19. 根据税收征收管理法律制度的规定，纳税人对税务机关的下列具体行政行为不服时，应当先申请行政复议，对行政复议决定不服的，可以再向人民法院提起行政诉讼的是（ ）。

A. 代开发票　　B. 资格认定　　C. 税款征收　　D. 税收保全

20. 根据税收征收管理法律制度的规定，下列关于税务行政复议审查的表述中，不正确的是（ ）。

A. 对重大案件，申请人提出要求或者行政复议机构认为必要时，可以采取听证的方式审理

B. 对国家税务总局的具体行政行为不服申请行政复议的案件，由国务院提出书面答复

C. 行政复议机构审理行政复议案件，应当由 2 名以上行政复议工作人员参加

D. 行政复议原则上采用书面审查的办法

21. 当纳税义务人对税务机关和其他行政机关以共同名义作出的具体行政行为不服的，申请复议的机构是（ ）。

A. 上级税务机关　　B. 上级行政机关

C. 共同的上级行政机关　　D. 共同的上级税务机关

22. 张某对甲市 W 县税务局作出的行政处罚行为不服，欲申请行政复议。下列各项中，有权受理张某行政复议申请的是（ ）。

A. 甲市税务局　　B. 甲市人民政府　　C. W 县人民政府　　D. W 县税务局

23. 税务机关在对某企业进行纳税检查过程中，发现该单位在经营期间逃避缴纳增值税 50 000 元，税务机关对其作出追缴税款，加收滞纳金并处以 25 000 元罚款的处理决定，并送达处罚决定及处理决定书。该纳税人对处理决定书不服向上一级税务机关申请复议，其可在结清税款、滞纳金并收到税务机关填发的缴款凭证之日起的一定期限内提起复议申请。该期限为（ ）日。

A. 10　　B. 15　　C. 30　　D. 60

24. 根据税收征收管理法律制度的规定，与纳税人有利害关系的税务人员在行使特定职权时应当回避。下列职权中，不属于此类特定职权的是（ ）。

A. 核定应纳税额　　B. 实施税务行政处罚

C. 办理税务行政复议　　D. 办理税务登记

二、多选题

25. 根据税收征收管理法律制度的规定，下列权利中，属于纳税主体权利的有（ ）。

A. 委托税务代理权　　B. 陈述权、申辩权

C. 税务行政处罚权　　D. 索取有关税收凭证的权利

26. 根据发票管理法律制度的规定，下列关于发票开具和保管的表述中，正确的有（ ）。

A. 不得为他人开具与实际经营业务不符的发票

B. 已经开具的发票存根联和发票登记簿应当保存 3 年

C. 取得发票时，不得要求变更品名和金额

D. 开具发票的单位和个人应当建立发票使用登记制度，设置发票登记簿

27. 下列纳税申报方式中，属于数据电文方式的有（ ）。

A. 邮寄　　B. 网络传输　　C. 电话语音　　D. 电子数据交换

28. 根据税收征收管理法律制度的规定，下列纳税申报方式中，符合法律规定的有（ ）。

A. 甲企业在规定的申报期限内，自行到主管税务机关指定的办税服务大厅申报

B. 经税务机关批准，乙企业使用统一的纳税申报专用信封，通过邮局交寄

C. 经税务机关批准，丙企业以网络传输方式申报

D. 实行定期定额缴纳税款的丁个体工商户，采用简易申报方式申报

29. 根据税收征收管理法律制度的规定，下列情形中，税务机关有权核定纳税人应纳税额的有（　）。

A. 有逃税、骗税前科的　　B. 拒不提供纳税资料的

C. 按规定应设置账簿而未设置的　　D. 虽设置账簿，但账目混乱，难以查账的

30. 根据税收征收管理法律制度的规定，下列方式中，属于纳税担保方式的有（　）。

A. 抵押　　B. 留置　　C. 质押　　D. 保证

31. 根据税收征收管理法律制度的规定，下列各项中，属于税收强制执行措施的有（　）。

A. 书面通知纳税人开户银行从其存款中直接扣缴税款

B. 拍卖纳税人的价值相当于应纳税款的商品、货物或其他财产

C. 书面通知纳税人开户银行冻结纳税人的金额相当于应纳税款的存款

D. 扣押、查封纳税人的价值相当于应纳税款的商品、货物或者其他财产

32. 根据税收征收管理法律制度的规定，纳税人认为税务机关行政行为所依据的下列规定不合法，可以在申请行政复议时一并提起审查申请的有（　）。

A. 国家税务总局发布的通知　　B. 国家税务总局发布的公告

C. 省人民代表大会常务委员会发布的决定　　D. 省税务局发布的办法

33. 根据税收征收管理法律制度的规定，税务机关在对纳税人进行发票检查中有权采取的措施有（　）。

A. 调出发票查验　　B. 查阅、复制与发票有关的凭证、资料

C. 向当事人各方询问与发票有关的问题和情况　　D. 检查领购、开具和保管发票的情况

34. 根据税收征收管理法律制度的规定，税务机关在实施税务检查时，可以采取的措施有（　）。

A. 检查纳税人会计资料

B. 检查纳税人货物存放地的应纳税商品

C. 检查纳税人托运、邮寄应纳税商品的单据、凭证

D. 经法定程序批准，查询纳税人在银行的存款账户

35. 根据税收征收管理法律制度的规定，下列情形中，属于重大违法失信案件的有（　）。

A. 纳税人欠缴应纳税款的　　B. 骗取国家出口退税款的

C. 虚开增值税专用发票的　　D. 以暴力方法拒不缴纳税款的

36. 根据税收征收管理法律制度的规定，纳税人对税务机关的下列具体行政行为不服时，应当先申请行政复议的有（　）。

A. 加收滞纳金　　B. 发票管理行为　　C. 确认适用税率　　D. 停止出口退税权

37. 根据税收征收管理法律制度的规定，纳税人对税务机关的下列具体行政行为不服时，可以申请行政复议，也可以直接向人民法院提起行政诉讼的有（　）。

A. 确认纳税环节　　B. 税收保全措施　　C. 不出具完税凭证　　D. 停止出口退税权

38. 根据税收征收管理法律制度的规定，下列行为中属于“首违不罚”事项清单中所列事项，视情节可不予行政处罚的有（　）。

A. 企业未按规定向税务机关报送全部银行账号　　B. 企业未按规定期限办理纳税申报

C. 企业未按规定缴销发票且没有违法所得　　D. 企业未按规定代扣代缴员工的个人所得税

39. 行政复议期间具体行政行为不停止执行。但下列情形中，可以停止执行的有（　）。

A. 被申请人认为需要停止执行的

B. 复议机关认为需要停止执行的

C. 申请人申请停止执行，复议机关认为其要求合理，决定停止执行的

D. 法律规定停止执行的

40. 根据税收征收管理法律制度的规定，不参加本期纳税信用评价的情形有（　）。

A. 纳税人纳税信用管理时间不满一个评价年度的

B. 因涉嫌税收违法被立案查处尚未结案的

C. 被审计、财政部门依法查出税收违法行为，税务机关正在依法处理，尚未办结的

D. 未申请税务行政复议、提起行政诉讼尚未结案的

41. 根据税收征收管理法律制度的规定，下列情形中，应当向主管税务机关申请办理注销税务登记的有（　）。

A. 纳税人破产，依法终止纳税义务的

B. 纳税人被市场监督管理机关吊销营业执照的

C. 纳税人住所变动，但不需要变更税务登记机关的

D. 境外企业在中国境内承包建筑工程，项目完工、离开中国的

三、判断题

42. 小规模纳税人（其他个人除外）发生增值税应税行为，需要开具增值税专用发票的，可以自愿使用增值税发票管理系统自行开具。选择自行开具增值税专用发票的小规模纳税人，税务机关不再为其代开增值税专用发票。（　）

43. 任何单位和个人不得转借、转让、介绍他人转让发票。（　）

44. 纳税人享受减税、免税待遇的，在减税、免税期间可以按照规定不办理纳税申报。（　）

45. 因不可抗力造成申报困难的，纳税人、扣缴义务人无须申请即可延期申报，但需事后报告。纳税人、扣缴义务人遇有其他困难难以按时申报的，要先向税务机关提出延期申请，经税务机关核准后才能延期申报。（　）

46. 纳税人在纳税期内没有应纳税款的，应当按照规定办理纳税申报。（　）

47. 某球员转会国外一家俱乐部，在出境时，税务机关以其尚未结清应纳税款，又未提供担保为由，通知海关阻止其出境，税务机关的做法是正确的。（　）

48. 复议机关收到行政复议申请后，应当在 5 日内进行审查，决定是否受理。（　）

49. 复议机关应当自受理申请之日起 60 日内作出行政复议决定。（　）

第八章　劳动合同与社会保险法律制度

手机扫码学习本章视频教程

一、单选题

1. 根据劳动合同法律制度的规定，下列情形中，订立劳动合同的当事人具备主体合法性的是（　）。

A. 未满 16 周岁的张某与某食品厂签订的劳动合同

B. 未满 16 周岁的王某与某杂技团签订的劳动合同

C. 未满 16 周岁的赵某与某书店签订的劳动合同

D. 未满 16 周岁的李某与某物业公司签订的劳动合同

2. 2024 年 11 月 1 日，甲公司与张某签订劳动合同，约定合同期限 1 年，试用期 1 个月，每月 15 日发放工资。张某 11 月 10 日上岗工作。甲公司与张某建立劳动关系的起始时间是（　）。

A. 2024 年 11 月 1 日　　B. 2024 年 11 月 10 日

C. 2024 年 11 月 15 日　　D. 2024 年 12 月 10 日

3. 张某于 2023 年 4 月 1 日应聘至一家网络公司工作，工资每月 8 000 元，双方未订立书面劳动合同，直至 2024 年 3 月。根据劳动合同法律制度的规定，下列表述中，不正确的是（　）。

A. 该网络公司应当自 2023 年 5 月 1 日起至 2024 年 3 月 31 日向张某每月支付 16 000 元的工资

B. 视为该网络公司自 2024 年 4 月 1 日已经与张某订立无固定期限劳动合同

C. 视为该网络公司与张某已经解除劳动关系

D. 该网络公司与张某补订书面劳动合同

4. 张某于 2023 年 3 月 10 日进入甲公司就职，公司于 2024 年 3 月 10 日才与其签订劳动合同。已知张某每月工资 4 000 元，已按时足额领取。甲公司应向周某支付工资补偿的金额是（　）元。

A. 0　　B. 4 000　　C. 44 000　　D. 48 000

5. 根据劳动合同法律制度的规定，下列关于非全日制用工的表述中，不正确的是（　）。

A. 可以约定试用期

B. 劳务报酬的支付周期为 15 日

C. 在同一用人单位每日平均工作时间不超过 4 小时

D. 劳动关系终止，用工单位无需支付经济补偿

6. 根据劳动合同法律制度的规定，下列各项中，属于劳动合同必备条款的是（　）。

A. 劳动合同期限　　B. 服务期　　C. 保守商业秘密　　D. 福利待遇

7. 张某在甲公司任 5 年会计，在乙公司任 4 年会计，在丙公司任 3 年会计。丙公司安排张某休年休假。则张某应当享有的带薪年休假是（　）天。

A. 5　　B. 10　　C. 15　　D. 20

8. 张某的日工资为 200 元，每周工作 5 天，每天工作 8 小时。在 2024 年“十一”国庆节法定假期加班了 3 天，在当年 10 月的一个周六、周日加班 2 天（单位未能安排补休）。计算用人单位应依法向张某支付的 2024 年 10 月最低加班工资的下列算式中，正确的是（　）。

A. $200\times3\times150\%=900$ 元

B. $200\times3\times150\%+200\times2\times200\%=1\ 700$ 元

C. $200\times3\times300\%+200\times2\times200\%=2\ 600$ 元

D. $200\times3\times300\%+200\times2\times300\%=3\ 000$ 元

9. 职工张某因疏忽给企业造成经济损失 8 000 元。企业要求张某赔偿经济损失，从其每月工资中扣除。张某每月工资收入 3 600 元，当地月最低工资标准 3 000 元。该企业可从张某每月工资中扣除的最高限额为（ ）元。

A. 600　　B. 720　　C. 800　　D. 900

10. 李某与甲公司于 2024 年 12 月 1 日签订了 1 年期的劳动合同，合同规定试用期为 3 个月，试用期工资为 4 800 元，试用期满后工资为 6 000 元。李某已经履行了 3 个月的试用期，并在该 3 个月内获得每月 4 800 元的试用期工资。该公司应向李某支付赔偿金的数额为（ ）元。

A. 4 800　　B. 6 000　　C. 1 200　　D. 3 000

11. 甲公司与周某签订了试用期为 1 个月的劳动合同，合同约定周某转正后的工资为每月 10 000 元。已知甲公司员工的月平均工资为 7 000 元，当地月最低工资标准为 2 480 元。周某在试用期的月工资最低为（ ）元。

A. 8 000　　B. 7 000　　C. 10 000　　D. 2 480

12. 甲公司为员工张某提供专项技术培训，支出费用 10 万元，双方约定服务期 5 年。工作满 3 年时，张某辞职，张某应向甲公司支付的违约金为（ ）万元。

A. 0　　B. 2　　C. 4　　D. 5

13. 甲企业某职工的月工资收入为 6 000 元。已知当地规定的基本医疗保险单位缴费率为 6%，个人缴费率为本人工资收入的 2%，单位缴费划入个人医疗保险账户的比例为 30%。该职工个人医疗保险账户每月的储存额是（ ）元。

A. 228　　B. 180　　C. 108　　D. 360

14. 根据劳动合同法律制度的规定，下列情形中，劳动者不需事先告知用人单位即可解除劳动合同的是（ ）。

A. 用人单位未按照劳动合同约定提供劳动保护或者劳动条件的

B. 用人单位违章指挥、强令冒险作业危及劳动者人身安全的

C. 用人单位未及时足额支付劳动报酬的

D. 用人单位未依法为劳动者缴纳社会保险费的

15. 张某与甲公司签订劳动合同，约定合同期限 2 年，试用期 2 个月。张某工作满一个月，打算提出辞职。根据劳动合同法律制度的规定，下列关于张某解除劳动合同方式的表述中，正确的是（ ）。

A. 应提前 3 日通知甲公司解除劳动合同

B. 应提前 30 日以书面形式通知甲公司解除劳动合同

C. 可随时通知甲公司解除劳动合同

D. 不需通知甲公司即可解除劳动合同

16. 根据劳动合同法律制度的规定，劳动合同解除的下列情形中，用人单位不向劳动者支付经济补偿的是（ ）。

A. 由用人单位提出并与劳动者协商一致而解除劳动合同的

B. 劳动者不能胜任工作，经过培训或者调整工作岗位，仍不能胜任而被用人单位解除劳动合同的

C. 劳动者因用人单位未及时足额支付劳动报酬而解除劳动合同的

D. 劳动者在试用期间被证明不符合录用条件的

17. 根据劳动合同法律制度的规定，下列情形中，在劳动者没有过错时用人单位不得以经济性裁员为由解除劳动合同的是（ ）。

A. 劳动者患病，在规定的医疗期满后不能从事原工作，也不能从事由用人单位另行安排的工作的

B. 劳动者在本单位连续工作满 15 年，且距法定退休年龄不足 5 年的

C. 劳动者不能胜任工作，经过培训或者调整工作岗位，仍不能胜任工作的

D. 劳动者在试用期间被证明不符合录用条件的

18. 2022 年 6 月 10 日，王某开始到甲公司任职。2024 年 10 月 25 日，甲公司提出并与王某协商解除了劳动合同。已知劳动台同解除前 12 个月王某的月平均工资为 4 000 元。计算劳动合同解除时甲公司应向王某支付经济补偿的下列算式中。正确的是（ ）。

A. 4 000×2 = 8 000 元　　B. 4 000×3.5 = 14 000 元

C. 4 000×3 = 12 000 元　　D. 4 000×2.5 = 10 000 元

19. 张某在甲公司已工作 10 年，经甲公司与其协商同意解除劳动合同。已知张某在劳动合同解除前 12 个月平均工资为 10 000 元，当地上年度职工平均工资为 3 000 元。甲公司应向张某支付的经济补偿金额是（ ）元。

A. 30 000　　B. 100 000　　C. 90 000　　D. 108 000

20. 根据劳动合同法律制度的规定，劳务派遣临时性岗位最长期限为（ ）。

A. 3 个月　　B. 6 个月　　C. 9 个月　　D. 12 个月

21. 陈某大学毕业后被某网络公司聘用。工作期间，陈某与公司因社会保险问题发生争议。关于该争议的下列解决方法中，正确的是（ ）。

A. 陈某可提请仲裁，但必须在此之前先申请调解

B. 陈某可提请仲裁，但在此之后不能够提起诉讼

C. 社会保险问题不适用劳动争议仲裁，陈某可直接向法院起诉

D. 陈某可自己与公司协商，也可请工会或者第三人共同与公司协商

22. 张某与甲公司于 2023 年 1 月 1 日签订了 1 年期的劳动合同，2023 年 7 月 1 日，甲公司未按照合同约定向张某支付工资，2024 年 1 月 1 日，劳动合同终止。根据《劳动争议调解仲裁法》的规定，张某申请劳动仲裁的日期为（ ）。

A. 2024 年 7 月 1 日之前　　B. 2025 年 1 月 1 日之前

C. 2025 年 7 月 1 日之前　　D. 2026 年 1 月 1 日之前

23. 甲企业某职工 2024 年度月工资收入为 12 000 元，甲企业所在地的社会平均工资为 3 000 元。已知职工个人按照本人缴费工资的 8% 缴纳基本养老保险费，记入个人账户。则该职工每月应缴纳的基本养老保险费是（ ）元。

A. 900　　B. 680　　C. 720　　D. 960

24. 张某 2015 年 4 月 1 日加入甲企业，张某在加入甲企业前已经从事工作 5 年，2024 年 3 月 1 日张某因病无法从事工作，开始病休。张某可以享受的医疗期为（ ）。

A. 3 个月　　B. 6 个月　　C. 9 个月　　D. 18 个月

25. 李某实际工作年限为 12 年，其中在现在就职公司工作年限为 4 年。根据社会保险法律制度的规定，李某依法可享受的医疗期为（　）。

A. 12 个月　　B. 9 个月　　C. 18 个月　　D. 6 个月

26. 根据社会保险法律制度的规定，下列社会保险中只由用人单位缴纳，职工个人不需缴纳的是（　）。

A. 基本养老保险　　B. 工伤保险　　C. 基本医疗保险　　D. 失业保险

27. 根据社会保险法律制度的规定，下列情形中，视同工伤的是（　）。

A. 在工作时间和工作岗位突发心脏病死亡　　B. 患职业病
C. 在工作场所内自残　　D. 在上班途中被违章车辆撞倒受伤

28. 根据劳动争议调解仲裁法律制度的规定，下列关于劳动争议终局裁决效力的表述中，正确的是（　）。

A. 劳动者对终局裁决不服的，不得向人民法院提起诉讼
B. 用人单位对终局裁决不服的，应向基层人民法院申请撤销
C. 一方当事人逾期不履行终局裁决的，另一方当事人可以向劳动仲裁委员会申请强制执行
D. 终局裁决被人民法院裁定撤销的，当事人可以自收到裁定书之日起 15 日内向人民法院提起诉讼

29. 根据社会保险法律制度的规定，一次性工亡补助金，标准为上一年度全国城镇居民人均可支配收入的一定倍数。该倍数为（　）。

A. 5 倍　　B. 10 倍　　C. 15 倍　　D. 20 倍

30. 根据社会保险法律制度的规定，下列关于失业保险的表述中，不正确的是（　）。

A. 失业保险金领取期限自失业之日起计算
B. 重新就业后再失业的，缴费时间需要重新计算
C. 失业保险领取期限，最长不超过 24 个月
D. 职工跨统筹地区就业的，其失业保险关系随本人转移，缴费年限累计计算

31. 王某因劳动合同终止而失业，已办理登记并有求职要求，此系王某首次失业，已知王某与用人单位累计缴纳失业保险费满 7 年。根据社会保险法律制度的规定，王某领取失业保险金的最长期限是（　）。

A. 6 个月　　B. 12 个月　　C. 18 个月　　D. 24 个月

32. 根据社会保险法律制度的规定，用人单位应当在一定期限内为其职工向社会保险经办机构申请办理社会保险登记，该期限是（　）。

A. 自用工之日起 15 日　　B. 自用工之日起 30 日
C. 自书面劳动合同签订之日起 15 日　　D. 自书面劳动合同签订之日起 30 日

二、多选题

33. 张某 2024 年 8 月进入甲公司工作，公司按月支付工资，至年底公司尚未与张某签订劳动合同。根据劳动合同法律制度的规定，关于公司与张某之间劳动关系的下列表述中，正确的有（　）。

A. 公司与张某之间可视为不存在劳动关系
B. 公司与张某之间可视为已订立无固定期限劳动合同

C. 公司应与张某补订书面劳动合同，并支付工资补偿
D. 张某可与公司终止劳动关系，公司应支付经济补偿

34. 根据劳动合同法律制度的规定，下列各项中，可作为非全日制用工劳动者劳动报酬支付周期结算单位的有（ ）。

A. 小时　　B. 日　　C. 周　　D. 月

35. 根据劳动合同法律制度的规定，下列劳动合同中，属于无效或者部分无效的有（ ）。

A. 甲公司以胁迫手段使张某在违背真实意思的情况下订立的劳动合同
B. 乙公司与赵某签订的免除公司法定责任、排除赵某权利的劳动合同
C. 李某凭借伪造的学历证书，欺骗丙公司与其订立的劳动合同
D. 丁公司乘人之危，使王某在违背真实意思的情况下订立的劳动合同

36. 根据劳动合同法律制度的规定，关于无固定期限劳动合同的下列表述中，正确的有（ ）。

A. 在双方协商一致的基础上可以订立无固定期限劳动合同
B. 劳动者在用人单位连续工作满十年的，可要求与该用人单位签订无固定期限劳动合同
C. 某劳动者在某国有企业连续工作满十年，距法定退休年龄还有十二年，在该企业改制重新订立劳动合同时，主张企业有义务与自己订立无固定期限劳动合同
D. 用人单位自用工之日起满 1 年不与劳动者订立书面劳动合同的，视为用人单位自用工之日起满 1 年的当日已经与劳动者订立无固定期限劳动合同

37. 根据劳动合同法律制度的规定，负有保守用人单位商业秘密义务的下列劳动者中，属于竞业限制条款适用范围的有（ ）。

A. 控股股东中的人员　　B. 关联企业的人员
C. 用人单位的高级管理人员　　D. 用人单位的高级技术人员

38. 根据《职工带薪年休假条例》的规定，下列情形中，不享受当年年休假的有（ ）。

A. 职工依法享受寒暑假，其休假天数多于年休假天数的
B. 职工请事假累计 20 天以上且单位按照规定不扣工资的
C. 累计工作满 1 年不满 10 年的职工，请病假累计 3 个月以上的
D. 累计工作满 10 年不满 20 年的职工，请病假累计 5 个月以上的

39. 根据劳动合同法律制度的规定，关于职工劳动报酬的下列表述中，正确的有（ ）。

A. 工资可以实物及有价证券替代货币支付
B. 工资必须在用人单位与劳动者约定的日期支付
C. 工资至少每季度支付一次
D. 对完成一次性临时劳动，用人单位在其完成劳动任务后即支付工资

40. 根据劳动合同法律制度的规定，关于劳动报酬支付的下列表述中，正确的有（ ）。

A. 用人单位可以采用多种形式支付工资，如货币、有价证券、实物等
B. 工资至少每月支付一次，实行周、日、小时工资制的可按周、日、小时支付工资
C. 对完成一次性临时劳动的劳动者，用人单位应按协议在其完成劳务任务后即支付工资
D. 约定支付工资的日期遇节假日或休息日的，应在节后最近的工作日支付

41. 根据劳动合同法律制度的规定，下列关于劳动合同变更的表述中，正确的有（ ）。

A. 用人单位与劳动者协商一致，可以变更劳动合同约定的内容

B. 变更劳动合同，应当采用书面形式

C. 变更后的劳动合同文本由用人单位和劳动者各执一份

D. 变更劳动合同未采用书面形式，但已经实际履行了口头变更的劳动合同超过 1 个月，且变更后的劳动合同内容不违反法律、行政法规、国家政策以及公序良俗，当事人以未采用书面形式为由主张劳动合同变更无效的，人民法院不予支持

42. 根据劳动合同法律制度的规定，下列情形中，劳动者可随时通知用人单位解除劳动合同的有（　）。

A. 用人单位未按照劳动合同约定提供劳动保护或者劳动条件

B. 用人单位违章指挥、强令冒险作业危及劳动者人身安全

C. 用人单位未及时足额支付劳动报酬

D. 用人单位未依法为劳动者缴纳社会保险费

43. 根据劳动合同法律制度的规定，下列情形中，用人单位额外支付劳动者 1 个月工资后，可以解除劳动合同的有（　）。

A. 劳动者患病或者非因工负伤，在规定的医疗期满后不能从事原工作，也不能从事由用人单位另行安排的工作的

B. 劳动者不能胜任工作，经过培训或者调整工作岗位，仍不能胜任工作的

C. 劳动者同时与其他用人单位建立劳动关系，对完成本单位的工作任务造成严重影响的

D. 劳动合同订立时所依据的客观情况发生重大变化，致使劳动合同无法履行，经用人单位与劳动者协商，未能就变更劳动合同内容达成协议的

44. 根据劳动合同法律制度的规定，下列各项中，属于劳动合同终止情形的有（　）。

A. 劳动者死亡的

B. 用人单位被吊销营业执照的

C. 用人单位生产经营发生严重困难的

D. 劳动者达到法定退休年龄的

45. 根据我国劳动合同法律制度的规定，下列不存在过错的劳动者中，用人单位既不得适用无过失性辞退或经济性裁员解除劳动合同的情形解除劳动合同，也不得终止劳动合同，劳动合同应当顺延至相应的情形消失时终止的有（　）。

A. 张某，疑似患上职业病，尚在医学观察期间

B. 李某，从事接触职业病危害作业，未进行离岗前职业健康检查

C. 谢某，非因工负伤，尚在医疗期内

D. 王某，在甲公司连续工作满 15 年，且距法定退休年龄不足 5 年

46. 根据我国劳动合同法律制度的规定，劳动合同解除后，用人单位应当向劳动者支付经济补偿的情形有（　）。

A. 由用人单位提出解除劳动合同并与劳动者协商一致而解除劳动合同的

B. 用人单位符合可裁减人员规定而解除劳动合同的

C. 劳动者符合随时通知解除劳动合同的

D. 固定期限劳动合同期满，用人单位提出按原合同条件续订，劳动者不同意的

47. 根据劳动合同法律制度的规定，下列关于劳务派遣的表述中，正确的有（　）。

A. 劳务派遣只能在临时性、辅助性或者替代性的工作岗位上实施
B. 劳务派遣单位应当与被派遣劳动者订立 2 年以上固定期限合同
C. 被派遣劳动者在无工作期间，劳务派遣单位应当按照所在地最低工资标准，向其按月支付报酬
D. 用人单位可以设立劳务派遣单位向本单位或所属单位派遣劳动者

48. 根据劳动合同法律制度的规定，下列情形中，属于劳动争议适用范围的有（ ）。
A. 因确认劳动关系发生的争议
B. 因变更劳动合同发生的争议
C. 因辞退发生的争议
D. 因工作时间发生的争议

49. 上海市的张某与甲公司（注册地为广州市）于 2024 年 4 月 1 日在北京市签订了 1 年期的劳动合同。4 月 10 日，张某被甲公司派往深圳市负责销售工作。张某与甲公司出现劳动争议，拟申请劳动仲裁。根据《劳动争议调解仲裁法》的规定，张某可以选择的劳动争议仲裁委员会有（ ）。
A. 北京市劳动争议仲裁委员会
B. 上海市劳动争议仲裁委员会
C. 广州市劳动争议仲裁委员会
D. 深圳市劳动争议仲裁委员会

50. 根据劳动合同法律制度的规定，下列情形中，能够引起劳动仲裁时效中断的有（ ）。
A. 当事人一方向对方当事人主张权利
B. 当事人一方向向仲裁委员会申请仲裁
C. 对方当事人同意履行义务
D. 发生不可抗力

51. 根据《劳动争议调解仲裁法》的规定，除另有规定外，下列各项中，仲裁裁决为终局裁决，裁决书自作出之日起发生法律效力的有（ ）。
A. 追索劳动报酬，不超过当地月最低工资标准 12 个月金额的争议
B. 追索工伤医疗费，不超过当地月最低工资标准 12 个月金额的争议
C. 因执行国家的劳动标准在社会保险方面发生的争议
D. 仲裁裁决涉及数项，对单项裁决数额不超过当地月最低工资标准 12 个月金额的劳动争议

52. 根据社会保险法律制度的规定，下列关于基本养老保险的表述中，正确的有（ ）。
A. 基本养老金由统筹养老金和个人账户养老金组成
B. 个人缴纳养老保险费不计征个人所得税
C. 参加职工基本养老保险的个人死亡后，其个人账户中的余额不可以依法继承
D. 参加基本养老保险的个人，未达到法定退休年龄时在因病或者非因工致残完全丧失劳动能力的，可以领取病残津贴

53. 根据社会保险法律制度的规定，下列情形中，符合女性职工年满 45 周岁、缴费满 15 年即可享受职工基本养老保险待遇要求的有（ ）。
A. 担任了干部职位的
B. 从事井下工作的
C. 从事农药生产工作的
D. 因病经确认完全丧失劳动能力的

54. 根据社会保险法律制度的规定，职工基本养老保险待遇包括（ ）。
A. 支付职工基本养老金
B. 丧葬补助金
C. 遗属抚恤金
D. 病残津贴

55. 根据社会保险法律制度的规定，职工发生伤亡的下列情形中，应当认定为工伤或者视同工伤的有（ ）。
A. 黄某在工作中突发疾病，在 24 小时内经抢救无效死亡

B. 胡某原在军队服役，因公负伤致残，已取得革命伤残军人证，到用人单位后旧伤复发

C. 刘某在抗洪救灾中受到伤害

D. 杨某在下班途中受到本人负主要责任的交通事故伤害

56. 根据社会保险法律制度的规定，下列各项中，属于失业保险待遇的有（　）。

A. 失业保险金　　B. 死亡补助　　C. 职业培训补贴　　D. 生育医疗费用

57. 根据社会保险法律制度的规定，下列人员中，应由个人按照国家规定缴纳基本医疗保险的有（　）。

A. 无雇工的个体工商户　　B. 未在用人单位参保的非全日制从业人员

C. 灵活就业人员　　D. 未在用人单位参保的灵活就业人员

58. 根据社会保险法律制度的规定，关于职工患病应享受医疗期及医疗期内待遇的下列表述中，正确的有（　）。

A. 实际工作年限 10 年以下，在本单位工作年限 5 年以下的，医疗期期间为 3 个月

B. 实际工作年限 10 年以下，在本单位工作年限 5 年以上的，医疗期期间为 6 个月

C. 医疗期内遇劳动合同期满，则劳动合同必须续延至医疗期满

D. 病假工资可以低于当地最低工资标准支付，但不得低于当地最低工资标准的 80%

三、判断题

59. 在履行劳动合同的过程中，用人单位和劳动者就具有了支配与被支配、管理与服从的从属关系。（　）

60. 甲公司招用王某时，要求其缴纳 600 元的工作服押金，甲公司的做法不符合法律规定。（　）

61. 用人单位设立的分支机构，未依法取得营业执照或者登记证书的，不可以与劳动者订立劳动合同。（　）

62. 作为订立劳动合同应当采用书面形式的例外情况，非全日制用工双方当事人可以订立口头协议。（　）

63. 劳动合同被确认为无效，劳动者已经付出劳动的，用人单位应向劳动者支付劳动报酬。（　）

64. 同一用人单位与同一劳动者只能约定一次试用期。（　）

65. 用人单位为劳动者提供专项培训费用，对其进行专业技术培训的，可以与该劳动者订立协议，约定服务期。（　）

66. 用人单位为劳动者提供专项培训费用，对其进行专业技术培训并签订了服务期协议。劳动者违反服务期约定的，对已经履行部分服务期限的，用人单位要求劳动者支付的违约金不得超过服务期尚未履行部分所应分摊的培训费用。（　）

67. 在解除或者终止劳动合同后，竞业限制人员到与本单位生产或者经营同类产品、从事同类业务的有竞争关系的其他用人单位工作，或者自己开业生产或者经营同类产品、从事同类业务的竞业限制期限，不得超过 1 年。（　）

68. 用人单位与劳动者协商一致解除劳动合同的，用人单位无需向劳动者支付经济补偿。（　）

69. 一般情形下，经济补偿按劳动者在本单位工作的年限，每满 1 年支付 1 个月工资的标准向劳动者支付。6 个月以上不满 1 年的，按 1 年计算；不满 6 个月的，向劳动者支付半个月工资标准的经

济补偿。（　）

70. 用人单位违反《劳动合同法》规定解除或者终止劳动合同的，应当依照《劳动合同法》规定的经济补偿标准的 2 倍向劳动者支付赔偿金。（　）

71. 用人单位拖欠或者未足额支付劳动报酬的，劳动者可以依法向当地人民法院申请支付令，人民法院应当依法发出支付令。（　）

72. 对劳动争议仲裁委员会不予受理或者逾期未作出决定的，申请人可以就该劳动争议事项向人民法院提起诉讼。（　）

73. 非全日制用工的劳动者必须通过其用人单位参加基本养老保险，并与用人单位共同缴纳基本养老保险费。（　）

74. 医疗费用应当由第三人负担，第三人不支付或无法确定第三人的，由职工先行支付，然后向第三人追偿。（　）

75. 伤残职工的停工留薪期一般不超过 12 个月，最长不得超过 24 个月。（　）

76. 被用人单位开除、除名和辞退的职工不符合领取失业保险金的条件。（　）

77. 无正当理由，拒不接受当地人民政府指定部门或者机构介绍的适当工作或者提供的培训的，应该停止其领取失业保险金。（　）

四、不定项选择题

78. 2024 年 1 月，甲公司与乙公司签订劳务派遣协议，派遣刘某到乙公司从事临时性工作。2024 年 5 月，临时性工作结束，两公司未再给刘某安排工作，也未再向其支付任何报酬。2024 年 7 月，刘某得知自 2024 年 1 月被派遣以来，两公司均未为其缴纳社会保险费，遂提出解除劳动合同。

要求：根据上述资料，不考虑其他因素，分析回答下列小题。

（1）关于刘某建立劳动关系的下列表述中，正确的是（　）。

A. 刘某与乙公司建立劳动关系
B. 刘某与甲公司建立劳动关系
C. 刘某与甲公司、乙公司均未建立劳动关系
D. 刘某与甲公司、乙公司均建立劳动关系

（2）刘某无工作期间报酬享受的下列表述中，正确的是（　）。

A. 刘某不享受报酬
B. 乙公司应按月向其支付报酬
C. 刘某享受报酬的标准为支付单位所在地最低工资标准
D. 甲公司应按月向其支付报酬

（3）刘某解除劳动合同应采取的方式是（　）。

A. 无须事先告知公司即可解除
B. 应提前 30 日通知公司解除
C. 可随时通知公司解除
D. 应提前 3 日通知公司解除

（4）关于该劳动合同解除时经济补偿金支付的下列表述中，正确的是（　）。

A. 甲、乙两个公司均无须向刘某支付经济补偿金
B. 乙公司应向刘某支付经济补偿金
C. 甲公司应向刘某支付经济补偿金

D. 甲、乙两公司应共同向刘某支付经济补偿金

79. 2022 年 3 月 1 日，郑某到甲公司工作，6 月 1 日甲公司与郑某签订了 2 年期限劳动合同，2023 年 10 月，因工作需要，甲公司安排郑某分别于 10 月 1 日国庆节加班一天。于 10 月 13 日周六、10 月 14 日周日各加班 1 天，之后未安排其补休。

2024 年 1 月，郑某向公司递交医院证明，告知已怀孕事实，5 月 31 日因劳动合同期限届满，甲公司不再与郑某续签，并通知其劳动合同终止，仍处于孕期的郑某对此存有异议。

已知：甲公司实行标准工时制，郑某日工资为 240 元，甲公司已为郑某办理了社会保险登记，并按月从其工资中扣缴相关社会保险费用。

要求：根据上述资料，不考虑其他因素，分析回答下列小题。

（1）关于甲公司与郑某劳动关系建立及未及时订立书面合同的后果，下列表述正确的是（　）。

A. 甲公司不需要向郑某支付未及时签订书面劳动合同的 2 倍工资

B. 劳动关系自 2022 年 6 月 1 日建立

C. 劳动关系自 2022 年 3 月 1 日建立

D. 郑某有权要求甲公司支付自 2022 年 4 月 1 日至 5 月 31 日期间的 2 倍工资

（2）下列各项保险项目中，甲公司应从郑某工资中代扣代缴保险费的是（　）。

A. 职工基本医疗保险　B. 工伤保险　C. 失业保险　D. 职工基本养老保险

（3）计算甲公司依法应向郑某支付的 2023 年 10 月最低加班工资的下列算式中，正确的是（　）。

A. $240\times300\%\times1+240\times300\%\times2=2\ 160$ 元

B. $240\times200\%\times1+240\times200\%\times2=1\ 440$ 元

C. $240\times300\%\times1+240\times200\%\times2=1\ 680$ 元

D. $240\times200\%\times1+240\times150\%\times2=1\ 200$ 元

（4）甲公司终止劳动合同及其法律后果的下列表述中，正确的是（　）。

A. 甲公司终止劳动合同后，郑某不要求继续履行的，甲公司应当向其支付赔偿金

B. 劳动合同期限已届满，甲公司可以终止劳动合同

C. 甲公司终止劳动合同后，郑某要求继续履行的，甲公司应当继续履行

D. 因郑某处于孕期，甲公司不得终止合同

第一章 总论答案

一、单选题

1. 【答案：C】法具有国家意志性、国家强制性、规范性（包括概括性和利益导向性）、明确公开性和普遍约束性。
2. 【答案：A】选项 A 是法律，法律效力和地位仅次于宪法，法律是制定其他规范性文件的依据；选项 B 是部门规章；选项 C 是行政法规；选项 D 是地方性法规。
3. 【答案：D】对于外国人的人身权利、财产权利、受教育权利和其他合法权利，我国法律均予以保护。但外国人不能享有我国公民的某些权利或承担我国公民的某些义务，如选举权，担任公职和服兵役等，选项 D 正确。
4. 【答案：C】法律关系客体是指法律主体权利和义务所共同指向的对象。甲、乙双方签订修理合同而形成法律关系的客体是行为，即该法律关系客体并不是乙方修理的设备，而是乙方承接修理设备的劳务行为。
5. 【答案：A】法律关系客体是指法律关系主体的权利和义务所指向的对象。选项 A 可以作为法律关系的主体。
6. 【答案：C】根据不同的标准，可以对法作不同的分类：选项 A，根据法的创制方式和表现形式所作的分类，因此选项 A 错误。选项 B，根据法的内容、效力和制定程序所作的分类，因此选项 B 错误；选项 C，根据法的空间效力、时间效力或对人的效力所作的分类，因此选项 C 正确；选项 D，根据法的内容所作的分类，因此选项 D 错误。
7. 【答案：A】行为是否需要特定形式或实质要件，可以将法律行为划分为要式行为与非要式行为，选项 A 正确。
8. 【答案：D】法律关系的主体是指参加法律关系，依法享有权利和承担义务的当事人。
9. 【答案：A】选项 B 属于非法人组织；选项 C 属于营利法人；选项 D 属于特别法人。
10. 【答案：A】选项 B 属于非营利法人，选项 CD 属于非法人组织。
11. 【答案：D】罚款属于行政处罚。

二、多选题

12. 【答案：AB】法律关系的内容是指法律关系主体所享有的经济权利和承担的经济义务。选项 C 属于法律关系的主体；选项 D 属于法律关系的客体。
13. 【答案：AC】法律行为是指以法律关系主体意志为转移，能够引起法律后果，即引起法律关系发生、变更和消灭的人们有意识的活动。选项 AC 属于法律行为，选项 BD 属于法律事件。
14. 【答案：AD】李某与医疗中心签订协议，承诺死后将自己的眼角膜无偿捐赠给该医疗中心，该法律关系的主体是李某与医疗中心。该遗赠关系的客体是眼角膜（人身的一部分）。
15. 【答案：AC】选项 B 和选项 D 属于无民事行为能力人。
16. 【答案：BC】选项 A，7 周岁，无民事行为能力人。选项 D，不能“完全”辨认自己行为的精神病人是限制民事行为能力人。

17. 【答案：BC】（1）选项 A，属于民事责任；（2）选项 D，属于刑事责任。

三、判断题

18. 【答案：错误】国家机关以外的组织可以作为单位会员加入社会团体，国家机关不可以，本题错误。
19. 【答案：正确】叙述正确。
20. 【答案：错误】附加刑可以附加于主刑之后，作为主刑的补充，同主刑一起适用，也可以独立适用。

第二章　会计法律制度答案

一、单选题

1. 【答案：B】单位负责人对本单位的会计工作和会计资料的真实性、完整性负责。
2. 【答案：C】具备大学本科学历或学士学位，需从事会计工作满 4 年，故选项 C 正确。会计师应具备以下条件：（1）系统掌握会计基础知识和业务技能；（2）掌握并能正确执行财经政策、会计法律法规和规章制度；（3）具有扎实的专业判断和分析能力，能独立负责某领域会计工作；（4）具备博士学位或具备硕士学位，从事会计工作满 1 年；或具备第二学士学位或研究生班毕业，从事会计工作满 2 年；或具备大学本科学历或学士学位，从事会计工作满 4 年，或具备大学专科学历，从事会计工作满 5 年。
3. 【答案：A】会计机构、会计人员必须按照国家统一的会计制度的规定对原始凭证进行审核，对不真实、不合法的原始凭证有权不予接受，并向单位负责人报告。
4. 【答案：A】一张原始凭证所列支出需要几个单位共同负担的，应当将其他单位负担的部分，开给对方原始凭证分割单，进行结算。
5. 【答案：C】企业财务会计报告包括会计报表、会计报表附注和财务情况说明书组成。
6. 【答案：C】各单位的预算、计划、制度等文件材料属于文书档案，不属于会计档案。
7. 【答案：D】现金日记账保管的法定最低保管期限为 30 年。
8. 【答案：A】会计档案鉴定工作应当由单位档案管理机构牵头，组织单位会计、审计、纪检监察等机构或人员共同进行。
9. 【答案：C】单位因业务移交其他单位办理所涉及的会计档案，应当由原单位保管，承接业务单位可以查阅、复制与其业务相关的会计档案。
10. 【答案：A】为了充分发挥社会各方面的力量，鼓励任何单位和个人检举违法会计行为，也属于会计工作社会监督的范畴。
11. 【答案：C】会计机构负责人或会计主管人员，是在一个单位内具体负责会计工作的中层领导人员。担任单位会计机构负责人（会计主管人员）的，应当具备会计师以上专业技术职务资格或者从事会计工作 3 年以上经历。
12. 【答案：B】国家机关、国有企业、事业单位任用会计人员应当实行回避制度。
13. 【答案：A】选项 B，会计专业技术人员参加继续教育取得的学分，在全国范围内当年度有效，不得结转以后年度。选项 C，用人单位应当建立本单位会计专业技术人员继续教育与使用、晋升相衔接的激励机制，将参加继续教育情况作为会计专业技术人员考核评价、岗位聘用的重要依据。选项 D，会计专业技术人员参加继续教育实行学分制管理，每年参加继续教育取得的学分不少于 90 学分。其中，专业科目一般不少于总学分的 2/3。

14. 【答案：D】提供虚假财务会计报告，做假账，隐匿或者故意销毁会计凭证、会计账簿、财务会计报告，贪污，挪用公款，职务侵占等与会计职务有关的违法行为被依法追究刑事责任，不得再从事会计工作。

二、多选题

15. 【答案：CD】选项 AB，单位领导人的直系亲属不得担任本单位的会计机构负责人、会计主管人员；会计机构负责人、会计主管人员的直系亲属不得在本单位会计机构中担任出纳工作；需要回避的直系亲属为夫妻关系、直系血亲关系、三代以内旁系血亲以及姻亲关系，因此选项 AB 错误。
16. 【答案：ABC】会计人员调动工作、离职或者因病暂时不能工作，应与接管人员办清交接手续。
17. 【答案：ABCD】移交会计档案的单位，应当编制会计档案移交清册，列明应当移交的会计档案名称、卷号、册数、起止年度、档案编号、应保管期限和已保管期限等内容，选项 A 正确；交接会计档案时，交接双方应当按照会计档案移交清册所列内容逐项交接，并由交接双方的单位有关负责人负责监督；交接完毕后，交接双方经办人和监督人应当在会计档案移交清册上签名或盖章，选项 BC 正确；电子会计档案应当与其元数据一并移交，特殊格式的电子会计档案应当与其读取平台一并移交，选项 D 正确。
18. 【答案：BD】会计工作岗位，可以一人一岗，一人多岗或者一岗多人。档案管理部门的人员管理会计档案，不属于会计岗位。
19. 【答案：ABCD】出纳人员不得兼任稽核、会计档案保管和收入、支出、费用、债权债务账目的登记工作。
20. 【答案：ABC】非标准审计报告，是指带强调事项段或其他事项段的无保留意见的审计报告和非无保留意见的审计报告。
21. 【答案：ABCD】代理记账机构可以接受委托办理的有：进行会计核算；对外提供财务会计报告；向税务机关提供税务资料，选项 ABCD 正确。
22. 【答案：ABD】单位“档案管理机构”（而不是会计管理机构）负责组织会计档案销毁工作，并与会计管理机构共同派员监销。
23. 【答案：ABC】伪造、变造会计凭证（包括原始凭证和记账凭证）和会计账簿，会导致会计资料不真实。变更会计人员不一定导致会计资料不真实，涂改会计账簿的真实内容，造成会计资料失真、失实。
24. 【答案：ABC】根据《会计法》的规定，会计记录的文字应当使用中文。在民族自治地方，会计记录可以同时使用当地通用的一种民族文字。在中国境内的外商投资企业、外国企业和其他外国组织的会计记录可以同时使用一种外国文字。注意“可以”，非“应该”。
25. 【答案：BCD】原始凭证记载的各项内容均不得涂改，原始凭证有错误的，应当由出具单位重开或者更正，更正处应当加盖出具单位印章；原始凭证金额有错误的，应当由出具单位重开，不得在原始凭证上更正。

26. 【答案：BCD】选项 A 错误，在不设借贷等栏的多栏式账页中用红字登记减少数。
27. 【答案：ABCD】财务会计报告应当由单位负责人和主管会计工作的负责人、会计机构负责人（会计主管人员）签名并盖章；设置总会计师的单位，还须由总会计师签名并盖章。
28. 【答案：BCD】单位负责人对依法履行职责、抵制违反《会计法》规定行为的会计人员以降级、撤职、调离工作岗位、解聘或者开除等方式实行打击报复，构成犯罪的，依法追究刑事责任。尚不构成犯罪的，由其所在单位或者有关单位依法给予行政处分。对受打击报复的会计人员，应当恢复其名誉和原有职务、级别。《刑法》规定，公司、企业、事业单位、机关、团体的领导人，对依法履行职责、抵制违反《会计法》行为的会计人员实行打击报复，情节恶劣的，处 3 年以下有期徒刑或者拘役。

三、判断题

29. 【答案：正确】
30. 【答案：正确】业务收支以人民币以外的货币为主的单位，可以选定其中一种货币作为记账本位币，但是编报的财务会计报告应当折算为人民币。
31. 【答案：错误】登记账簿时发生错误，应当将错误的文字或者数字划红线注销，但必须使原有字迹仍可辨认；然后在划线上方填写正确的文字或者数字，并由记账人员在更正处盖章。对于错误的数字，应当全部划红线更正，不得只更正其中的错误数字。对于文字错误，可只划去错误的部分。
32. 【答案：错误】银行存款日记账账面余额定期与银行对账单相核对，属于账实核对。
33. 【答案：正确】单位内部形成的属于归档范围的电子会计资料仅以电子形式保存、形成电子会计档案必须同时满足若干条件，其中一条是：形成的电子会计资料不属于具有永久保存价值或者其他重要保存价值的会计档案。
34. 【答案：错误】会计档案借用单位应当妥善保管和利用借入的会计档案，确保借入会计档案的安全完整，并在规定时间内归还。
35. 【答案：错误】单位没有独立会计机构的，可以在有关机构中设置会计人员并指定会计主管人员。
36. 【答案：错误】除会计师事务所以外的机构从事代理记账业务，应当经县级以上人民政府财政部门批准，领取由财政部统一规定样式的代理记账许可证书。
37. 【答案：正确】

四、不定项选择题

38. 【答案】

（1）【答案：ABD】不属于会计档案的有：预算、计划和制度，选项 C 错误。

（2）【答案：BCD】纸质会计档案移交时应当保持原卷的封装，选项 A 错误。

（3）【答案：ABC】选项 D，接替人员应当继续使用移交的会计账簿，不得自行另立新账，以保持会计记录的连续性。

（4）【答案：ABCD】不得将不同内容和类别的原始凭证汇总填制在一张记账凭证上，选项 A 正确；对当年已经入账的记账凭证发现填制错误，可以用红字填写一张与原内容相同的记账凭证，在摘要栏注明“注销某月某日某号凭证”字样，同时再用蓝字重新填制一张正确的记账凭证，注明“订正某月某日某号凭证”字样，选项 B 正确；如果会计科目没有错误，只是金额错误，也可以将正确数字与错误数字之间的差额，另编一张调整的记账凭证，调增金额用蓝字，调减金额用红字，选项 C 正确；填制记账凭证时，应当对记账凭证进行连续编号，选项 D 正确。

第三章　支付结算法律制度答案

一、单选题

1. 【答案：A】根据规定，在填写月、日时，月为“壹”、“贰”和“壹拾”的，日为“壹”至“玖”和“壹拾”、“贰拾”、“叁拾”的，应在其前加“零”；日为“拾壹”至“拾玖”的，应在其前加“壹”，所以 2024 年 2 月 10 日的正确写法是“贰零贰肆年零贰月零壹拾日”。
2. 【答案：B】选项 B，个人在票据和结算凭证上的签章，应为该个人本人的签名或盖章。所以选项 B 正确。
3. 【答案：D】单位、银行在票据上的签章和单位在结算凭证上的签章，为该单位、银行的盖章加其法定代表人或其授权的代理人的签名或盖章。
4. 【答案：B】选项 B 为备案类账户，自开立之日可办理收付款业务；选项 ACD 为核准类账户，自开立之日（中国人民银行当地分支行的核准日期）起 3 个工作日后可办理收付款业务。
5. 【答案：A】企业银行结算账户自开立之日即可办理收付款业务。
6. 【答案：B】银行在收到存款人撤销银行结算账户的申请后，对于符合销户条件的，应在 2 个工作日内办理撤销手续，因此甲银行办理撤销手续的最晚日期为 2024 年 3 月 7 日，选项 B 正确。
7. 【答案：C】对基本建设资金的管理和使用，存款人可以申请开立的账户是专用存款账户。
8. 【答案：B】对银行借款的管理和使用，存款人可以申请开立的账户是一般存款账户。
9. 【答案：D】收入汇缴账户除向其基本存款账户或预算外资金财政专用存款账户划缴款项外，只收不付，不得支取现金。
10. 【答案：C】临时存款账户是存款人因临时需要并在规定期限内使用而开立的银行结算账户。临时存款账户的使用：有效期最长不得超过 2 年。
11. 【答案：B】个人开立Ⅱ类户、Ⅲ类户，可以绑定Ⅰ类户或者信用卡账户进行身份验证。
12. 【答案：B】个人银行结算账户的Ⅲ类账户任一时点账户余额不能超过一定限额，该限额为 2 000 元。
13. 【答案：C】丁公司为被背书人，即持票人，因此拥有票据权利，是票据权利人。
14. 【答案：C】选项 C，商业承兑汇票由银行以外的付款人承兑并付款。
15. 【答案：C】票据行为是当事人以发生票据债务为目的的，以在票据上签名或者盖章为权利义务成立要件的法律行为，包括出票、背书、承兑和保证。付款是以消灭票据权利义务为目的的，因此选项 C 正确。

16. 【答案：A】任意记载事项指《票据法》不强制当事人必须记载而允许当事人自行选择，不记载时不影响票据的效力，记载时则产生票据效力的事项，“不得转让”事项即为任意记载事项。

17. 【答案：B】背书人未记载被背书人名称即将票据交付他人的，持票人在票据被背书人栏内记载自己的名称与背书人记载具有同等法律效力。

18. 【答案：D】根据规定，背书时附有条件的，所附条件不具有汇票上的效力。本题中，“乙公司必须按期保质交货，否则不付款”是无效的，但背书行为是有效的。

19. 【答案：B】出票人记载“不得转让”的，票据不得背书转让。背书人在票据上记载“不得转让”字样，其后手再背书转让的，原背书人对后手的被背书人不承担保证责任。

20. 【答案：C】根据《票据法》规定：“保证不得附有条件；附有条件的，不影响对汇票的保证责任。”

21. 【答案：A】付款请求权是指持票人向汇票的承兑人、本票的出票人、支票的付款人出示票据要求付款的权利，是第一顺序权利。行使付款请求权的持票人可以是票据记载的收款人或最后的被背书人；担负付款请求权付款义务的主要是主债务人。

22. 【答案：C】追索权发生的实质要件包括：（1）汇票到期被拒绝付款；（2）汇票在到期日前被拒绝承兑；（3）在汇票到期日前，承兑人或付款人死亡、逃匿的；（4）在汇票到期日前，承兑人或付款人被依法宣告破产或因违法被责令终止业务活动。

23. 【答案：B】持票人行使追索权，可以不按照票据债务人的先后顺序，对其中任何一人、数人或者全体行使追索权。

24. 【答案：A】（1）持票人以欺诈、偷盗或者胁迫等手段取得票据的，或者明知有上述情形，出于恶意取得票据的，不享有票据权利。胡某和陈某均不享有票据权利；（2）因税收、继承、赠与可以依法无偿取得票据的，票据权利不得优于其前手。黄某虽然是善意不知情的，但是其未支付合理对价，其票据权利不优于其前手陈某，故黄某不享有票据权利。

25. 【答案：C】再追索权自清偿日或者被提起诉讼之日起 3 个月行使。

26. 【答案：D】根据规定，持票人对票据的出票人和承兑人的权利，自票据到期日起 2 年。

27. 【答案：D】根据规定，人民法院收到利害关系人的申报后，应当裁定终结公示催告程序（判断乙的主张是否成立，应当在终结公示催告程序之后）。

28. 【答案：B】见票即付汇票的持票人应在自出票日起 1 个月内提示付款。

29. 【答案：A】粘单上的第一记载人，应当在票据和粘单的粘接处签章。本题中，甲公司为粘单上的第一记载人，所以应当由甲公司在汇票和粘单的粘接处签章。

30. 【答案：C】用于支取现金的支票仅限于收款人向付款人提示付款。

31. 【答案：B】签发商业汇票必须记载确定的金额，如果汇票上记载的金额是不确定的，该汇票无效。

32. 【答案：D】纸质商业汇票的付款期限，最长不得超过 6 个月。电子承兑汇票期限自出票日至到期日不超过 1 年。

33. 【答案：D】本票的出票人就是付款人，基本当事人只有出票人和收款人，无须另行记载付款人，所以选项 A 错误。本票上未记载付款地的，出票人的营业场所为付款地，所以选项 B 错误。根据《票据法》的规定，本票即银行本票，银行之外的主体不得签发本票，所以选项 C 错误。

34. 【答案：C】委托收款是收款人委托银行向付款人收取款项的结算方式。单位和个人凭已承兑的商业汇票、债券、存单等付款人债务证明办理款项的结算，均可以使用委托收款结算方式。委托收款在同城、异地均可以使用。

35. 【答案：A】根据《支付结算办法》的规定，汇款人委托银行将其款项支付给收款人的结算方式是汇兑结算。

36. 【答案：C】持有的外币不可以转入个人人民币银行结算账户。

37. 【答案：C】持卡人在还清全部交易款项、透支本息和有关费用后，可申请办理销户。对于持卡人因死亡等原因而需办理的注销和清户，应按照《民法典》和《中华人民共和国公证法》等法规办理。发卡行受理注销申请之日起 45 日后，被注销信用卡账户方能清户，因此选项 C 正确。

38. 【答案：D】网络支付是依托公共网络或专用网络在收付款人之间转移货币资金的行为，包括货币汇兑、互联网支付、移动电话支付、固定电话支付、数字电视支付等。

39. 【答案：D】网上 B2B 支付是企业网上银行的功能之一。个人网上银行的功能之一是 B2C 网上支付。

40. 【答案：B】支付宝属于支付机构中互联网支付企业，支付宝为消费者提供的是条码支付服务。

41. 【答案：D】购卡人不得使用信用卡购买预付卡。

42. 【答案：D】选项 A，卡内资金不得向银行账户或非本发卡机构开立的网络支付账户转移；选项 B，预付卡在发卡机构拓展、签约的特约商户中使用，不得用于或变相用于提取现金；选项 C，不得用于购买、交换非本发卡机构发行的预付卡、单一行业卡及其他商业预付卡或向其充值。

43. 【答案：D】下列关于支付账户概念的表述有：支付机构应根据用户真实意愿开立；支付机构不得违反规定留存银行账户、支付账户敏感信息；支付机构处理用户信息应当遵循合法、正当、必要和诚信的原则；支付机构应当对用户信息严格保密，采取有效措施防止未经授权的访问以及用户信息泄露、篡改、丢失，不得非法买卖、提供或者公开用户信息；支付机构应当建立健全支付账户开立、使用、变更和撤销等业务管理和风险管理制度，防止开立匿名、假名支付账户，选项 D 不正确。

二、多选题

44. 【答案：ABD】记名预付卡单张金额不超过 5 000 元，选项 A 正确；不记名预付卡单张金额不超过 1 000 元，选项 D 正确；购买记名预付卡或一次性购买不记名预付卡 1 万元以上需要实名制，选项 B 正确；不得使用信用卡购买或充值预付卡，选项 C 错误。

45. 【答案：ABCD】申请人应将银行本票交付给本票上记明的收款人，收款人受理银行本票时，应审查下列事项：①收款人是否确为本单位或本人，选项 A 正确；②银行本票是否在提示付款期限内；③必须记载的事项是否齐全，选项 C 正确；④出票人签章是否符合规定，大小写出票金额是否一致，选项 BD 正确；⑤出票金额、出票日期、收款人名称是否更改，更改的其他记载事项是否由原记载人签章证明。

46. 【答案：BCD】根据支付结算法律制度的规定，收单机构不得跨省域开展收单业务；收单机构应当建立对特约商户的风险评级制度；收单机构应当对特约商户实行实名制管理。

47. 【答案：ACD】单位一次性购买预付卡 5 000 元以上，个人一次性购买预付卡 5 万元以上的，应当通过银行转账等非现金结算方式购买，不得使用现金，选项 B 错误。

48. 【答案：BC】选项 A，出票时附有条件的，票据无效；选项 D，付款人承兑汇票，不得附有条件；承兑附有条件的，视为拒绝承兑。因此选项 AD 错误。

49. 【答案：ABCD】本题中汇票是由甲签发的，因此甲是出票人，选项 A 正确；甲签发的汇票是给乙的，那么乙是收款人，而乙又将汇票背书给丙，因此乙既是收款人也是背书人，丙就是被背书人，选项 BC 正确；银行是承兑汇票的承兑人，承兑后应就汇票上标明的金额付款给持票人，因此银行是承兑人也是付款人，选项 D 正确。

50. 【答案：CD】质押背书和委托收款背书不发生票据权利的转让，背书人仍是票据权利人，被背书人是代理背书人行使票据权利。贴现背书是转让背书的一种，只不过是企事业单位等向银行转让，不同于企事业单位之间转让票据。

51. 【答案：BC】根据《票据法》规定，背书不得附条件，否则所附条件不具有汇票上的效力，但该背书转让有效。

52. 【答案：BC】（1）选项 BC，将汇票金额的一部分转让或者将汇票金额分别转让给两人以上的背书无效；（2）选项 D，背书不得附条件，背书附条件的，所附条件无效，背书有效。

53. 【答案：AD】票据被拒绝承兑、被拒绝付款或者超过付款提示期限的，不得背书转让；背书转让的，背书人应当承担票据责任。

54. 【答案：BD】汇票到期日起 10 日内，是商业汇票的提示付款期限，而不是提示承兑期限，所以选项 A 错误；出票后定期付款的商业汇票，持票人应该在汇票到期日前向付款人提示承兑，所以选项 C 错误。

55. 【答案：CD】国家机关、以公益为目的的事业单位、社会团体、企业法人的分支机构和职能部门作为票据保证人的，票据保证无效，但经国务院批准为使用外国政府或者国际经济组织贷款进行转贷，国家机关提供票据保证的，以及企业法人的分支机构在法人书面授权范围内提供票据保证的除外。

56. 【答案：BC】未记载保证日期的，出票日期为保证日期；未记载被保证人的，已承兑的汇票，承兑人为被保证人；未承兑的汇票，出票人为被保证人。

57. 【答案：BCD】根据规定，保证人在票据或者粘单上未记载“保证日期”的，出票日期为保证日期，因此选项 A 错误。

58. 【答案：ABC】商业汇票的承兑人、支票的付款人、银行本票的出票人，均是票据的付款人。

59. 【答案：ABCD】行使追索权的当事人除票据记载的收款人和最后被背书人外，还可能是代为清偿票据债务的保证人、背书人。

60. 【答案：AC】票据记载的收款人、最后被背书人可以行使付款请求权的当事人。

61. 【答案：ABCD】到期前追索的情形有：被拒绝承兑，选项 A 正确；承兑人或者付款人死亡、逃匿等，选项 C 正确；被依法宣告破产或因违法被责令终止业务活动，选项 BD 正确。

62. 【答案：ABCD】追索对象包括出票人（甲）、保证人（丙）、背书人（乙、丁）。

63. 【答案：AB】首次追索权的范围：汇票金额、利息、取得拒绝证明的费用和发出通知书的费用，不包括间接损失，选项 D 错误；再追索权的范围：已经清偿的全部金额及其利息、发出通知书的费用，选项 C 错误。

64. 【答案：ABCD】当事人取得票据权利主要有以下几种情况：（1）从出票人处取得。（2）从持有票据的人处受让票据。（3）依税收、继承、赠与、企业合并等方式获得票据。

65. 【答案：BCD】选项 A 属于“以欺诈、偷盗或者胁迫等手段取得票据的，或者明知有前列情形，出于恶意取得票据的”的情形，不享有票据权利。

66. 【答案：BC】选项 AD，票据债务人不得以自己与出票人或者与持票人的前手之间的抗辩事由，对抗持票人。当然，若持票人明知存在抗辩事由而取得票据的除外。

67.【答案：ACD】票据权利因在一定期限内不行使而消灭的情形有：（1）持票人对票据的出票人和承兑人的权利，自票据到期日起2年。据此，选项A正确，选项B错误；（2）持票人对支票出票人的权利，自出票日起6个月。据此，选项C正确；（3）持票人对前手的再追索权，自清偿日或者被提起诉讼之日起3个月。据此，选项D正确。

68.【答案：ABC】票据丧失后，可采取挂失止付、公示催告、普通诉讼三种形式进行补救。注意：票据灭失（如被烧毁）无须挂失止付，因为不会发生被冒领的后果。

69.【答案：ABC】只有确定付款人或代理付款人的票据丧失时才可进行挂失止付，具体包括已承兑的商业汇票、支票、填明“现金”字样和代理付款人的银行汇票以及填明“现金”字样的银行本票四种。未填明代理付款人的银行汇票不可以挂失止付。

70.【答案：ABC】选项D，付款地属于“相对应记载事项”，未记载付款地的，并不影响票据的效力，票据债务人不能进行抗辩。

71.【答案：ACD】根据规定，银行汇票、银行本票、支票，都是单位与个人均可使用。而商业汇票的出票人，是“在银行开立存款帐户的法人以及其他组织”，不能是“个人”。商业汇票包括“商业承兑汇票与银行承兑汇票”，所以选项ACD正确。

72.【答案：AB】签发支票必须记载下列事项：表明“支票”的字样；无条件支付的委托；确定的金额；付款人名称；出票日期；出票人签章。

73.【答案：ABD】用于支取现金的支票仅限于“收款人”向付款人提示付款；用于支取现金的支票不能背书转让。

74.【答案：BCD】商业汇票的付款期限记载有三种形式：①定日付款的汇票付款期限自出票日起计算，并在汇票上记载具体的到期日。②出票后定期付款的汇票付款期限自出票日起按月计算，并在汇票上记载。③见票后定期付款的汇票付款期限自承兑或拒绝承兑日起按月计算，并在汇票上记载。

75.【答案：BCD】纸质票据贴现前，金融机构办理承兑、质押、保证等业务，应当不晚于业务办理的次一工作日在票据市场基础设施完成相关信息登记工作。

76.【答案：BCD】选项A，贴现是指票据持票人在票据未到期前为获得现金向银行贴付一定利息而发生的“票据转让行为”，因此，选项A错误。

77.【答案：ABCD】票据到期后偿付顺序如下：①票据未经承兑人付款确认和保证增信即交易的，若承兑人未付款，应当由贴现人先行偿付。该票据在交易后又经承兑人付款确认的，应当由承兑人付款；若承兑人未付款，应当由贴现人先行偿付，选项A正确；②票据经承兑人付款确认且未保证增信即交易的，应当由承兑人付款；若承兑人未付款，应当由贴现人先行偿付，选项B正确；③票据保证增信后即交易且未经承兑人付款确认的，若承兑人未付款，应当由保证增信行先行偿付；保证增信行未偿付的，应当由贴现人先行偿付，选项C正确；④票据保证增信后且经承兑人付款确认的，应当由承兑人付款；若承兑人未付款，应当由保证增信行先行偿付；保证增信行未偿付的，应当由贴现人先行偿付，选项D正确。

78.【答案：AC】付款期限，是指商业汇票出票日至到期日的最长期限。商业汇票的付款期限最长不得超过6个月；而提示付款期限为自汇票到期日起10日。

79.【答案：ABC】申请人或收款人为单位的，银行不得为其签发现金银行汇票，故选项D错误。

80. 【答案：ABCD】银行本票的出票人就是付款人；申请人应将银行本票交付给本票上记明的收款人；申请人或收款人为单位的，不得申请签发现金银行本票；收款人可以将银行本票背书转让给被背书人。

81. 【答案：ABC】银行本票的提示付款期限自出票日起最长不得超过 2 个月。

82. 【答案：BD】选项 A 银行汇票提示付款期限为自出票日起 1 个月内；选项 C 持票人向银行提示付款时，须同时提交银行汇票和解讫通知，缺少任何一联，银行不予受理。

83. 【答案：ABCD】数额较大的信用卡诈骗行为中，应承担刑事责任的情形有：使用伪造的信用卡，或者使用以虚假的身份证明骗领的信用卡的；使用作废的信用卡的；冒用他人信用卡的；恶意透支的，选项 ABCD 正确。

84. 【答案：ABC】保证人属于票据的非基本当事人，选项 D 错误。

85. 【答案：BC】Ⅲ类个人银行结算账户不能存取现金，不能购买投资理财产品等金融产品，因此选项 AD 错误。

86. 【答案：BCD】临时存款账户的有效期限最长不得超过 2 年。

87. 【答案：ABD】有下列情形之一的，存款人应向开户银行提出撤销银行结算账户的申请：（1）被撤并、解散、宣告破产或关闭的；（2）注销、被吊销营业执照的；（3）因迁址需要变更开户银行的；（4）其他原因需要撤销银行结算账户的。

88. 【答案：ABCD】申请开立异地银行结算账户的情形有：（1）营业执照注册地与经营地不在同一行政区域（跨省、市、县）需要开立基本存款账户的；（2）办理异地借款和其他结算需要开立一般存款账户的；（3）存款人因附属的非独立核算单位或派出机构发生的收入汇缴或业务支出需要开立专用存款账户的；（4）异地临时经营活动需要开立临时存款账户的；（5）自然人根据需要在异地开立个人银行结算账户的，所以选项 ABCD 正确。

89. 【答案：ABCD】单位、个人和银行办理支付结算，必须使用按中国人民银行统一规定印制的票据凭证和结算凭证，选项 A 正确；单位、个人和银行应当按照《人民币银行结算账户管理办法》和《企业银行结算账户管理办法》的规定开立、使用账户，选项 B 正确；票据和结算凭证上的签章和其他记载事项应当真实，不得伪造、变造；填写各种票据和结算凭证应当规范，选项 CD 正确。

90. 【答案：ABD】所谓“变造”是指无权更改票据内容的人，对票据上签章以外的记载事项加以改变的行为。改变票据上的签章属于伪造票据，选项 C 错误。

91. 【答案：ABCD】选项 ABC，票据的出票金额、出票日期和收款人名称不得更改，更改的票据无效；选项 D，票据金额以中文大写和阿拉伯数码同时记载，二者必须一致，不一致的票据无效。

三、判断题

92. 【答案：错误】票据的变造是指无权更改票据内容的人，对票据上签章以外的记载事项加以变更的行为。例如，变更票据上的到期日、付款日、付款地、金额等。

93. 【答案：错误】财政部门为实行财政国库集中支付的预算单位在商业银行开设的零余额账户按基本存款账户或专用存款账户管理。已经有基本存款账户的，预算单位零余额账户作为专用存款账户管理。

94. 【答案：正确】单位的法定代表人或主要负责人、住址以及其他开户资料发生变更时，应于 5 个工作日内书面通知开户银行并提供有关证明。

95.【答案：正确】

96.【答案：错误】基本存款账户是存款人的主办账户，一个单位只能开立一个基本存款账户。

97.【答案：错误】存款人应按照账户管理规定使用银行结算账户办理结算业务，不得出租、出借银行结算账户，不得利用银行结算账户套取银行信用或进行洗钱活动。

98.【答案：正确】

99.【答案：错误】乙银行承兑汇票后成为该票据的主债务人，不得以其与出票人之间资金关系来对抗持票人，拒绝支付汇票金额。

100.【答案：正确】被保证的汇票，保证人应当与被保证人对持票人承担连带责任。汇票到期后得不到付款的，持票人有权向保证人请求付款，保证人应当足额付款。保证人为二人以上的，保证人之间承担连带责任。

101.【答案：正确】行使追索权的前提条件：一是要在票据权利时效期限内；二是要持有相关的拒绝付款的证明或退票理由书等证明。

102.【答案：正确】

103.【答案：正确】

104.【答案：正确】

105.【答案：错误】银行承兑汇票，则是利用银行的资金信誉，由银行向收款人承诺，于到期日无条件付款。

106.【答案：错误】单张出票金额在 300 万元以上的商业汇票应全部通过电子商业汇票办理。

107.【答案：正确】

108.【答案：正确】

109.【答案：正确】银行汇票是出票银行签发，由其在见票时按照实际结算金额无条件支付给收款人或者持票人的票据。单位和个人均可使用银行汇票。

110.【答案：正确】除单笔金额不超过 200 元的小额支付业务，公共事业缴费、税费缴纳、信用卡还款等收款人固定并且定期发生的支付业务，支付机构不得代替银行进行交易验证，因此本题正确。

111.【答案：错误】票据的付款人对见票即付或者到期的票据，故意压票、拖延支付的，由国家金融监督管理机构责令其改正，有违法所得的，没收违法所得。

四、不定项选择题

112.【答案】

（1）【答案：ABD】开户申请人开立个人银行账户或者办理其他个人银行账户业务，原则上应当由开户申请人本人亲自办理；符合条件的，可以由他人代理办理。所以选项 C 错误。

（2）【答案：ABCD】个人网上银行可以办理的业务包括：账户信息查询、人民币转账业务、银证转账业务、外汇买卖业务、账户管理业务和 B2C 网上支付。

（3）【答案：B】以非面对面方式通过至少三个合法安全的外部渠道进行身份基本信息多重交叉验证的个人客户，可以开立Ⅱ类支付账户，账户余额可用于消费和转账，所有支付账户的余额付款交易年累计不超过 10 万元。

（4）【答案：ABCD】借记卡不具备透支功能，选项 A 正确；在 ATM 机等自助机具取款，每卡每日累计提款不得超过 2 万元人民币，选项 B 正确；发卡银行对其账户内的存款，按照中国人民银行规定的同期同档次存款利率及计息办法计付利息的有准贷记卡、借记卡（不含储值卡），选项 C 正确；存款人应按照账户管理规定使用银行结算账户办理结算业务，不得出租、出借银行结算账户，不得利用银行结算账户套取银行信用或进行洗钱活动，选项 D 正确。

113.【答案】

（1）【答案：BD】企业银行结算账户自开立之日即可办理收付款业务，选项 A 不正确；自 2024 年年底前，完成取消企业银行账户许可，企业（在境内设立的企业法人、非法人企业和个体工商户，下同）开立基本存款账户、临时存款账户取消核准制，实行备案制，选项 C 错误。

（2）【答案：ACD】甲公司开户应提供的是企业基本存款账户编号而不是存款账户开户许可证，选项 B 错误。基本建设资金应出具主管部门批文；基本建设资金账户需要支取现金的，应在开户时报中国人民银行当地分支行批准；专用存款账户应该报备案。选项 ACD 正确。

（3）【答案：ABCD】P 银行承兑该汇票应当将符合规定和承兑条件的，与出票人签订承兑协议，选项 A 正确；对资信良好的企业申请电子商业汇票承兑的，金融机构可通过审查合同、发票等材料的影印件，企业电子签名的方式，对电子商业汇票的真实交易关系和债权债务关系进行在线审核，选项 BC 正确；银行承兑汇票的承兑银行，应按票面金额的一定比例向出票人收取手续费，选项 D 正确。

（4）【答案：ABCD】电子商业汇票贴现必须记载：贴出人名称；贴入人名称；贴现日期；贴现类型；贴现利率；实付金额；贴出人签章，选项 ABCD 正确。

114.【答案】

（1）【答案：ACD】根据支付结算法律制度的规定，基本存款账户是存款人的主办账户，一个单位只能开立一个基本存款账户，选项 B 错误。存款人日常经营活动的资金收付及其工资、奖金和现金的支取，应通过基本存款账户办理。开立基本存款账户，企业法人应出具企业法人营业执照。

（2）【答案：ACD】一般存款账户可以办理现金缴存，但不得办理现金支取，选项 B 错误。

（3）【答案：D】根据银行结算账户管理法律制度的规定，存款人注销营业执照的，应于 5 个工作日内向开户银行提出撤销银行结算账户的申请。

（4）【答案：ABCD】存款人尚未清偿其开户银行债务的，不得申请撤销该银行结算账户。撤销银行结算账户时，应先撤销一般存款账户、专用存款账户、临时存款账户，将账户资金转入基本存款账户后，方可办理基本存款账户的撤销。所以选项 AC 正确。存款人撤销银行结算账户，必须与开户银行核对银行结算账户存款余额，交回各种重要空白票据及结算凭证和开户许可证，银行核对无误后方可办理销户手续。所以选项 BD 正确。

115.【答案】

（1）【答案：C】根据规定，商业汇票的提示付款期限，自汇票到期日起 10 日，选项 C 正确。

（2）【答案：B】根据规定，付款人承兑汇票后，应当承担到期付款的责任，即成为付款人。

（3）【答案：AD】根据规定，持票人应在提示付款期限内通过开户银行委托收款或直接向付款人提示付款。持票人超过提示付款期限提示付款的，持票人开户银行不予受理，所以选项 A 正确，选项 B 错误。持票人未按照规定期限提示付款的，在作出说明后，承兑人或者付款人仍应当继续对持票人承担付款责任，所以选项 D 正确，选项 C 错误。

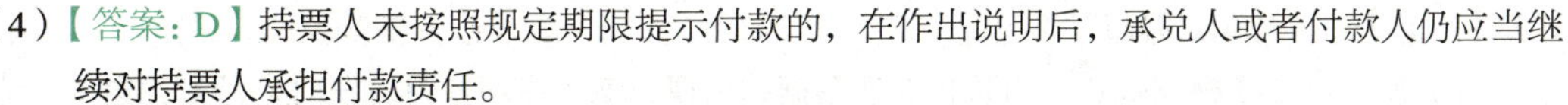

（4）【答案：D】持票人未按照规定期限提示付款的，在作出说明后，承兑人或者付款人仍应当继续对持票人承担付款责任。

116.【答案】

（1）【答案：A】汇票的付款人是指由出票人委托付款或自行承担付款责任的人。商业承兑汇票的承兑人为付款人，本题承兑人为甲公司，因此付款人为甲公司。

（2）【答案：BC】背书分为转让背书和非转让背书，转让背书是指以转让票据权利为目的的背书。本题中，只有乙公司背书行为和丙公司贴现行为都是以转让票据权利为目的的，是属于转让背书。选项 A 的表述是出票行为，并非背书行为；选项 D 的表述是“委托收款”，是背书人委托被背书人行使票据权利的背书。

（3）【答案：ABC】汇票债务人包括出票人、承兑人、背书人。

（4）【答案：CD】根据规定，票据债务人不得以基础关系的抗辩事由对抗善意持票人，选项 A 错误，选项 C 正确；甲公司作为承兑人应当对 Q 银行承担第一付款责任，因此选项 B 错误；贴现到期，贴现银行应向付款人收取票款。不付货款的，贴现银行应向其前手追索票款。贴现银行追索票款时可从申请人的存款账户直接收取票款，因此选项 D 正确。

117.【答案】

（1）【答案：A】保证人在票据或者粘单上未记载被保证人名称的，已承兑的票据，承兑人为被保证人；未承兑的票据，出票人为被保证人。在本题中，丙公司以其所欠甲公司债务只有 15 万元为由拒绝承兑，所以被保证人为出票人甲公司。

（2）【答案：ABD】持票人可以向票据的出票人、背书人、承兑人和保证人中的任何一人、数人或者全体行使追索权。本题中，丙公司为付款人，并未对票据进行承兑，不是票据债务人，戊公司有权向甲公司、乙公司、丁公司进行追索。

（3）【答案：BD】根据规定，背书未记载日期的，视为在票据到期日前背书。本题乙公司取得汇票后背书转让给戊公司时未记载背书日期，所以视为到期日前背书。

（4）【答案：D】商业汇票中，持票人对前手的追索权，在被拒绝承兑或者被拒绝付款之日起 6 个月行使。本题中，戊公司于 2024 年 5 月 15 日向丙公司提示承兑时被丙公司拒绝承兑，戊公司应当自被拒绝承兑之日起 6 个月内，即 2024 年 11 月 15 日之前向乙公司追索，选项 D 正确。

118.【答案】

（1）【答案：ABCD】上述 4 个选项表述正确。

（2）【答案：A】背书人在背书时记载“不得转让”字样的，原背书人对被背书人的后手不承担票据责任。即原背书人对依此取得汇票的一切当事人，包括以后的被背书人、背书人、最后持票人等，将不承担票据责任，其只对（直接的被背书人）承担责任。

（3）【答案：C】根据规定，背书不得附有条件。背书时附有条件的，所附条件不具有汇票上的效力。条件无效，背书仍然是有效的。

（4）【答案：ABD】银行承兑汇票的出票人应于汇票到期前将票款足额缴存其开户行。承兑银行汇票到期日或到期日后的见票日当日支付票款。银行承兑汇票的出票人于汇票到期日未能足额交存票款时，承兑银行除凭票向持票人无条件付款外，对出票人尚未支付的汇票金额按每天万分之五计收利息。

119.【答案】

（1）【答案：D】根据规定，为防止变造票据的出票日期，在填写月、日时，月为“壹”、“贰”和“壹拾”的，日为“壹”至“玖”和“壹拾”、“贰拾”、“叁拾”的，应在其前加“零”；日为“拾壹”至“拾玖”的，应在其前加“壹”。

（2）【答案：D】根据规定，支票上的出票人的签章，出票人为单位的，为与该单位在银行预留签章一致的财务专用章或者公章加其法定代表人或者其授权的代理人的签名或者盖章。因出票人甲公司预留签章为公司单位公章加会计机构负责人刘某的个人名章，所以选项 D 正确。

（3）【答案：BD】《票据法》规定，支票的金额、收款人名称，可以由出票人授权补记，未补记前不得背书转让和提示付款。

（4）【答案：ABCD】持票人委托开户银行收款时，应作委托收款背书，在支票背面背书人签章栏签章、记载“委托收款”字样、背书日期，在被背书人栏记载开户银行名称，并将支票和填制的进账单送交开户银行。

120.【答案】

（1）【答案：ABCD】使用实名购买预付卡的，发卡机构应当登记购卡人姓名或单位名称、单位经办人姓名、有效身份证件名称和号码、联系方式、购卡数量、购卡日期、购卡总金额、预付卡卡号及金额等信息。

（2）【答案：BC】预付卡只能通过现金或银行转账方式进行充值，不得使用信用卡为预付卡充值。一次性充值金额 5 000 元以上的，不得使用现金。

（3）【答案：A】根据预付卡使用管理的规定，预付卡在发卡机构拓展、签约的特约商户中使用，不得用于或变相用于提取现金，不得用于购买、交换非本发卡机构发行的预付卡、单一行业卡及其他商业预付卡或向其充值，卡内资金不得向银行账户或向非本发卡机构开立的网络支付账户转移。

（4）【答案：ABC】根据预付卡赎回的管理规定，记名预付卡可在购卡 3 个月后办理赎回，赎回时，持卡人应当出示预付卡及持卡人和购卡人的有效身份证件。由他人代理赎回的，应当同时出示代理人和被代理人的有效身份证件。

121.【答案】

（1）【答案：BCD】申请人和收款人均为个人时，才可申请现金银行汇票，在出票金额栏标明“现金”，因此选项 A 错误。

（2）【答案：ABCD】张某以甲公司的名义与乙公司签订了货物采购合同，采购货物金额为 98 万元，说明该合同是要式行为、积极行为和多方行为；给付了合同对价，说明是有偿行为，选项 ABCD 正确。

（3）【答案：C】收款人受理申请人交付的银行汇票时，应在出票金额以内，根据实际需要的款项办理结算，并将实际结算金额和多余金额准确、清晰地填入银行汇票和解讫通知的有关栏内，选项 C 正确。

（4）【答案：BD】银行汇票提示付款期限为自出票日起 1 个月内，选项 A 错误；持票人向银行提示付款时，须同时提交银行汇票和解讫通知，缺少任何一联，银行不予受理，选项 C 错误。

第四章　税法概述及货物和劳务税法律制度答案

一、单选题

1. 【答案：C】选项 ABD 为现代服务。
2. 【答案：A】各种占用、拆借资金取得的收入，包括金融商品持有期间（含到期）利息（保本收益、报酬、资金占用费、补偿金等）收入、信用卡透支利息收入、买入返售金融商品利息收入、融资融券收取的利息收入，以及融资性售后回租、押汇、罚息、票据贴现、转贷等业务取得的利息及利息性质的收入，按照贷款服务缴纳增值税。
3. 【答案：A】（1）存款人收到存款利息属于不征收增值税项目，从而商业银行支付存款利息不得扣除，因此提供贷款服务取得含增值税利息收入 8 480 万元需要全额缴纳增值税，故排除选项 C 和选项 D；（2）金融同业往来利息收入免征增值税，因此取得金融同业往来含增值税利息收入 583 万元不需要缴纳增值税；（3）因此，甲商业银行该季度上述业务增值税销项税额 = 8 480 ÷（1 + 6%）× 6% = 480（万元），故选项 A 正确。
4. 【答案：C】将自产、委托加工的货物用于集体福利或个人消费视同销售货物。将外购货物用于个人消费，其购进货物的进项税额不允许抵扣，不属于增值税视同销售货物的情形。
5. 【答案：D】只有将自产和委托加工的货物用于集体福利和个人消费的，才视同销售。选项 ABC 均为视同销售货物行为。
6. 【答案：C】一般纳税人销售自产的特殊货物，可选择按照简易办法计税，选择简易办法依照 3% 征收率计算缴纳增值税后，36 个月内不得变更。
7. 【答案：D】增值税小规模纳税人标准为年应征增值税销售 500 万元及以下。
8. 【答案：A】（1）工期奖励费属于价外费用，应价税分离后并入销售额计征增值税；（2）试点纳税人提供建筑服务适用简易计税方法的，以取得的全部价款和价外费用扣除支付的分包款后的余额为销售额，此时销售额 =（1 545 + 30.9 − 206）÷（1 + 3%）= 1 330（万元）；（3）应缴纳增值税税额 = 1 330 × 3% = 39.9（万元），故选项 A 正确。
9. 【答案：D】在中华人民共和国境内销售货物或者提供加工、修理修配劳务、进口货物以及销售服务、无形资产或者不动产的单位和个人，为增值税的纳税人。单位以承包、承租、挂靠方式经营的，承包人、承租人、挂靠人（以下统称承包人）以发包人、出租人、被挂靠人（以下统称发包人）名义对外经营并由发包人承担相关法律责任的，以该发包人为纳税人。否则，以承包人为纳税人。资管产品运营过程中发生的增值税应税行为，以资管产品管理人为增值税纳税人。提供建筑安装服务，以建筑安装服务提供方为纳税人，转让无形资产，以无形资产转让方为纳税人。
10. 【答案：A】选项 BCD 均属于混合销售行为。
11. 【答案：D】纳税人采取折扣方式销售货物，如果销售额和折扣额在同一张发票上分别注明，可以按折扣后的销售额征收增值税。所以甲公司当月该笔业务增值税销项税额 =（200 000 − 20 000）× 13% = 23 400（元）。
12. 【答案：D】纳税人采取以旧换新方式销售货物的，应按新货物的同期销售价格确定销售额，不得扣减旧货物的收购价格。此项业务增值税销售额为 = [含税销售额 ÷（1 + 税率）] × 10 = [4 520 ÷（1 + 13%）] × 10 = 40 000（元）。

13. 【答案：C】纳税人采用以旧换新方式销售的金银首饰，应按“实际收取”的不含增值税的全部价款确定计税依据征收增值税；该笔业务的销项税额 =（5 000 − 3 000）×20×13% = 5 200（元）。

14. 【答案：D】以物易物双方都应作购销处理，以各自发出的货物核算销售额并计算销项税额，以各自收到的货物按规定核算购货额并计算进项税额。

15. 【答案：C】购进货物非正常损失，其进项税额不得从当期销项税额中抵扣，因管理不善发生霉烂变质损失，属于非正常损失，该企业 2 月份可以抵扣的进项税额 = 39 − 39×1 / 3 = 26（万元）。

16. 【答案：D】小规模纳税人销售货物，取得销售额含增值税的，应按照价税分离计算应纳税额。小规模纳税人不得抵扣增值税进项税额。

17. 【答案：A】出境时已向海关报明，并在海关规定期限内复运进境的，以境外加工费和料件费以及复运进境的运输及其相关费用和保险费审查确定完税价格，因此甲公司该批货物复运进境时进口关税完税价格 = 100 + 35 = 135（万元），选项 A 正确。

18. 【答案：A】对除啤酒、黄酒以外的酒类生产企业销售酒类产品而收取的包装物押金，无论押金是否返还及会计上如何核算，均应并入酒类产品销售额，征收增值税。没收三个月前收取的包装物押金 25 元，这部分已经在三个月前收取时计入销售额。

19. 【答案：D】航空旅客运输进项税额 =（票价 + 燃油附加费）÷（1 + 9%）×9% =（3 500 + 450）÷（1 + 9%）×9% = 326.15（元）。铁路旅客运输进项税额 = 票面金额 ÷（1 + 9%）×9% = 1 200÷（1 + 9%）×9% = 99.08（元）。公路、水路等其他旅客运输进项税额 = 票面金额 ÷（1 + 3%）×3% = 300÷（1 + 3%）×3% = 8.74（元）。总计 = 326.15 + 99.08 + 8.74 = 433.97（元）。

20. 【答案：A】（1）取得（开具）农产品销售发票或收购发票的，以农产品收购发票或销售发票上注明的农产品买价和 9% 的扣除率计算进项税额；纳税人购进用于生产或者委托加工 13% 税率货物的农产品，按照 10% 的扣除率计算进项税额。本题中购进的黄桃用于生产加工黄桃罐头，黄桃罐头的税率为 13%，因此购进农产品按 10% 的扣除率计算进项税额；（2）在不考虑 30% 霉烂变质部分时，可以扣除的进项税额 = 买价 × 扣除率 = 18×10% = 1.8（万元）；（3）因管理不善造成“非正常损失”的购进货物的进项税额不得抵扣，因此由于因保管不善，该批黄桃的 30% 霉烂变质部分对应的进项税额不得抵扣，从而甲食品厂当月收购黄桃准予抵扣进项税额 = 1.8×（1 − 30%）= 1.26（万元），故选项 A 正确。

21. 【答案：A】房地产开发企业适用一般计税方法的项目，销售额（选择简易计税方法的房地产老项目除外）=（全部价款 + 价外费用）− 受让土地时向政府部门支付的土地价款。销项税额 =（20 000 − 7 000）÷（1 + 9%）×9% = 1 073.4 万元。

22. 【答案：A】纳税人兼营销售货物、劳务、服务取得含税收入的，应先进行价税分离，再分别按各自适用税率计算增值税销项税。

23. 【答案：A】一般纳税人提供劳务派遣服务，选择简易计税方法，按差额计税。劳务派遣公司以取得的全部价款和价外费用，扣除支付给劳务派遣员工的工资、福利和为其办理社会保险及住房公积金后的余额为销售额，再按照 5% 的征收率计算缴纳增值税。含税销售额 = 210 − 200 = 10（万元），每月应缴纳的增值税 = 10 /（1 + 5%）×5% = 0.48（万元）。

24. 【答案：D】应纳税额 = 68 000÷（1 + 0.5%）×0.5% = 338.31（元）。

25. 【答案：C】根据增值税法律制度的规定，因管理不善造成被盗、丢失、霉烂变质的损失以及被执法部门依法没收或者强令自行销毁的货物的增值税款不允许从销项税额中抵扣。

26. 【答案：C】根据增值税法律制度的规定，进口货物应纳增值税额，按照组成计税价格和规定税率计算。

（1）进口环节应纳关税税额 = 200×10% = 20（万元）

（2）进口环节应纳增值税税额 =（200+20）×13% = 28.6（万元）。

27. 【答案：A】（1）房地产主管部门或者其指定机构、公积金管理中心、开发企业以及物业管理单位代收的住宅专项维修资金属于不征收增值税项目，因此不需征收增值税，故排除选项 B 和选项 C；（2）题中明确说明"31.8 万元"为含增值税价款，需要进行价税分离，即销项税额 = 31.8÷（1+6%）×6% = 1.8（万元）；（3）由于当月可抵扣的进项税额 1.2 万元，因此甲物业公司当月应缴纳增值税税额 = 31.8÷（1+6%）×6% − 1.2 = 0.6（万元），故排除选项 D，选择选项 A。

28. 【答案：B】增值税起征点的适用范围限于个人。

29. 【答案：B】纳税人生产经营活动中采取直接收款方式销售货物，其纳税义务发生时间为取得销售款或取得索取销售款凭据的当天；先开具发票的，为开具发票的当天。

30. 【答案：A】（1）以分期收款方式销售货物的，按照合同约定的收款日期确认收入的实现，因此甲公司本月销售额 = 300×50% = 150（万元）；（2）已知增值税税率为 13%，因此甲公司该业务当月增值税销项税额 = 150×13% = 19.5（万元），故选项 A 正确。

31. 【答案：B】以 1 个季度为纳税期限的规定适用于小规模纳税人、银行、财务公司、信托投资公司、信用社，以及财政部和国家税务总局规定的其他纳税人。

32. 【答案：D】专用发票由基本联次或者基本联次附加其他联次构成，基本联次为 3 联，分别为：（1）发票联，作为购买方核算采购成本和增值税进项税额的记账凭证；（2）抵扣联，作为购买方报送主管税务机关认证和留存备查的扣税凭证；（3）记账联，作为销售方核算销售收入和增值税销项税额的记账凭证。

33. 【答案：C】根据增值税法律制度的规定，属于下列情形之一的，不得开具增值税专用发票：（1）商业企业一般纳税人零售烟、酒、食品、服装、鞋帽（不包括劳保专用部分）、化妆品等消费品的；（2）应税销售行为的购买方为消费者个人的；（3）发生应税销售行为适用免税规定的。

34. 【答案：B】纳税人自产自用的应税消费品，用于连续生产应税消费品的，不纳税。

35. 【答案：C】委托方将收回的应税消费品，以不高于受托方的计税价格出售的，为直接出售，不再缴纳消费税；委托方以高于受托方的计税价格出售的，不属于直接出售，需按照规定申报缴纳消费税，在计税时准予扣除受托方已代收代缴的消费税。

36. 【答案：A】根据规定，委托加工应税消费品时，受托方为消费税的扣缴义务人，纳税人仍是委托方。

37. 【答案：B】卷烟消费税在生产和批发两个环节征收。

38. 【答案：D】根据规定，金银首饰、钻石及钻石饰品消费税在零售环节征收。

39. 【答案：D】调味料酒不缴纳消费税。

40. 【答案：A】根据规定，消费税的税率包括比例税率和定额税率两类，增值税的税率形式是比例税率。

41. 【答案：A】纳税人用于换取生产资料和消费资料、投资入股和抵偿债务等方面的应税消费品，应当以纳税人同类应税消费品的最高销售价格作为计税依据计算消费税。

42. 【答案：B】消费税纳税人将生产的应税消费品用于抵偿债务的，应当以纳税人同类应税消费品的最高销售价格作为计税依据计算消费税。选项 B 正确。

43.【答案：C】销售果木酒的同时收取的包装物租金和优质费属于消费税的价外费用，应价税分离后并入销售额征收消费税。甲酒厂当月销售果木酒应缴纳消费税 = [10+(0.565+2.26)÷(1+13%)]×10% = 1.25（万元）。

44.【答案：C】应纳消费税税额 = 90 400÷(1+13%)×56%+200×1 000×0.003 = 45 400（元）。

45.【答案：C】根据消费税法律制度的规定，应税消费品用于在建工程应当征收消费税。所以，该公司将汽油用于在建工程车辆使用也应计算缴纳消费税。(1) 销售汽油应纳税额 = 1 000×1 388×1.52 = 2 109 760（元）；(2) 销售柴油应纳税额 = 500×1 176×1.2 = 705 600（元）；(3) 在建工程车辆使用汽油应纳税额 = 5×1 388×1.52 = 10 548.8（元）；(4) 应纳消费税税额合计 = 2 109 760+705 600+10 548.8 = 2 825 908.8（元）。

46.【答案：B】不含税销售额 = 3 842 000÷(1+13%) = 3 400 000（元），应纳消费税税额 = 3 400 000×15% = 510 000（元）。

47.【答案：A】自产应税消费品对外赞助也应缴纳消费税。

48.【答案：D】根据消费税法律制度的规定，纳税人自产自用的应税消费品，用于企业员工福利的，应按照同类消费品的销售价格计算缴纳消费税；没有同类消费品销售价格的，按照组成计税价格计算纳税。计算过程：

(1) 组成计税价格 = [20 000×(1+5%)+(1×2 000×0.5)]÷(1－20%) = (21 000+1 000)÷(1－20%) = 27 500（元）

(2) 应纳消费税税额 = 27 500×20%+1×2 000×0.5 = 6 500（元）。

【注意】2 000 为单位换算；1 吨 = 2 000 斤，1 斤 = 500 克。

49.【答案：C】根据消费税法律制度的规定，委托加工的应税消费品，应按照受托方的同类消费品的销售价格计算缴纳消费税，没有同类消费品销售价格的，按照组成计税价格计算纳税。计算过程：组成计税价格 = (72+13)÷(1－15%) = 100（万元），应代收代缴消费税 = 100×15% = 15（万元）。

50.【答案：D】根据消费税法律制度的规定，纳税人进口应税消费品，按照组成计税价格和规定的税率计算应纳税额。计算过程：应纳关税税额 = 50×28×20% = 280（万元）；组成计税价格 = (50×28+280)÷(1－25%) = 2 240（万元）；应纳消费税税额 = 2 240×25% = 560（万元）。

51.【答案：D】委托加工的应税消费品，按照受托方的同类消费品的销售价格计算纳税；没有同类消费品销售价格的，按照组成计税价格计算纳税。本题中甲酒厂有同类消费品的销售价格。

52.【答案：C】纳税人将外购或委托加工收回的已经缴纳消费税的应税消费品用于连续生产应税消费品时，准予扣除外购或委托加工收回的应税消费品已纳的消费税税款。按照实际领用金额计算准予抵扣消费税。

53.【答案：B】(1) 选项 A，酒类没有消费税扣税规定；(2) 选项 C，以外购的已税“润滑油”为原料生产的润滑油，其中外购已税润滑油已纳消费税税额准予从应纳消费税税额中抵扣；(3) 选项 D，以外购已税汽车轮胎生产的应税小汽车，没有消费税扣税的规定。

54.【答案：B】纳税人销售应税消费品，采取预收货款结算方式的，消费税纳税义务发生时间为发出应税消费品的当天（10 月 20 日）。

55.【答案：B】城市维护建设税的计税依据为纳税人实际缴纳的增值税、消费税税额。在计算计税依据时，应当按照规定扣除期末留抵退税退还的增值税税额。

56. 【答案：C】根据规定，城建税的计税依据为纳税人"实际缴纳"的增值税和消费税之和，应缴纳城市维护建设税 =（340 + 120）× 7% = 32.2（万元）。

57. 【答案：B】根据规定，城市维护建设税的计税依据是纳税人实际缴纳的增值税、消费税。对进口货物或者境外单位和个人向境内销售劳务、服务、无形资产缴纳的增值税、消费税税额，不征收城市维护建设税。对出口货物、劳务和跨境销售服务、无形资产以及因优惠政策退还增值税、消费税的，不退还已缴纳的城市维护建设税。应缴纳城市维护建设税 =（30 + 50）× 5% = 4（万元）。

58. 【答案：A】城建税和教育费附加的计税依据，是纳税人实际缴纳的增值税、消费税税额（包括被查补的税额）。纳税人因违反增值税、消费税有关规定而加收的滞纳金和罚款，不作为城建税和教育费附加的计税依据。则应补缴的城建税 = 45 000 × 7% = 3 150（元）；应补缴的教育费附加 = 45 000 × 3% = 1 350（元），合计 = 3 150 + 1 350 = 4 500（元）。

59. 【答案：A】原产于共同适用最惠国待遇条款的世界贸易组织成员的进口货物，原产于与中华人民共和国缔结或者共同参加含有相互给予最惠国待遇条款的国际条约、协定的国家或者地区的进口货物，以及原产于中华人民共和国境内的进口货物，适用最惠国税率。

60. 【答案：B】选项 A，由买方负担的购货佣金以外的佣金和经纪费用，计入计税价格，买方负担的购货佣金不计入计税价格；选项 CD 都不计入关税的计税价格。

61. 【答案：A】进出口货物的计税价格作为计税依据。进出口货物应纳关税税额 = 应税进出口货物计税价格 × 适用税率。进口货物的计税价格以成交价格以及该货物运抵中华人民共和国境内输入地点起卸前的运输以及相关费用、保险费为基础计算。应纳关税税额 =（60 + 10 + 0.5）× 40% = 28.2（万元）。

62. 【答案：A】（1）取得（开具）农产品销售发票或收购发票的，以农产品收购发票或销售发票上注明的农产品买价和 9% 的扣除率计算进项税额；纳税人购进用于生产或者委托加工 13% 税率货物的农产品，按照 10% 的扣除率计算进项税额。本题中购进的大豆和花生均用于生产食用植物油，食用植物油的税率为 9%，因此购进农产品按 9% 的扣除率计算进项税额；（2）进项税额 = 买价 × 扣除率 = 99 190 × 9% + 273 000 × 9% = 33 497.1（元），因此选项 A 正确。

二、多选题

63. 【答案：ABCD】一般贸易项下进口的货物以海关审定的成交价格为基础的到岸价格作为完税价格。到岸价格是指包括货价，加上货物运抵我国关境内输入地点起卸前的包装费、运费、保险费和其他劳务费等费用构成的一种价格，其中还应包括为了在境内生产、制造、使用或出版、发行的目的而向境外支付的与该进口货物有关的专利、商标、著作权，以及专有技术、计算机软件和资料等费用。

64. 【答案：ACD】对进口货物或者境外单位和个人向境内销售劳务、服务、无形资产缴纳的增值税、消费税税额，不征收城市维护建设税。城市维护建设税的计税依据为纳税人实际缴纳的增值税、消费税税额。在计算计税依据时，应当按照规定扣除期末留抵退税退还的增值税税额。罚款是纳税人承担的行政责任，不是城市维护建设税的计税依据。

65. 【答案：ABCD】以购买、进口、自产、受赠、获奖或其他方式取得并自用应税车辆的行为，均属于车辆购置税的应税行为。

66. 【答案：ABC】车辆购置税征收范围包括汽车、有轨电车、汽车挂车、排气量超过 150 毫升的摩托车。

67.【答案：ACD】下列车辆免征车辆购置税：1. 依照法律规定应当予以免税的外国驻华使馆、领事馆和国际组织驻华机构及其有关人员自用的车辆。2. 中国人民解放军和中国人民武装警察部队列入装备订货计划的车辆。3. 悬挂应急救援专用号牌的国家综合性消防救援车辆。4. 设有固定装置的非运输专用作业车辆。5. 城市公交企业购置的公共汽电车辆。

68.【答案：BCD】纳税人委托加工应税消费品的，纳税义务发生的时间为提货的当天。

69.【答案：BCD】选项 A，纳税人自产的应税消费品，用于连续生产应税消费品的移送时不缴纳消费税；选项 BCD，凡用于其他方面的，于移送时缴纳消费税。

70.【答案：ABD】自产应税消费品用于连续生产应税消费品，不纳税。选项 C，酒精不属于应税消费品，将酒精用于勾兑白酒不属于征税情形。

71.【答案：ABC】委托方以高于受托方的计税价格出售的，不属于直接出售，需按照规定申报缴纳消费税，在计税时准予扣除受托方已代收代缴的消费税。

72.【答案：BD】根据消费税法律制度的规定，木制一次性筷子和实木地板属于消费税征税范围。

73.【答案：ABCD】纳税人用于换取生产资料和消费资料、投资入股和抵偿债务等方面的应税消费品，应当以纳税人同类应税消费品的最高销售价格作为计税依据计算消费税。

74.【答案：ACD】自产自用应税消费品的，为应税消费品的移送使用数量。

75.【答案：ABCD】全部条件均需要满足。

76.【答案：ABCD】增值税扣税凭证，是指增值税专用发票、海关进口增值税专用缴款书、农产品收购发票、农产品销售发票、完税凭证和符合规定的国内旅客运输发票。

77.【答案：AB】对比货物来源区分两类情况：一类是属于视同销售计销项税，可相应抵扣其符合规定的进项税。另一类是属于不可抵扣进项税，但不计算销项税。选项 AB 属于进项税额不得抵扣的情形。

78.【答案：BCD】购进的贷款服务、餐饮服务、居民日常服务和娱乐服务的进项税，不得扣除。

79.【答案：ABD】选项 C，将外购货物用于本单位职工福利，不属于视同销售货物行为，对应的进项税不得抵扣。

80.【答案：ABCD】一般纳税人选择简易计税的情形有：①县级及县级以下小型水力发电单位生产的电力；②建筑用和生产建筑材料所用的砂、土、石料；③以自己采掘的砂、土、石料或其他矿物连续生产的砖、瓦、石灰；④用微生物、微生物代谢产物、动物毒素、人或动物的血液或组织制成的生物制品；⑤自来水；⑥水泥混凝土；⑦寄售商店代销寄售物品（包括居民个人寄售的物品在内）；⑧典当业销售死当物品；⑨公共交通运输服务，选项 A 正确；⑩经认定的动漫企业开发动漫产品提供的服务，以及在境内转让动漫版权；⑪电影放映服务、仓储服务、装卸搬运服务、收派服务和文化体育服务，选项 BCD 正确；⑫有形动产经营租赁服务；⑬属于老项目的建筑服务。

81.【答案：BC】纳税人销售活动板房、机器设备、钢结构件等自产货物的同时提供建筑、安装服务，不属于混合销售，应分别核算货物和建筑、安装服务的销售额，分别适用不同的税率或者征收率。

82.【答案：BD】根据增值税法律制度的规定，选项 AC 均属于按照销售货物缴纳增值税的混合销售行为。

83.【答案：ABC】电力公司销售电力应缴纳增值税。

84.【答案：AB】下列纳税人不办理一般纳税人资格登记：（1）年应税销售额超过规定标准的其他个人；（2）按照政策规定，选择按照小规模纳税人纳税的。

85. 【答案：ABC】现阶段，我国税收征收管理机关有税务机关和海关。海关系统主要负责下列税收的征收和管理：（1）关税；（2）船舶吨税。进口环节的增值税、消费税由海关代征。

三、判断题

86. 【答案：错误】公共租赁住房经营单位出租公共租赁房的免征增值税。
87. 【答案：错误】纳税人进口货物，应当由进口单位或其代理人向报关地海关申报缴纳增值税。
88. 【答案：正确】
89. 【答案：错误】融资性售后回租按“金融服务——贷款服务”税目缴纳增值税。
90. 【答案：正确】
91. 【答案：错误】本题考核增值税的价外费用确定。根据规定，违约金属于销售方向购买方收取的价外费用，应按规定计征增值税。
92. 【答案：正确】
93. 【答案：错误】将建筑物的广告位出租给其他单位用于发布广告，应按照租赁服务税目计缴增值税。
94. 【答案：错误】纳税人租入固定资产、不动产、既用于一般计税方法计税项目，又用于简易计税方法计税项目、免征增值税项目、集体福利或者个人消费的，其进项税额准允从销项税额中全额抵扣。
95. 【答案：正确】
96. 【答案：正确】
97. 【答案：错误】车辆购置税实行一次征收制度，税款应当一次缴清。
98. 【答案：正确】

四、不定项选择题

99. 【答案】

（1）【答案：D】还本销售方式，其销售额就是货物的销售价格，不得从销售额中减除还本支出。

（2）【答案：A】取得注明旅客身份信息的航空运输电子客票行程单的，按照下列公式计算进项税额：航空旅客运输进项税额 =（票价 + 燃油附加费）÷（1+9%）×9%，不包括民航发展基金。

（3）【答案：ABC】选项 A，将自产和委托加工的货物用于集体福利和个人消费的，视同销售；选项 B，将自产、委托加工或者购进的货物作为投资的，视同销售；选项 C，将货物交付其他单位或者个人代销的，视同销售。选项 ABC 均为视同销售货物行为。

（4）【答案：AC】出租经营用，所有权未转移，因此不涉及契税和土地增值税。

100. 【答案】

（1）【答案：A】旅游服务含税销售额 =（全部价款 + 价外费用）− 向旅游服务购买方收取并支付给其他单位或者个人的相关费用（住宿费、餐饮费、交通费、签证费、门票费等）。

（2）【答案：A】销售额 = 全部价款 + 价外费用，包装费属于价外费用。

（3）【答案：BC】选项 A，购进餐饮服务用于职工福利取得普通发票，不得抵扣进项税；选项 D，20% 的办公用品被盗，其对应进项税额不得抵扣。

（4）【答案：B】销售自己使用过的固定资产按照简易办法依照 3% 征收率减按 2% 征收增值税，应缴纳的增值税税额 = 73 542÷（1+3%）×2% = 1 428（元）。

101.【答案】

（1）【答案：ABCD】以上四项均准予从销项税额中抵扣。

（2）【答案：D】运费应单独做进项税额转出，且都是不含税的，不用作价税分离。

（3）【答案：D】销售装修板材取得含税价 226 万元，另收取包装费 22.6 万元。均为含税价，需作价税分离，得出不含税销售额后乘以税率可得应纳增值税税额。

（4）【答案：A】销售自己使用过的 2008 年 12 月 31 日以前购进或自制的固定资产，按照简易办法依照 3% 征收率减按 2% 征收增值税。

102.【答案】

（1）【答案：C】同时收取的包装费，属于价外费用，应并入销售额中计算缴纳增值税；价款和价外费用均为含税金额，应作价税分离处理。增值税销项税额 =（2 180 000+10 900）÷（1+9%）×9% = 180 900（元）。

（2）【答案：ABD】选项 A，一般纳税人出租其 2016 年 4 月 30 日前取得的不动产，可以选择适用简易计税方法计税；选项 BD，一般纳税人提供电影放映服务、仓储服务、装卸搬运服务、收派服务和文化体育服务，可以选择适用简易计税方法计税。

（3）【答案：B】纳税人销售租赁服务采取预收款方式的，其增值税纳税义务发生时间为收到预收款的当天。

（4）【答案：AC】选项 B，按照“贷款服务”缴纳增值税；选项 D，属于视同销售，应按规定缴纳增值税。

103.【答案】

（1）【答案：C】一般贸易项下进口的货物以海关审定的成交价格为基础的到岸价格作为完税价格，到岸价格是指包括货价以及货物运抵我国境内输入地点起卸前的包装费、运费、保险费和其它劳务费等费用构成的一种价格。进口环节的消费税 = 关税完税价格 ×（1+关税税率）÷（1－消费税税率）× 消费税税率。

（2）【答案：C】进口环节的增值税 = 关税完税价格 ×（1+关税税率）÷（1－消费税税率）× 增值税税率。

（3）【答案：B】委托加工应税消费品受托方应代收代缴的消费税 =（材料成本+加工费）÷（1－消费税税率）× 消费税税率。

（4）【答案：B】收取的包装费属于价外费用，应并入销售额中计征消费税。价外费用是含税价，所以要价税分离换算成不含税价并入不含税销售额，再乘以消费税税率计算消费税即可。

104.【答案】

（1）【答案：B】购进农产品，除取得增值税专用发票或者海关进口增值税专用缴款书外，按照农产品收购发票或者销售发票上注明的农产品买价和 9% 的扣除率计算进项税额，国务院另有规定的除外。

（2）【答案：AB】采取预收货款方式销售货物，为货物发出的当天。

（3）【答案：C】取得销售额含增值税的，应作价税分离计算应纳税额。

（4）【答案：A】应纳税额 =（材料成本+加工费）÷（1－消费税比例税率）× 消费税比例税率。

105.【答案】

（1）【答案：A】住宅售价 7 350 元/平方米是不含税价。房地产主管部门或者其指定机构、公积金管理中心、开发企业以及物业管理单位代收的住宅专项维修资金，不征收增值税。

（2）【答案：A】城市维护建设税和教育费附加的金额 = 3 675 000×（7%+3%）= 367 500（元）。

（3）【答案：ABC】将 100 平方米底商转为办公自用不属于视同销售，不缴纳增值税。

（4）【答案：D】销售不动产属于增值税应税项目，因而其所使用的装修材料的进项税额可以抵扣。

106.【答案】

（1）【答案：CD】现代服务，是指围绕制造业、文化产业、现代物流产业等提供技术性、知识性服务的业务活动，包括研发和技术服务、信息技术服务、文化创意服务、物流辅助服务、租赁服务、鉴证咨询服务、广播影视服务、商务辅助服务和其他现代服务，选项 CD 属于“现代服务—租赁服务”；选项 AB 属于生活服务。

（2）【答案：AD】提供住宿服务适用 6% 的增值税税率；提供广告位出租属于租赁业适用 9% 的增值税税率，所以 AD 正确。提供餐饮服务适用 6% 的增值税税率，所以选项 B 错误；提供场地出租服务适用 9% 的增值税税率，所以选项 C 错误。

（3）【答案：A】收取商品包装费 1 695 元属于应税项目。商品销售收入和收取的包装费均为含税收入，应进行价税分离。

（4）【答案：A】购进办公用品、税务机关代开、购进营业用电取得的增值税专用发票注明税额属于可抵扣项目。

107.【答案】

（1）【答案：BCD】直接收费金融服务，是指为货币资金融通及其他金融业务提供相关服务并且收取费用的业务活动，包括提供货币兑换、账户管理、电子银行、信用卡、信用证、财务担保、资产管理、信托管理、基金管理、金融交易场所（平台）管理、资金结算、资金清算、金融支付等服务。

（2）【答案：A】以提供贷款服务取得的全部利息及利息性质的收入为销售额。含税价需进行价税分离。

（3）【答案：A】金融商品转让，按照卖出价扣除买入价后的余额为销售额。含税价需进行价税分离。

（4）【答案：A】租入营业用房屋进项税额 13.5 万元及装修进项税额 9 万元都允许在当期抵扣。

108.【答案】

（1）【答案：B】房地产开发企业中的一般纳税人销售其开发的房地产项目（选择简易计税方法的房地产老项目除外），以取得的全部价款和价外费用，扣除受让土地时向政府部门支付的土地价款后的余额为销售额。含税销售价款和支付的土地价款需进行价税分离。

（2）【答案：A】房地产主管部门或者其指定机构、公积金管理中心、开发企业以及物业管理单位代收的住宅专项维修资金，不征收增值税。Y 项目销售额为含税价，需要进行价税分离。

（3）【答案：D】单位向其他单位无偿转让不动产，视同销售不动产，但用于公益事业或者以社会公众为对象的除外。

（4）【答案：ACD】Y 项目选择适用简易计税方法，进项税额不能抵扣。

第五章　所得税法律制度答案

一、单选题

1. 【答案：D】选项 D，转让不动产所得按照不动产所在地确定。
2. 【答案：B】选项 A，货物销售涉及商业折扣的，应当按照扣除商业折扣后的金额确定销售货物收入金额；选项 C，售后回购方式销售货物的，一般情况下，销售的货物按售价确认收入，回购的货物作为购进货物处理；选项 D，销售货物以旧换新的，销售货物应当按照销售货物收入确认条件确认收入，回收的货物作为购进货物处理。
3. 【答案：A】准予企业所得税前扣除的是“企业所得税和增值税以外”的各项税金及其附加。
4. 【答案：B】（1）工会经费扣除限额 = 270×2% = 5.4（万元），发生的工会经费 7.5 万元，应调增的应纳税所得额 = 7.5 − 5.4 = 2.1（万元）。

   （2）职工福利费扣除限额 = 270×14% = 37.8（万元），发生的职工福利费 41 万元，应调增的应纳税所得额 = 41 − 37.8 = 3.2（万元）。

   （3）职工教育经费扣除限额 = 270×8% = 21.6（万元），发生的职工教育经费 23.85 万元，应调增的应纳税所得额 = 23.85 − 21.6 = 2.25（万元）。

   “三项经费”的纳税调整额 = 2.1 + 3.2 + 2.25 = 7.55（万元）。
5. 【答案：C】企业在生产经营活动中发生的合理的不需要资本化的借款费用，准予扣除。企业为建造固定资产发生借款的，在该固定资产建造期间发生的合理的借款费用，应当作为资本性支出计入该固定资产的成本并按照有关规定扣除。本例中，固定资产建造尚未竣工决算投产前的利息，不得直接扣除，应作为资本性支出计入固定资产成本提取折旧税前扣除；竣工决算投产后的利息，可计入当期损益。因此，税前可扣除的利息费用 = 45÷9×2 = 10（万元）。
6. 【答案：D】企业取得收入的非货币形式，包括固定资产、生物资产、无形资产、股权投资、存货、不准备持有至到期的债券投资、劳务以及有关权益等，选项 D 正确。企业取得收入的货币形式，包括现金、存款、应收账款、应收票据、准备持有至到期的债券投资以及债务的豁免等。商业汇票和支票是应收票据，属于货币形式收入，选项 ABC 错误。
7. 【答案：D】业务招待费的 60% 为 25×60% = 15（万元），当年销售收入的 5‰为 2 000×5‰ = 10（万元）。因此，准予扣除的业务招待费为 10 万元。
8. 【答案：C】企业发生的符合条件的广告费和业务宣传费支出，除国务院财政、税务主管部门另有规定外，不超过当年销售（营业）收入 15% 的部分，准予扣除；超过部分，准予在以后纳税年度结转扣除。2024 年甲企业可以税前扣除广告费的限额 = 3 000×15% = 450（万元），实际发生额 = 400 + 60 = 460（万元），甲企业 2024 年准予扣除的广告费为 450 万元。
9. 【答案：D】以融资租赁方式租入固定资产发生的租赁费支出，按照规定构成融资租入固定资产价值的部分应当提取折旧费用分期扣除。
10. 【答案：C】通过公益性社会组织向灾区捐款 38 万元的扣除限额 = 300×12% = 36（万元），实际发生 38 万元大于扣除限额 36 万元，所以税前允许扣除的公益性捐赠支出为 36 万元，超过扣除限额的 2 万元（38 − 36 = 2 万元）不得税前扣除，属于纳税调整的增加项，故甲公司当年的企业所得税应纳税所得额 =（300 + 2）= 302（万元）；应纳税额 = 302×25% = 75.5（万元）；应补缴的企业

所得税税额 = 75.5 − 60 = 15.5（万元）。

11. 【答案：C】广告费和业务宣传费扣除限额 =（600 + 200）× 15% = 120（万元）。上年结转广告费支出与本年实际支出合计 = 30 + 100 = 130（万元）。2024 年准予扣除的广告费和业务宣传费支出为 120 万元，未抵扣完的 10 万元结转以后年度抵扣。

12. 【答案：B】企业发生的合理工资、薪金支出准予据实扣除；职工福利费扣除限额 56 万元（400 × 14% = 56 万元）> 实际发生的 55 万元，准予扣除 55 万元；职工教育经费扣除限额 32 万元（400 × 8% = 32 万元）> 实际发生的 10 万元，准予扣除 10 万元；职工工会经费扣除限额 8 万元（400 × 2% = 8 万元）< 实际发生的 20 万元，可以扣除限额 8 万元。税前准予扣除的工资和三项经费合计 400 + 55 + 8 + 10 = 473 万元。

13. 【答案：A】补充养老保险费、补充医疗保险费扣除限额分别 = 700 × 5% = 35（万元）。因此补充医疗保险费 25 万元可全额扣除，补充养老保险费 40 万元 > 35 万元，可抵扣 35 万元，准予扣除的补充养老保险费、补充医疗保险费合计 = 25 + 35 = 60（万元）。

14. 【答案：C】在不超过职工工资总额 5% 标准内的补充养老保险费、补充医疗保险费，准予限额扣除。

15. 【答案：A】选项 A，"房屋、建筑物以外"未投入使用的固定资产，不得计算折旧扣除；未投入使用的房屋，计提的折旧可以在税前扣除。本题应注意税法规定与会计准则的差异。

16. 【答案：A】根据规定，可计提折旧的生物资产包括经济林、薪炭林、产畜和役畜等。

17. 【答案：A】应缴纳企业所得税税额 =（1 000 − 100 − 600）× 25% = 75（万元）。

18. 【答案：C】根据规定，企业纳税年度发生的亏损，准予向以后年度结转，用以后年度的所得弥补，但结转年限最长不得超过 5 年。

19. 【答案：B】补亏期限最长不得超过 5 年，2018 年未弥补的 500 万元亏损，2024 年已过补亏期限，2024 年所得只能弥补 2019 年和 2023 年亏损，2024 年应纳税额 =（250 − 100 − 50）× 25% = 25（万元）。

20. 【答案：B】应纳税额 = 应纳税所得额 × 税率 − 减免税额 − 抵免税额。

21. 【答案：C】企业取得的来源于中国境外的应税所得已在境外缴纳的所得税税额，可以从其当期应纳税额中抵免，抵免限额为该项所得依照规定计算的应纳税额；超过抵免限额的部分，可以在以后 5 个年度内，用每年度抵免限额抵免当年应抵税额后的余额进行抵补。

22. 【答案：B】企业发生的业务招待费支出，按照发生额的 60% 扣除，但最高不得超过当年销售（营业）收入的 5‰。10 × 60% = 6（万元），扣除限额为 1 000 × 5‰ = 5（万元），6 万元 > 5 万元，所以准予在计算应纳税所得额时扣除 5 万元，应调增的应纳税所得额 = 10 − 5 = 5（万元）；企业持有国债取得的利息收入属于免税收入，应调减 3 万元。故该企业 2024 年度企业所得税应纳税额的计算过程为：（200 + 5 − 3）× 25% = 50.5（万元）。

23. 【答案：B】每次（月）收入不足 4 000 元的：应纳税额 = [每次（月）收入额 − 财产租赁过程中缴纳的税费 − 由纳税人负担的租赁财产实际开支的修缮费用（800 元为限）− 800 元] × 20%。李某应缴纳个人所得税 =（4 000 − 400 − 800 − 800）× 10% = 200（元）。

24. 【答案：C】财政拨款、依法收取并纳入财政管理的行政事业性收费、政府性基金属于不征税收入。国债利息收入属于免税收入而国债转让收入属于应纳税的收入。

25. 【答案：A】选项 BCD 均要按规定征收企业所得税。

26. 【答案：C】国债利息收入免交所得税，所以 2024 年度应纳税所得额 = 4 000 − 20 = 3 980（万元）。

27. 【答案：A】选项 A 为企业所得税减半征税项目，选项 BCD 为免税项目。

28. 【答案：D】小型微利企业是指从事国家非限制和禁止行业，且同时符合下列三个条件：（1）年度应纳税所得额不超过 300 万元；（2）从业人数不超过 300 人；（3）资产总额不超过 5 000 万元。

29. 【答案：C】企业开展研发活动中实际发生的研发费用，未形成无形资产计入当期损益的，在按规定据实扣除的基础上，自 2023 年 1 月 1 日起，再按照实际发生额的 100% 在税前加计扣除。

30. 【答案：D】该企业当年开发新产品研发费用实际支出为 200 万元，按加计扣除政策，在据实扣除的基础上，可以加计扣除 200 万元（200×100%）。应纳所得税 =（2 000 − 200）×25% = 450（万元）。

31. 【答案：C】该企业当年支付给安置残疾人员的工资实际支出为 20 万元，加计扣除的数额为 20 万元。应纳所得税 =（200 − 20）×25% = 45（万元）。

32. 【答案：B】（1）创业投资企业采取股权投资方式投资于未上市的中小高新技术企业两年以上的，可以按照投资额的 70% 在股权持有满两年的当年抵扣该创业投资企业的应纳税所得额；当年不足抵扣的，可以在以后纳税年度结转抵扣；（2）未经核定的准备金支出，属于企业所得税前不得扣除项目。因此，2024 年该企业应纳企业所得税税额 = [(4 000 + 100) − 500×70%]×25% = 937.5（万元）。

33. 【答案：D】企业购置并实际使用《环境保护专用设备企业所得税优惠目录》《节能节水专用设备企业所得税优惠目录》《安全生产专用设备企业所得税优惠目录》规定的环境保护、节能节水、安全生产等专用设备的，该专用设备的投资额的 10% 可以从企业当年的应纳税额中抵免；当年不足抵免的，可以在以后 5 个纳税年度结转抵免。2024 年度应缴纳企业所得税税额 = 180×25% − 300×10% = 15（万元）。

34. 【答案：C】根据规定，企业所得税按年计征，分月或者分季预缴，年终汇算清缴，多退少补。

35. 【答案：C】按月或按季预缴的，应当自月份或者季度终了之日起 15 日内，向税务机关报送预缴企业所得税纳税申报表，预缴税款。

36. 【答案：C】个体工商户、个人独资企业和合伙企业是个人所得税的纳税人。一人有限公司缴纳企业所得税。

37. 【答案：A】工资、薪金所得，是指个人因任职或者受雇而取得的工资、薪金、奖金、年终加薪、劳动分红、津贴、补贴以及与任职或者受雇有关的其他所得。下列项目不属于工资、薪金性质的补贴、津贴，不予征收个人所得税：独生子女补贴；执行公务员工资的制度未纳入基本工资总额的补贴、津贴差额和家属成员的副食补贴；托儿补助费；差旅费津贴、误餐补助。

38. 【答案：A】全勤奖属于奖金，应按“工资、薪金”项目计征个人所得税。

39. 【答案：A】（1）劳务报酬收入中有发生交通费，不能扣除交通费以后，再计算个人所得税，应该直接以劳务收入计算个人所得税。因此袁某自己负担交通费 300 元不得在劳务报酬收入中扣除，故排除选项 B 和选项 C。

（2）袁某取得劳务报酬所得 32 000 元大于 4 000 元，应减除 20% 的费用，即应纳税所得额 = 32 000×（1 − 20%）= 25 600（元）；

（3）由于累计预扣预缴应纳税所得额超过 20 000 元至 50 000 元的部分，预扣率为 30%，速算扣除数为 2 000，因此袁某该笔所得应预扣预缴个人所得税税额 = 25 600×30% − 2 000 = 5 680

（元），故选项 A 正确。

40.【答案：A】选项 A，李某在境外签订合同，将其境内的房屋转让给美国人汤姆取得的收入，房屋的坐落地在境内，因此属于来源于中国境内所得，故选项 A 正确；选项 B，李某在境外维修设备取得的报酬，其提供劳务的报酬来源于境外，因此不属于来源于中国境内所得，故选项 B 错误；选项 C，李某许可王某在境外使用其专利取得的特许权使用费，不在境内，因此不属于来源于中国境内所得，故选项 C 错误；选项 D，李某将境外的一套房屋出租给当地居民取得的租金，承租人为境外居民并在境外使用，因此不属于来源于中国境内所得，故选项 D 错误。除国务院财政、税务主管部门另有规定外，下列所得，不论支付地点是否在中国境内，均为来源于中国境内的所得：

（1）因任职、受雇、履约等在中国境内提供劳务取得的所得；

（2）将财产出租给承租人在中国境内使用而取得的所得；

（3）许可各种特许权在中国境内使用而取得的所得；

（4）转让中国境内的不动产等财产或者在中国境内转让其他财产取得的所得；

（5）从中国境内企业、事业单位、其他组织以及居民个人取得的利息、股息、红利所得。

41.【答案：C】我国个人所得税法律制度规定，作者将自己的文字作品手稿原件或复印件公开拍卖（竞价）取得的所得，应按“特许权使用费所得”项目征收个人所得税。

42.【答案：A】（1）非居民个人工资、薪金所得以每月收入减除 5 000 元后的余额为应纳税所得额，因此排除选项 B 和选项 D；（2）非居民个人工资、薪金所得应纳税额 = 应纳税所得额 × 税率 − 速算扣除数，因此排除选项 C，选项 A 正确。

43.【答案：A】（1）由于每次准予减除的修缮费用以 800 元为限，当月房屋修缮费 1 000 元超过限额 800 元，应减除 800 元，排除选项 C 和选项 D；（2）个人出租财产取得的财产租赁收入，在计算缴纳个人所得税时，扣除的费用中包括财产租赁过程中缴纳的税费，但不包括水电费，因此排除选项 B，选项 A 正确。

44.【答案：D】个人购买符合国家规定的商业健康保险扣除限额 2 400 元/年。

45.【答案：A】实际支付给从业人员的、合理的工资薪金支出，可以在计算个人所得税应纳税所得额时扣除。

46.【答案：D】经营所得，以每一纳税年度的收入总额减除成本、费用以及损失后的余额，为应纳税所得额。从事生产经营活动发生的固定资产盘亏属于经营损失，允许在税前扣除。

47.【答案：D】偶然所得应纳税额的计算公式为：应纳税额 = 应纳税所得额 × 适用税率 = 每次收入额 ×20% = 12 000×20% = 2 400 元。

48.【答案：D】选项 D：应按“财产租赁所得”项目缴纳个人所得税。

49.【答案：D】累计收入 = 10 000×3 = 30 000（元），累计减除费用 = 5 000×3 = 15 000（元），累计专项扣除 = 8 000×（8%+2%+0.5%+12%）×3 = 5 400（元），累计预扣预缴应纳税所得额 = 30 000 − 15 000 − 5 400 = 9 600（元），应预扣预缴税额 = 9 600×3% − 192 = 96（元）。

50.【答案：B】财产转让所得应纳税额的计算公式为：应纳税额 = 应纳税所得额 × 适用税率 =（收入总额 − 财产原值 − 合理费用）×20%。（500 000 − 100 000 − 50 000）×20% = 70 000（元）。

51.【答案：A】偶然所得应以每次收入额全额计税，除另有规定外，没有任何扣除。直接捐赠不属于公益性捐赠，不得在税前扣除。

52.【答案：C】企业出资购买房屋及其他财产，将所有权登记为投资者个人、投资者家庭成员或企业其他人员按利息、股息、红利所得缴纳个人所得税。

53.【答案：B】应纳税额 = 应纳税所得额 × 适用税率 =（收入总额 − 财产原值 − 合理费用）×20%。

54.【答案：C】选项 A 属于省部级单位发的体育方面的奖金；选项 B 属于按照国家统一规定发给的津贴；选项 C 尽管属于科技方面的奖励，但不属于省部级单位所颁发的；选项 D 属于保险赔款。因此 C 项不应免纳个人所得税。因此选项 C 应当缴纳个人所得税。

55.【答案：A】企业依照国家有关法律规定宣告破产，企业职工从该破产企业取得的一次性安置费收入，免征个人所得税，选项 A 正确。实行内部退养的个人在其办理内部退养手续后至法定离退休年龄之间从原任职单位取得的工资、薪金，不属于离退休工资，应按项目计征个人所得税，选项 B 错误。离退休人员除按规定领取离退休工资或养老金外，另从原任职单位取得的各类补贴、奖金、实物，不属于免税的退休工资、离休工资、离休生活补助费，应在减除费用扣除标准后，按“工资、薪金所得”应税项目缴纳个人所得税，选项 C 错误。退休人员再任职取得的收入，在减除按个人所得税法规定的费用扣除标准后，按“工资、薪金所得”应税项目缴纳个人所得税，选项 D 错误。

二、多选题

56.【答案：ACD】个人独资企业和合伙企业的个人投资者应缴纳个人所得税。

57.【答案：AD】租金收入按照合同约定的承租人应付租金的日期确认收入的实现，选项 B 错误；接受捐赠收入按照实际收到捐赠资产的日期确认收入的实现，选项 C 错误。

58.【答案：ABD】我国税收管辖权：来源地税收管辖权和居民税收管辖权相结合的管辖权标准。划分标准二选一：注册地、实际管理机构所在地。居民企业无限纳税义务；非居民企业有限纳税义务。

59.【答案：ABC】提供劳务所得，按照劳务发生地确定。丁国企业在中国境外为中国公司技术人员提供培训服务取得的收入属于境外所得。

60.【答案：ABCD】转让财产收入，是指企业转让固定资产、生物资产、无形资产、股权、债权等财产取得的收入。

61.【答案：ABCD】企业发生非货币性资产交换，以及将货物、财产、劳务用于捐赠、偿债、赞助、集资、广告、样品、职工福利或者利润分配等用途的，应当视同销售货物、转让财产或者提供劳务，但国务院财政、税务主管部门另有规定的除外。注意选项 D，在增值税法律制度中，不视同销售货物，不计算销项税额或应纳税额，但在企业所得税法律制度中，视同销售货物。

62.【答案：BD】销售商品采用预收款方式的，在发出商品时确认收入。以分期收款方式销售货物的，按照合同约定的收款日期确认收入的实现。

63.【答案：AD】选项 B 属于应税收入；选项 C 属于免税收入。

64.【答案：AB】选项 A，公益性捐赠支出税前扣除限额 = 2 000×12% = 240（万元），实际发生捐赠 200 万元没有超过扣除限额，准予全额扣除；选项 B，职工福利费税前扣除限额 = 1 500×14% = 210（万元），实际发生 160 万元没有超过扣除限额，准予全额扣除；选项 C，职工教育经费税前扣除限额 = 1 500×8% = 120（万元），实际发生 240 万元，超过了扣除限额，不能全额扣除；选项 D，2024 年 7 月至 2025 年 4 月期间的厂房租金支出 300 万元应按规定分别在 2024 年和 2025 年扣除，不能全部在 2024 年的企业所得税前扣除。

65.【答案：ABCD】保险企业发生与其经营活动有关的手续费及佣金支出不超过当年全部保费收入扣

除退保金等后余额的 18%（含本数）的部分，在计算应纳税所得额时准予扣除；超过部分，允许结转以后年度扣除，选项 AB 正确；从事代理服务、主营业务收入为手续费、佣金的企业（如证券、期货、保险代理等企业），其为取得该类收入而实际发生的营业成本（包括手续费及佣金支出），准予在企业所得税前据实扣除，选项 C 正确；国有企业纳入管理费用的党组织工作经费，实际支出不超过职工年度工资薪金总额 1% 的部分，可以据实在企业所得税前扣除，选项 D 正确。

66. 【答案：ACD】根据规定，在计算企业所得税应纳税所得额时，税收滞纳金、被没收财物的损失和未经核定的准备金支出不得扣除。

67. 【答案：AD】选项 AD 属于不得在企业所得税税前扣除的项目。

68. 【答案：CD】选项 A，已提足折旧继续使用的生产线无需计提折旧；选项 B，以融资租赁方式租入的固定资产计提折旧；选项 CD，修理停用的机器设备，已达到预定可使用状态应计提折旧。

69. 【答案：ABC】无形资产的摊销年限不得低于 10 年。

70. 【答案：BCD】租入固定资产的改建支出，按照合同约定的剩余租赁期限分期摊销，选项 B 正确；固定资产的大修理支出，符合规定条件的，按照固定资产尚可使用年限分期摊销，选项 C 正确；已足额提取折旧的固定资产的改建支出，按照固定资产预计尚可使用年限分期摊销，选项 D 正确。

71. 【答案：ABCD】下列行业不适用税前加计扣除政策：烟草制造业；住宿和餐饮业；批发和零售业；房地产业；租赁和商务服务业；娱乐业；财政部和国家税务总局规定的其他行业。

72. 【答案：ABD】可以采取缩短折旧年限或者采取加速折旧的方法的固定资产，包括：（1）由于技术进步，产品更新换代较快的固定资产；（2）常年处于强震动、高腐蚀状态的固定资产。

73. 【答案：ABCD】企业所得税按年计征，分月或者分季预缴，年终汇算清缴，多退少补，选项 A 正确；企业在一个纳税年度中间开业，或者终止经营活动，使该纳税年度的实际经营期不足 12 个月的，应当以其实际经营期为 1 个纳税年度，选项 B 正确；企业依法清算时，应当以清算期间作为 1 个纳税年度，选项 C 正确；企业在年度中间终止经营活动的，应当自实际经营终止之日起 60 日内，向税务机关办理当期企业所得税汇算清缴，选项 D 正确。

74. 【答案：AB】选项 AB 属于居民个人，选项 CD 属于非居民个人。

75. 【答案：ACD】选项 B 不属于来源于中国境内所得。

76. 【答案：CD】选项 CD 属于稿酬所得。记者在本单位刊物发表文章取得的报酬，应与其当月工资收入合并，按“工资、薪金所得”项目征收个人所得税。提供著作的版权而取得的报酬属于特许权使用费所得。作者去世后，财产继承人取得的遗作稿酬，也应按“稿酬所得”征收个人所得税。

77. 【答案：CD】选项 A 是特许权使用费所得；选项 B 是劳务报酬所得。

78. 【答案：ABCD】选项 A 属于定额费用扣除；选项 B 属于专项扣除；选项 CD 属于专项附加扣除项目。

79. 【答案：ACD】向遭受严重自然灾害地区的捐赠，捐赠额不超过应纳税所得额的 30% 的部分，可以从其应纳税所得额中扣除。

80. 【答案：ABC】经营所得包括：（1）个体工商户从事生产、经营活动取得的所得，个人独资企业投资人、合伙企业的个人合伙人来源于境内注册的个人独资企业、合伙企业生产、经营的所得；（2）个人依法从事办学、医疗、咨询以及其他有偿服务活动取得的所得；（3）个人对企业、事业单位承包经营、承租经营以及转包、转租取得的所得；（4）个人从事其他生产、经营活动取得的所得。

81. 【答案：ABCD】个体工商户正常经营活动的开支允许税前扣除。以上四项均属于允许税前抵扣的范围。

82. 【答案：ABC】财产转让所得，是指个人转让有价证券、股权、合伙企业中的财产份额、不动产、土地使用权、机器设备、车船以及其他财产取得的所得。作者将自己的文字作品手稿原件或复印件拍卖取得的所得，按照“特许权使用费”所得项目缴纳个人所得税。个人拍卖别人作品或个人拍卖除文字作品原稿及复印件外的其他财产，都应按照“财产转让所得”项目缴纳个人所得税。

83. 【答案：ABCD】以上四项均属于财产转让所得。

84. 【答案：ABCD】利息、股息、红利所得和偶然所得，以每次收入额为应纳税所得额。

85. 【答案：ABCD】个人缴纳符合国家规定的企业年金、职业年金，个人购买符合国家规定的商业健康保险、税收递延型养老保险的支出，以及国务院规定可以扣除的其他项目，可以在计征个人所得税时扣除。

86. 【答案：ABCD】企业在销售商品（产品）和提供服务过程中向个人赠送礼品，属于下列情形之一的，不征收个人所得税：（1）企业通过价格折扣、折让方式向个人销售商品（产品）和提供服务；（2）企业在向个人销售商品（产品）和提供服务的同时给予赠品，如通信企业对个人购买手机赠话费、入网费，或者购话费赠手机等；（3）企业对累积消费达到一定额度的个人按消费积分反馈礼品。

87. 【答案：ABCD】转让债权取得的收入属于转让产收入，应计入企业所得税收入总额，选项 A 正确。提供固定资产使用权取得的收入属于特许权使用费收入，应计入企业所得税收入总额，选项 B 正确。接受捐赠收入应计入企业所得税收入总额，选项 C 正确。逾期未退包装物押金收入属于其他收入，应计入企业所得税收入总额，选项 D 正确。

88. 【答案：ABC】选项 A 从 2008 年 10 月暂免征利息税，选项 B 属于保险赔款、选项 C 属于抚恤金，因此都可以免征个人所得税。选项 D 中丁某获得的是县级人民政府颁发的教育奖金，不属于免缴个人所得税的范围，因此选项 D 错误。

89. 【答案：AB】对储蓄存款利息所得暂免征收个人所得税。个人从公开发行和转让市场取得的上市公司股票，持股期限超过 1 年的，股息红利所得暂免征收个人所得税。

90. 【答案：ABCD】取得综合所得需要办理汇算清缴的情形：在两处或两处以上取得综合所得，且综合所得年收入额减去专项扣除的余额超过 6 万元，选项 A 正确；取得劳务报酬所得、稿酬所得、特许权使用费所得中一项或多项所得，且综合所得年收入额减去专项扣除的余额超过 6 万元，选项 B 正确；纳税年度内预缴税额低于应纳税额的，选项 C 正确；纳税人申请退税，选项 D 正确。

三、判断题

91. 【答案：正确】

92. 【答案：错误】非居民企业发生在中国境外，但与其所设机构、场所有实际联系的所得，缴纳企业所得税。

93. 【答案：正确】

94. 【答案：正确】

95. 【答案：正确】

96. 【答案：正确】

97.【答案：错误】自 2018 年 1 月 1 日起，当年具备高新技术企业或科技型中小企业资格的企业，其具备资格年度之前 5 个年度发生的尚未弥补完的亏损，准予结转以后年度弥补，最长结转年限从 5 年延长至 10 年。

98.【答案：正确】

99.【答案：错误】纳税人的子女接受全日制学历教育的相关支出、年满 3 岁至小学入学前处于学前教育阶段的子女，按照每个子女每月 2 000 元的标准定额扣除。父母可以选择由其中一方按扣除标准的 100% 扣除，也可以选择由双方分别按扣除标准的 50% 扣除，具体扣除方式在一个纳税年度内不得变更。

100.【答案：错误】纳税人为非独生子女的，应当与其兄弟姐妹分摊每年 36 000 元（每月 3 000 元）的扣除额度，分摊方式包括平均分摊、被赡养人指定分摊或者赡养人约定分摊，具体分摊方式在一个纳税年度内不得变更。

101.【答案：正确】

102.【答案：正确】

103.【答案：错误】当事人双方签订并执行解除原股权转让合同，退回股权的协议，是另一次股权转让行为，对前次转让行为征收的个人所得税款不予退还。

四、不定项选择题

104.【答案】

（1）【答案：ABCD】企业收入总额组成部分的有：销售货物收入、提供劳务收入、股息、红利等权益性投资收益和利息收入等，选项 ABCD 正确。

（2）【答案：C】扣除限额 =（5 000+3 000）×15% = 1 200（万元）> 870 万元，因此符合条件的广告费和业务宣传费支出 870 万元可全额抵扣。

（3）【答案：ABC】企业新购进（包括自行建造）的设备、器具（除房屋、建筑物以外），单位价值不超过 500 万元的，允许一次性计入当期成本费用在计算应纳税所得额时扣除，不再分年度计算折旧。

（4）【答案：AB】企业为在本企业任职或者受雇的全体员工支付的补充养老保险费、补充医疗保险费，分别在不超过职工工资总额 5% 标准内的部分，选项 C 仅为管理人员支付补充养老保险费、补充医疗保险费不得在税前扣除；企业依照国家有关规定为特殊工种职工支付人身安全保险费和国务院财政税务主管部门规定可以扣除的其他商业保险费，准予扣除，除此之外，企业为投资者或者职工支付的商业保险费，不得扣除。选项 D 不得在税前抵扣。

105.【答案】

（1）【答案：ABCD】企业收入总额组成部分的有：销售货物收入、提供劳务收入、股息、红利等权益性投资收益和租金收入等，选项 ABCD 正确。

（2）【答案：AB】根据企业所得税法律制度，企业依照国家有关规定为特殊工种职工支付的人身安全保险费准予税前扣除；合理的会议费属于可以扣除的项目（管理费用或职工培训费用）；非公益性的捐赠支出和企业之间支付的管理费不得在计算企业所得税应纳税所得额时扣除。

（3）【解析：C】甲公司 2024 年的营业收入 = 9 000+500+60 = 9 560（万元）；广告费的扣除限额 = 9 560×15% = 1 434（万元），实际发生额 1 380 万元，上期未抵扣完的广告费 50 万元，

1 380+50=1 430（万元），准予扣除的广告费为 1 430 万元。

（4）【解析：D】根据企业所得税法律制度的规定，企业发生的损失，减除责任人赔偿和保险赔款后的余额，依照国务院财政、税务主管部门的规定扣除。该批存货的成本为 40 万元，增值税进项税额为 6.8 万元；取得保险公司赔款 12 万元，责任人赔偿 2 万元。企业因管理不善导致购进的存货被盗，增值税进项税转出的损失，可以税前扣除。

106.【答案】

（1）【答案：ABCD】企业收入总额组成部分的有：销售货物收入、特许权使用费收入、捐赠收入和租金收入等，选项 ABCD 正确。

（2）【答案：BCD】增值税是价外税，在计算企业所得税应纳税所得额时，不得扣除。

（3）【答案：A】公益性捐赠的扣除限额 =480×12%=57.6（万元），实际发生的公益性捐赠额为 35 万元，因此可以扣除的数额为 35 万元。

（4）【答案：D】2024 年甲公司的营业收入 =（5 000+200+1 000）=6 200（万元）；准予扣除的广告费和业务宣传费的限额 =6 200×30%=1 860（万元）< 实际发生额 2 100 万元，因此准予扣除的数额为 1 860 万元。

107.【答案】

（1）【答案：C】根据企业所得税法律制度的规定，纳税年度自公历 1 月 1 日起至 12 月 31 日止。企业在一个纳税年度中间开业，或者终止经营活动，使该纳税年度的实际经营期不足 12 个月的，应当以其实际经营期为 1 个纳税年度。由于甲公司是在 2024 年 2 月 1 日开业的，所以 2024 年纳税年度从其开业之日起计算。

（2）【答案：ABC】接受股东追加投资不属于企业所得税收入总额，选项 D 错误。

（3）【答案：CD】增值税是价外税，在计算应纳税所得额时，不得扣除。业务招待费扣除限额 1=95×60%=57（万元），业务招待费扣除限额 2=（1 000+200）×5‰=6（万元），所以允许扣除的业务招待费为 6 万元，支出的 95 万元不能全额扣除。广告费和业务宣传费的扣除限额 =1 200×15%=180（万元），实际发生额为 80 万元，准予扣除 80 万元。非金融企业向金融企业借款的利息支出，准予在计算应纳税所得额时据实扣除。

（4）【答案：A】需要调整应纳税所得额的项目是业务招待费的支出。由于业务招待费的准予扣除限额为 6 万元，因此需要调增的数额为 95－6=89（万元），应纳税所得额 =100+89=189（万元）。

108.【答案】

（1）【答案：A】根据《企业所得税法》的规定，国债的利息收入免税。

（2）【答案：ABCD】企业发生非货币性资产交换，以及将货物、财产、劳务用于捐赠、偿债、赞助、集资、广告、样品、职工福利或者利润分配等用途的，应当视同销售货物、转让财产或者提供劳务（视同销售看“所有权转移”），选项 ABCD 正确。

（3）【答案：A】甲企业 2024 年度准予扣除的公益性捐赠限额 =190×12%=22.8（万元），公益性捐赠数额为 24 万元 > 扣除限额，因此准予扣除的公益性捐赠支出金额为 22.8 万元。

（4）【答案：ABCD】计算企业所得税应纳税所得额时，不得扣除的项目有：向投资者支付的股息、红利等权益性投资收益款项；企业所得税税款（包括预缴）、允许抵扣的增值税，选项 D 正确；税收滞纳金，选项 B 正确；罚金、罚款和被没收财物的损失，选项 A 正确；超出规定标准的捐赠支出；企业发生的与生产经营活动无关的各种非广告性质的赞助支出，选项 C 正确；未经核定的准备金支出；企业之间支付的管理费、企业内营业机构之间支付的租金和特许权使用费，以及非银行企业内营业机构之间支付的利息；与取得收入无关的其他支出。

109.【答案】

（1）【答案：A】劳务报酬所得预扣预缴税额 = 预扣预缴应纳税所得额 × 预扣率 - 速算扣除数；每次收入 > 4 000 元：预扣预缴应纳税所得额 = 收入 ×（1 - 20%）；每次收入 ≤ 4 000 元：预扣预缴应纳税所得额 = 收入 - 800 元。

（2）【答案：A】综合所得应纳税额 =（每一纳税年度的收入额 - 费用 6 万元 - 专项扣除 - 专项附加扣除 - 依法确定的其他扣除）× 适用税率 - 速算扣除数。劳务报酬所得、稿酬所得、特许权使用费所得以收入减除 20% 的费用后的余额为收入额。

（3）【答案：ACD】选项 A 企业对累积消费达到一定额度的个人按消费积分反馈礼品不征收个人所得税；选项 C 省级人民政府、国务院部委和中国人民解放军军以上单位，以及外国组织、国际组织颁发的科学、教育、技术、文化、卫生、体育、环境保护等方面的奖金免征个人所得税；选项 D 储蓄存款利息所得免征个人所得税。

（4）【答案：D】需要办理汇算清缴的，应当在取得所得的次年 3 月 1 日至 6 月 30 日内办理汇算清缴。

110.【答案】

（1）【答案：ABD】个体工商户业主的工资薪金支出、用于个人和家庭的支出不得税前扣除。

（2）【答案：A】取得经营所得的个人，没有综合所得的，计算其每一纳税年度的应纳税所得额时，应当减除费用 6 万元、专项扣除、专项附加扣除以及依法确定的其他扣除。专项附加扣除在办理汇算清缴时减除。

（3）【答案：D】张某持有 W 上市公司的股票超过 1 个月不满 1 年，股息暂减按 50% 计入应纳税所得额。

（4）【答案：D】财产转让应纳税额 = 应纳税所得额 × 适用税率 =（收入总额 - 财产原值 - 合理费用）×20%，个人转让房屋的个人所得税应税收入不含增值税，其取得房屋时所支付价款中包含的增值税计入财产原值，计算转让所得时可扣除的税费不包括本次转让缴纳的增值税。

111.【答案】

（1）【答案：A】陈某转让住房取得的所得 945 000 元为含税收入，应先换算为不含税的收入。财产转让所得应纳税额的计算公式为：应纳税额 =（收入总额 - 财产原值 840 000 - 合理费用 5 000）×20% = 11 000（元）。

（2）【答案：C】转让房屋所得的 945 000 元为含税收入，首先要换算成不含税的收入，即 945 000 ÷（1 + 5%）。根据规定，个人将购买不足 2 年的住房对外销售的，按照 5% 的征收率全额缴纳增值税，945 000 ÷（1 + 5%）× 5% = 45 000（元）。

（3）【答案：BCD】个人在上海、深圳证券交易所转让从上市公司公开发行和转让市场取得的股票，转让所得暂不征收个人所得税；企业在向个人销售商品（产品）和提供服务的同时给予赠品，不征收个人所得税；保险赔款免征个人所得税，选项 BCD 正确。省级人民政府颁发的教育方面的奖金免税，选项 A 应纳税。

（4）【答案：A】综合所得应纳税额 =（每一纳税年度的收入额 - 费用 6 万元 - 专项扣除 - 专项附

加扣除－依法确定的其他扣除）× 适用税率－速算扣除数。劳务报酬所得、稿酬所得、特许权使用费所得以收入减除 20% 的费用后的余额为收入额。稿酬所得的收入额减按 70% 计算。综合所得应纳税所得额＝190 000＋8 000×（1－20%）＋5 000×（1－20%）×70%－60 000－40 000＝99 200（元），适用 10% 的个人所得税税率，速算扣除数为 2 520。

112.【答案】

（1）【答案：A】计算出租住房应缴纳的个人所得税应纳税所得额时，准予扣除的房产税和修缮费（以 800 元为限），支付的供暖费和水电费不得扣除。

（2）【答案：ACD】个人举报、协查各种违法、犯罪行为而获得的奖金暂免征收个人所得税，选项 A 免税；对个人购买福利彩票、体育彩票，一次中奖收入在 1 万元以下的（含 1 万元）暂免征收个人所得税，超过 1 万元的，全额征收个人所得税，选项 B 不免税；自 2018 年 11 月 1 日（含）起，对个人转让全国中小企业股份转让系统（新三板）挂牌公司非原始股取得的所得，暂免征收个人所得税，选项 C 免税；企业对累积消费达到一定额度的个人按消费积分反馈礼品，不征收个人所得税，选项 D 不征收个人所得税。

（3）【答案：B】稿酬所得 50 000 元在 4 000 元以上，应减除 20% 的费用，为 40 000 元，按 70% 计算收入额，40 000×70%＝28 000（元），然后再乘以 20% 税率计算预扣预缴陈某个人所得税税额。

（4）【答案：C】综合所得应纳税额＝（每一纳税年度的收入额－费用 6 万元－专项扣除－专项附加扣除－依法确定的其他扣除）× 适用税率－速算扣除数。劳务报酬所得、稿酬所得、特许权使用费所得以收入减除 20% 的费用后的余额为收入额。稿酬所得的收入额减按 70% 计算，教育支出陈某与妻子协议按照 50% 扣除。

第六章　财产和行为税法律制度答案

一、单选题

1. 【答案：C】选项 A，房屋出典的由承典人纳税；选项 B，房屋出租的由出租人纳税；选项 D，个人无租使用纳税单位的房产，由使用人代为缴纳房产税。
2. 【答案：D】房产税的征税范围是城市、县城、建制镇和工矿区内的房屋，不包括农村。
3. 【答案：A】用于投资联营的房产，纳税人参与投资利润分红，共担风险的，按照房产余值作为计税依据计征房产税。该企业应缴纳房产税税额＝1 000×（1－30%）×1.2%＝8.4（万元）。
4. 【答案：A】以房产投资联营收取固定收入、不承担经营风险的，应当以出租方取得的租金收入为计税依据计征房产税。该房产出租之前的半年按从价计征方式计缴房产税，投资联营后按从租计征方式计缴房产税。应缴纳房产税＝[2 000×（1－20%）×1.2%]÷12×6＋50×12%＝15.6（万元）。
5. 【答案：A】融资租赁房屋在计征房产税时应以房产余值计算征收。由承租人自融资租赁合同约定开始日的次月起依照房产余值缴纳房产税，即从 2024 年 7 月份开始计缴房产税。应缴纳房产税＝2 000×（1－20%）×1.2%×6÷12＝9.6（万元）。

6. 【答案：B】露天泳池不属于房产税的征税对象；纳税人对原有房屋进行改建、扩建的，要相应增加房屋的原值，支出 500 万元新增中央空调系统需要缴纳房产税；对更换房屋附属设备和配套设施的，在将其价值计入房产原值时，可扣减原来相应设备和设施的价值，因此支付 500 万元安装智能照明和楼宇声控系统在计入房产原值的同时，可扣减拆除 200 万元的照明设施的价值。2024 年该会所应缴纳房产税 = [5 000 + 500 + (500 − 200)] × (1 − 30%) × 1.2% = 48.72（万元）。

7. 【答案：D】对更换房屋附属设备和配套设施的，在将其价值计入房产原值时，可扣减原来相应设备和设施的价值。

8. 【答案：A】财政票据通常不包含增值税。不需进行价税分离，而从乙公司购买一宗土地使用权，成交价格为 1 090 万元含增值税，需要进行价税分离，因此应缴纳契税税额 = [2 180 + 1 090 ÷ (1 + 9%)] × 4% = 127.2（万元），选项 A 正确。

9. 【答案：B】纳税人委托施工企业建设的房屋，从办理验收手续之次月起，缴纳房产税，甲公司应缴纳房产税 = 400 × (1 − 30%) × 1.2% × 11 ÷ 12 = 3.08（万元）。

10. 【答案：A】全年应纳税额 = 租金收入 ×12%，且租金中不含增值税。所以租金 = 199 500 ÷ (1 + 5%)，在此基础上计算房产税，所以选项 A 正确。

11. 【答案：D】(1) 开餐馆的房产应纳房产税 = 20 × (1 − 20%) × 1.2% = 0.192（万元）；(2) 房屋产权出典的，承典人为纳税人，甲公司作为出典人无需缴纳房产税；(3) 出租房屋应纳房产税 = 1 × 12 × 12% = 1.44（万元）；(4) 两项合计，应纳房产税 = 0.192 + 1.44 = 1.632（万元）。

12. 【答案：A】国家机关、人民团体、军队自用的房产免征房产税。选项 BCD 需要计征房产税。

13. 【答案：B】选项 A，国家机关、人民团体、军队自用的房产免征房产税。但上述免税单位的出租房产以及非自身业务使用的生产、营业用房，不属于免税范围。由国家财政部门拨付事业经费（全额或差额）的单位（学校、医疗卫生单位、托儿所、幼儿园、敬老院以及文化、体育、艺术类单位）所有的、本身业务范围内使用的房产免征房产税。上述单位所属的附属工厂、商店、招待所等不属于单位公务、业务的用房，应照章纳税。据此，选项 CD 应纳房产税，选项 B 免税。

14. 【答案：B】本题考核契税的纳税人。契税纳税人是在我国境内承受土地、房屋权属转移的承受单位和个人。选项 ACD 均为转让方。

15. 【答案：C】自 2020 年 1 月 1 日至 2027 年 12 月 31 日，对物流企业自有（包括自用和出租）或承租的大宗商品仓储设施用地，减按所属土地等级适用税额标准的 50% 计征城镇土地使用税，选项 C 正确。选项 ABD 均属于免征城镇土地使用税的情形。

16. 【答案：B】土地使用权交换、房屋互换，以互换的差额为计税依据。互换价格相等时，免征契税；互换价格不相等的，由多交付的货币、实物、无形资产或者其他经济利益的一方交纳契税。

17. 【答案：A】契税是由承受土地、房屋权属转移的单位和个人缴纳的；对于互换土地使用权或房屋的，互换价格相等的，免征契税；本题中只有购买新住房需要缴纳契税。

18. 【答案：C】契税的纳税人，是指在我国境内"承受"土地、房屋权属转移的单位和个人，本题中承受房屋权属转移的为谢某，因此选项 AB 错误；谢某应纳税额 = 90 × 3% = 2.7（万元），选项 C 正确。要特别注意的是，本题不属于房屋互换，因而选项 D 错误。

19. 【答案：D】本题的"购房价款 97 万元"为不含增值税的成交价，不需要价税分离，王某应缴纳契税税额 = 97 × 3% = 2.91（万元）。

20. 【答案：A】契税纳税义务发生时间，是纳税人签订土地、房屋权属转移合同的当日，或者纳税人取得其他具有土地、房屋权属转移合同性质凭证的当日。

21.【答案：B】土地增值税的纳税人为转让房地产并取得收入的单位和个人。出租房地产，未发生房产产权、土地使用权的转让行为，不属于土地增值税征税范围，所以，出租写字楼的某外国驻华机构不是土地增值税的纳税人。

22.【答案：B】选项 A，甲企业将自有厂房出租给乙企业，厂房的所有权没有发生转移，不属于土地增值税的征税范围，不征收土地增值税；选项 C，出让国有土地的行为不征收土地增值税；选项 D，将房屋通过民政局捐赠给养老院，没有取得收入，不属于土地增值税的征税范围，不征收土地增值税。

23.【答案：A】超过贷款期限的利息部分和加罚的利息不允许扣除。

24.【答案：D】旧房及建筑物的评估价格是指在转让已使用的房屋及建筑物时，由政府批准设立的房地产评估机构评定的重置成本价乘以成新度折扣率后的价格。

25.【答案：B】扣除项目金额 = 2 500 + 400 + 2 500 × 5% + 70 + 2 500 × 20% = 3 595（万元），土地增值额 = 7 000 − 3 595 = 3 405（万元），增值率 = 3 405 ÷ 3 595 × 100% = 94.71%，确定适用税率为 40%，速算扣除系数为 5%。应纳土地增值税 = 3 405 × 40% − 3 595 × 5% = 1 182.25（万元）。

26.【答案：C】可扣除项目金额的合计 = 600 ×（1 + 5% × 4）+ 18 + 0.5 +（1 000 − 600）/（1 + 5%）× 5% ×（5% + 3% + 2%）= 740.4（万元）。

27.【答案：C】免税的医疗机构，具体范围限于县级以上人民政府卫生健康行政部门批准设立的医疗机构内专门从事疾病诊断、治疗活动的场所及其配套设施。医疗机构内职工住房占用耕地的，按照当地适用税额缴纳耕地占用税，选项 C 正确。选项 ABD 属于直接为农业生产服务的生产设施，不缴纳耕地占用税，选项 ABD 错误。

28.【答案：D】纳税人不能按转让房地产项目计算分摊利息支出或不能提供金融机构贷款证明的，允许扣除的房地产开发费用 =（取得土地使用权所支付的金额 + 房地产开发成本）× 10% 以内。

29.【答案：C】符合下列情形之一，纳税人应当进行土地增值税的清算：（1）房地产开发项目全部竣工、完成销售的；（2）整体转让未竣工决算房地产开发项目的；（3）直接转让土地使用权的。

30.【答案：A】增值税是价外税，不允许在计算土地增值税的增值额时扣除。

31.【答案：A】评估价格 = 800 × 50% = 400（万元）；扣除项目金额 = 400 + 30 = 430（万元）；增值额 = 500 − 430 = 70（万元）；增值率 = 70 ÷ 430 = 16.3%；应缴纳的土地增值税 = 70 × 30% = 21（万元）。

32.【答案：B】土地使用权权属发生纠纷的，由土地实际使用人纳税。

33.【答案：C】城镇土地使用税的征税范围包括城市、县城、建制镇和工矿区范围内的土地，不包括农村。

34.【答案：D】城镇土地使用税的计税依据是纳税人实际占用的土地面积。

35.【答案：C】以出让或转让方式有偿取得土地使用权的，应由受让方从合同约定交付土地时间之次月起缴纳城镇土地使用税；合同未约定交付土地时间的，由受让方从合同签订之次月起缴纳城镇土地使用税。年应纳税额 = 实际占用应税土地面积（平方米）× 适用税额，应缴纳城镇土地使用税 = 2 000 × 5 + 3 000 × 5 × 8 ÷ 12 = 20 000（元）。

36.【答案：C】土地使用权由几方共有的，由共有各方按照各自实际使用的土地面积占总面积的比例，分别计算缴纳土地使用税。政府机关用地免征城镇土地使用税，该公司应缴纳城镇土地使用税 =

$2\ 000 \div 5 \times 4 \times 5 = 8\ 000$（元）。

37. 【答案：B】国家机关、人民团体、军队自用的土地（A 栋）免征城镇土地使用税，但出租的 B 栋应从出租之次月起，缴纳城镇土地使用税，B 栋应缴纳城镇土地使用税 $= 1\ 000 \times 15 \times 9 / 12 = 11\ 250$（元）。

38. 【答案：C】对于围墙外灰场用地免征城镇土地使用税。应缴纳的城镇土地使用税 $= (80 - 3) \times 1.5 = 115.5$（万元）。

39. 【答案：B】新征用的耕地，自批准之日起满 1 年开始缴纳城镇土地使用税。甲应缴纳城镇土地使用税 $= 10\ 000 \times 60\% \times 4 = 24\ 000$（元）；乙应缴纳城镇土地使用税 $= 10\ 000 \times 40\% \times 4 = 16\ 000$（元）。

40. 【答案：B】军事设施、学校、幼儿园、社会福利机构、医疗机构占用耕地，免征耕地占用税。建设直接为农业生产服务的生产设施占用农用地的，不征收耕地占用税。

41. 【答案：B】可以由省、自治区、直辖市可以决定免征或者减征资源税的情形有：纳税人开采或者生产应税产品过程中，因意外事故或者自然灾害等原因遭受重大损失；纳税人开采共伴生矿、低品位矿、尾矿，选项 B 正确。高含硫天然气、三次采油和从深水油气田开采的原油、天然气，减征 30% 资源税，选项 A 错误。稠油、高凝油减征 40% 资源税，选项 C 错误。从衰竭期矿山开采的矿产品，减征 30% 资源税，选项 D 错误。

42. 【答案：B】机动船舶、非机动驳船、拖船，以净吨位数为计税依据。

43. 【答案：D】根据车船税法律制度的规定，捕捞、养殖渔船免征车船税。

44. 【答案：C】选项 A，摩托车以辆数为计税依据；选项 B，游艇以艇身长度为计税依据；选项 D，机动船舶以净吨位数为计税依据。

45. 【答案：C】拖船和非机动船舶的应纳税额，按照机动船舶的 50% 计算。应纳车船税 $= 3 \times 2\ 000 \times 4 + 2 \times 1\ 000 \times 4 \times 50\% = 28\ 000$（元）。

46. 【答案：C】车船税纳税义务发生时间为取得车船所有权或者管理权的当月。以购买车船的发票或其他证明文件所载日期的当月为准。应缴纳车船税 $= 480 \times 9 \div 12 = 360$（元）。

47. 【答案：B】拖船与非机动驳船分别按照机动船舶税额的 50% 计算，该公司 2024 年度应缴纳的车船税 $= 1\ 500 \times 5 \times 4 + 3\ 000 \times 0.67 \times 4 \times 5 \times 50\% + 3\ 000 \times 6 \times 5 \times 6 \div 12 = 95\ 100$（元），故选项 B 正确。

48. 【答案：C】挂车按照货车税额的 50% 计算车船税。该厂 2024 年度应纳的车船税 $= 1.499 \times 3 \times 16 + 1.2 \times 16 \times 50\% + 2 \times 360 = 801.55$（元）。

49. 【答案：D】选项 ABC 均为资源税的税目。

50. 【答案：B】纳税人开采或者生产应税产品自用的，视同销售，应当按规定缴纳资源税。但是，自用于连续生产应税产品的，不缴纳资源税。纳税人自用应税产品应当缴纳资源税的情形，包括纳税人以应税产品用于非货币性资产交换、捐赠、偿债、赞助、集资、投资、广告、样品、职工福利、利润分配或者连续生产非应税产品等。选项 ACD 均为纳税人自用应税产品应当缴纳资源税的情形。

51. 【答案：B】该企业应纳资源税 $= (80 + 3 + 2) \times 5\ 000 \times 6\% = 25\ 500$（万元）。

52. 【答案：C】将自产应税产品铝土矿用于生产铝锭，以及将自产应税产品铝土矿用于偿债，均属于纳税人自用应税产品应当缴纳资源税的情形。

53. 【答案：B】资源税应税产品销售额是指纳税人销售应税产品向购买方收取的全部价款，但不包括收取的增值税税款。计入销售额的相关运杂费用，凡取得增值税发票或者其他合法有效凭据的，准予从销售额中扣除。

54. 【答案：B】按照资源税法律制度的规定，对出口的应税资源没有资源税减免的规定。选项 ACD 的表述均正确。

55. 【答案：B】环境保护税按月计算，按“季”申报缴纳。

56. 【答案：B】以作价投资（入股）、偿还债务、划转、奖励等方式转移土地、房屋权属的，应当依照税法规定征收契税对于这些转移土地、房屋权属的形式，可以分别视同土地使用权转让、房屋买卖或者房屋赠与征收契税。因此张某取得该套住房时应缴纳契税的计税依据为住房抵偿借款的金额 180 万元，故选项 B 正确。

57. 【答案：C】选项 A，契税的纳税义务人是境内转移土地、房屋权属，承受的单位和个人，因此张某转让境外的房产不属于契税征税范围，故选项 A 错误；选项 B，土地、房屋典当、分拆（分割）、抵押以及出租等行为，不属于契税的征税范围，故选项 B 错误；选项 C，以作价投资（入股）、偿还债务、划转、奖励等方式转移土地、房屋权属的，应当依照税法规定征收契税对于这些转移土地、房屋权属的形式，可以分别视同土地使用权转让、房屋买卖或者房屋赠与征收契税，故选项 C 正确；选项 D，契税以在我国境内转移土地、房屋权属的行为作为征税对象，但不包括土地承包经营权和土地经营权的转移，故选项 D 错误。

58. 【答案：C】对免税单位无偿使用纳税单位的土地（如公安、海关等单位使用铁路、民航等单位的土地），免征城镇土地使用税；对纳税单位无偿使用免税单位的土地，纳税单位应照章缴纳城镇土地使用税，因此选项 C 正确。

59. 【答案：A】合同的当事人是印花税的纳税人，不包括合同的担保人、证人、鉴定人。

60. 【答案：A】车间、门市部、仓库设置的不属于会计核算范围或虽属会计核算范围，但不记载金额的登记簿、统计簿、台账等，不贴印花；法律、会计、审计等方面的咨询合同不贴印花；出版单位与订阅单位订立的征订凭证，不贴花，但是出版单位与发行单位之间订立的凭证要按照购销合同贴花。

61. 【答案：B】选项 B，按产权转移书据征收印花税；选项 AD，免征印花税；选项 C，不属于应缴印花税的租赁合同。

62. 【答案：B】选项 ACD 属于印花税的免税范围。

63. 【答案：B】技术咨询合同是合同当事人就有关项目的分析、论证、评价、预测和调查订立的技术合同，而一般的法律、会计、审计等方面的咨询不属于技术咨询，其所立合同不贴印花。

64. 【答案：B】（1）加工承揽合同的计税依据为加工费，应纳印花税 = 200 000×0.3‰ = 60（元）；（2）财产保险合同的计税依据为保险费，应纳印花税 = 100 000×1‰ = 100（元）。

65. 【答案：C】已缴纳印花税的凭证所载价款或者报酬增加的，纳税人应当补缴印花税。营业账簿税目中记载资金的账簿的计税依据为“实收资本”与“资本公积”两项的合计金额。该企业 2024 年应纳印花税 =（10 000 000+1 000 000）×0.25‰ − 2 500 = 250（元）。

二、多选题

66. 【答案：CD】房产税的征税范围为城市、县城、建制镇和工矿区的房屋。独立于房屋之外的建筑物，如围墙、烟囱、水塔、菜窖、室外游泳池等不属于房产税的征税范围。房地产开发企业建造的商品房，在出售前，不征收房产税，但对出售前房地产开发企业已使用或出租、出借的商品房应按规定征收房产税。

67. 【答案：BC】选项 A，融资租赁的房屋，以房产余值计税；选项 D，租入房产的一方，不是房产税纳税人。

68. 【答案：BC】政府机关自用房产免征房产税，出租部分应纳房产税 150×12% = 18（万元）；甲公司应纳房产税 = 1 000×70%×（1 − 20%）×1.2% + 1 000×30%×（1 − 20%）×1.2%×7 ÷ 12 + 8×12% = 9.36（万元）。

69. 【答案：ABD】纳税人将原有房产用于生产经营，从生产经营之月起，缴纳房产税。

70. 【答案：CD】土地、房屋权属的典当、分拆（分割）、抵押以及出租等行为，不属于契税的征税范围。

71. 【答案：ABD】土地使用权出让、出售、房屋买卖，以成交价格为计税依据。

72. 【答案：BD】土地使用权出让、出售，房屋买卖，以成交价格作为计税依据。土地使用权赠与、房屋赠与以及其他没有价格的转移土地、房屋权属行为，计税依据为税务机关参照土地使用权出售、房屋买卖的市场价格依法核定的价格。土地使用权互换、房屋互换，以所互换的土地使用权、房屋的价格的差额为计税依据。

73. 【答案：ABC】选项 AB，国家机关、事业单位、社会团体、军事单位承受土地、房屋用于办公、教学、医疗、科研和军事设施的，免征契税。选项 C，纳税人承受荒山、荒地、荒滩土地使用权，用于农、林、牧、渔业生产的，免征契税。选项 D，城镇居民购买商品房用于居住，应缴纳契税。

74. 【答案：BCD】免征契税的情形有：非营利性的学校、医疗机构、社会福利机构承受土地、房屋权属用于办公、教学、医疗、科研、养老、救助，选项 B 正确；法定继承人通过继承承受土地、房屋权属，选项 C 正确；婚姻关系存续期间夫妻之间变更土地、房屋权属等，选项 D 正确。

75. 【答案：BD】房地产评估增值，没有发生房地产权属的转移，房产产权、土地使用权人也未取得收入，不属于土地增值税的征收范围，选项 B 正确。双方合作建房，建成后按比例分房自用的，不征收土地增值税；建成后转让的，应征收土地增值税，选项 D 正确。房地产的交换，既发生了房产产权、土地使用权的转移，交换双方又取得了实物形态的收入，属于土地增值税的征税范围，选项 A 错误；但对个人之间互换自有居住用房地产的，经当地税务机关核实，可以免征土地增值税。对于以房地产抵债而发生房地产权属转让的，应列入土地增值税的征税范围，选项 C 错误。

76. 【答案：BD】土地增值税只对有偿转让的房地产征税，房地产开发企业将开发产品用于对外投资，发生所有权转移时应视同销售房地产，属于征收土地增值税的情形。对以继承、赠与等方式无偿转让的房地产，不予征税。不征土地增值税的房地产赠与行为包括以下两种情况：（1）房产所有人、土地使用权所有人将房屋产权、土地使用权赠与直系亲属或承担直接赡养义务人的行为。（2）房产所有人、土地使用权所有人通过中国境内非营利的社会团体、国家机关将房屋产权、土地使用权赠与教育、民政和其他社会福利、公益事业的行为。对于以房地产抵债而发生房地产权属转让的，应列入土地增值税的征税范围。

77. 【答案：BCD】出售房产应缴纳企业所得税、印花税和土地增值税，而契税是对买受人征收的，对转让房产权属的人不征收。

78. 【答案：ACD】所得税不属于土地增值税扣除项目。

79. 【答案：ACD】纳税人转让旧房及建筑物，凡不能取得评估价格，但能提供购房发票的，经当地税务部门确认，《土地增值税暂行条例》规定的扣除项目的金额，可按发票所载金额并从购买年度起至转让年度止每年加计 5% 计算。对于纳税人购房时缴纳的契税，凡能够提供契税完税凭证的，准予作为“与转让房地产有关的税金”予以扣除，但不作为加计 5% 的基数。

80. 【答案：ABCD】符合下列情形之一的，主管税务机关可要求纳税人进行土地增值税清算：①已竣工验收的房地产开发项目，已转让的房地产建筑面积占整个项目可售建筑面积的比例在 85% 以上，或该比例虽未超过 85%，但剩余的可售建筑面积已经出租或自用的。②取得销售（预售）许可证满 3 年仍未销售完毕的。③纳税人申请注销税务登记但未办理土地增值税清算手续的。④省级税务机关规定的其他情况。

81. 【答案：ABCD】城镇土地使用税的纳税人，是指在税法规定的征税范围内使用土地的单位和个人。所谓单位包括国有企业、集体企业、私营企业、股份制企业、外商投资企业、外国企业以及其他企业和事业单位、社会团体、国家机关、军队以及其他单位。个人，包括个体工商户以及其他个人。

82. 【答案：AC】（1）建制镇的征税范围为镇人民政府所在地的地区，但不包括镇政府所在地所辖行政村，即征税范围不包括农村土地。（2）建立在城市、县城、建制镇和工矿区以外的工矿企业则不需缴纳城镇土地使用税。（3）公园、名胜古迹内的索道公司经营用地，应按规定缴纳城镇土地使用税。

83. 【答案：AD】机场飞行区（包括跑道、滑行道、停机坪、安全带、夜航灯光区）用地、场内外通信导航设施用地和飞行区四周排水防洪设施用地，免征城镇土地使用税。在机场道路中，场外道路用地免征城镇土地使用税；场内道路用地依照规定征收城镇土地使用税。

84. 【答案：ABD】国家机关、军队、人民团体、财政补助事业单位、居民委员会、村民委员会拥有的体育场馆，用于体育活动的土地，免征城镇土地使用税。老年服务机构自用的土地免征土地使用税。对企业的铁路专用线、公路等用地，除另有规定者外，在企业厂区（包括生产、办公及生活区）以内的，应照章征收土地使用税；在厂区以外、与社会公用地段未加隔离的，暂免征收土地使用税；对港口的码头（即泊位，包括岸边码头、伸入水中的浮码头、堤岸、堤坝、校桥等）用地，免征城镇土地使用税。

85. 【答案：BCD】出借房产，自交付出借房产之次月起，缴纳城镇土地使用税。

86. 【答案：ABD】军事设施占用耕地免税；铁路线路、公路线路、飞机场跑道、停机坪、港口、航道、水利工程占用耕地，减按每平方米 2 元的税额征收耕地占用税，并非免税。

87. 【答案：ABCD】铁路线路、公路线路、飞机场跑道、停机坪、港口、航道、水利工程占用耕地，减按每平方米 2 元的税额征收耕地占用税。

88. 【答案：ABC】车船税税目包括：乘用车、商用车、挂车、其他车辆、摩托车、船舶。火车不属于车船税的税目。

89. 【答案：BCD】车船税的征税范围不包括拖拉机。

90. 【答案：BCD】商用货车、专用作业车和轮式专用机械车，以整备质量吨位数为计税依据。

91. 【答案：CD】选项 A，不属于资源税征税范围；选项 B，人造石油不征收资源税。

92. 【答案：ACD】资源税采用比例税率和定额税率两种形式。税目、税率，依照《税目税率表》执行。其中对地热、石灰岩、其他粘土、砂石、矿泉水和天然卤水 6 种应税资源采用比例税率或定额税率，其他应税资源均采用比例税率。

93. 【答案：AB】资源税应税产品销售额是指纳税人销售应税产品向购买方收取的全部价款，但不包括收取的增值税税款。计入销售额的相关运杂费用，凡取得增值税发票或者其他合法有效凭据的，准予从销售额中扣除。相关运杂费用是指应税产品从坑口或者洗选（加工）地到车站、码头或者购买方指定地点的运输费用、建设基金以及随运销产生的装卸、仓储、港杂费用。

94. 【答案：ABCD】环境保护税的征税范围是《中华人民共和国环境保护税法》所附《环境保护税税目税额表》《应税污染物和当量值表》规定的大气污染物、水污染物、固体废物和噪声等应税污染物。

95. 【答案：ABCD】应税污染物的计税依据，按照下列方法确定：（1）应税大气污染物按照污染物排放量折合的污染当量数确定；（2）应税水污染物按照污染物排放量折合的污染当量数确定；（3）应税固体废物按照固体废物的排放量确定；（4）应税噪声按照超过国家规定标准的分贝数确定。

96. 【答案：ACD】按船舶净吨位的大小分等级设置单位税额，分 30 日、90 日和 1 年三种。

97. 【答案：ABC】国外领受，但在国内使用应税凭证以使用人为纳税人。

98. 【答案：ABCD】全部需要缴纳印花税。

99. 【答案：BD】产权转移书据：财产所有权和著作权、商标专用权、专利权、专有技术使用权的转移书据。（1）土地使用权出让合同、土地使用权转让合同、商品房销售合同按照产权转移书据征收印花税。（2）专利权转让、专利实施许可所书立的合同是“产权转移书据”，专利申请转让、非专利技术转让所书立的合同是技术转让合同。

100. 【答案：AD】技术转让合同包括专利申请转让、非专利技术转让所书立的合同，但不包括专利权转让、专利实施许可所书立的合同。后者适用于“产权转移书据”合同。

101. 【答案：BCD】单位纳税人应当向其机构所在地的主管税务机关申报纳税。

三、判断题

102. 【答案：正确】

103. 【答案：正确】房屋出典的，承典人为房产税的纳税人。

104. 【答案：错误】根据规定，我国现行房产税采用比例税率。

105. 【答案：正确】凡以房屋为载体，不可随意移动的附属设备和配套设施，如给排水、采暖、消防、中央空调、电气及智能化楼宇设备等，无论在会计核算中是否单独记账与核算，都应计入房产原值，计征房产税。

106. 【答案：正确】融资租赁房屋实际是一种变相的分期付款购买固定资产的形式，所以在计征房产税时应以房产余值计算征收。

107. 【答案：正确】

108. 【答案：错误】计征契税的成交价格中不包含增值税。

109. 【答案：正确】国家机关、事业单位、社会团体、军事单位承受土地、房屋用于办公、教学、医疗、科研和军事设施的，免征契税。

110. 【答案：正确】

111. 【答案：正确】

112. 【答案：错误】尚未核发土地使用证书的，应由纳税人据实申报土地面积，并据以纳税，待核发土地使用证书后再作调整。

113.【答案：正确】

114.【答案：错误】为避免对一块土地同时征收耕地占用税和城镇土地使用税，凡是缴纳了耕地占用税的，从批准征用之日起满 1 年后征收城镇土地使用税；征用非耕地因不需要缴纳耕地占用税，应从批准征用之次月起征收城镇土地使用税。

115.【答案：错误】农村居民在规定标准内占用耕地新建自用住宅，按照当地适用税额减半征收耕地占用税。

116.【答案：正确】

117.【答案：正确】

118.【答案：错误】车船税的纳税义务发生时间为取得车船所有权或者管理权的当月。以购买车船的发票或其他证明文件所载日期的当月为准。

119.【答案：正确】

120.【答案：正确】

121.【答案：正确】

122.【答案：错误】企业事业单位和其他生产经营者向依法设立的污水集中处理、生活垃圾集中处理场所排放应税污染物的，不属于直接向环境排放污染物，不缴纳相应污染物的环境保护税。

123.【答案：错误】机动车、铁路机车、非道路移动机械、船舶和航空器等流动污染源排放应税污染物的，暂予免征环境保护税。

124.【答案：错误】土地增值税纳税人发生应税行为应向房地产所在地主管税务机关缴纳税款，而不是向纳税人登记注册地主管税务机关缴纳土地增值税，故本题错误。

125.【答案：错误】城镇土地使用税按年计算、分期缴纳，故本题错误。

126.【答案：错误】对纳税人以电子形式签订的各类应税凭证按规定征收印花税。

127.【答案：错误】印花税应税合同的计税依据为合同列明的价款或报酬，不包括增值税税款。

128.【答案：正确】

129.【答案：错误】印花税同一应税凭证载有两个或两个以上经济事项并分别列明价款或报酬的，按照各自适用税目税率计算应纳税额；未分别列明价款或者报酬的，按税率高的计算应纳税额。

第七章　税收征收管理法律制度答案

一、单选题

1.【答案：A】《征管法》属于我国税收征收管理法律体系核心。

2.【答案：D】凡依法由税务机关征收的各种税收的征收管理，均适用《征管法》。就现行有效税种而言，增值税、消费税、企业所得税、个人所得税、资源税、城镇土地使用税、土地增值税、车船税、车辆购置税、房产税、印花税、城市维护建设税、环境保护税等税种的征收管理适用《征管法》。

3. 【答案：B】选项 ACD 是纳税主体的权利。

4. 【答案：D】选项 ABC，均属于税务机关公布重大税收违法失信案件信息时应当予以公布的情形；选项 D，涉案纳税人的整改情况不属于税务机关公布重大税收违法失信案件信息时应当予以公布的情形，故选项 D 正确。

5. 【答案：A】纳税人负有纳税申报义务，但连续 3 个月所有税种均未进行纳税申报的，税收征管系统自动将其认定为非正常户，并停止其发票领购簿和发票的使用，选项 A 正确。

6. 【答案：C】从事生产、经营的纳税人应当自领取营业执照或者发生纳税义务之日起 15 日内，按照国家规定设置账簿。

7. 【答案：B】企业、企业在外地设立的分支机构和从事生产、经营的场所，个体工商户和从事生产、经营的事业单位，都应当办理税务登记，前述规定以外的纳税人，除国家机关、个人和无固定生产、经营场所的流动性农村小商贩外，也应当办理税务登记，故选项 B 正确。

8. 【答案：C】从事生产、经营的纳税人必须按照国务院财政、税务主管部门规定的 10 年保存期限保管账簿、记账凭证、完税凭证及其他有关涉税资料。

9. 【答案：D】取得发票时，不得要求变更品名和金额，选项 A 错误；任何单位和个人应当按照发票管理规定使用发票，不得拆本使用发票，选项 B 错误；已经开具的发票存根联和发票登记簿，应当保存 5 年，保存期满，报经税务机关查验后销毁，选项 C 错误。

10. 【答案：A】增值税专用发票包括增值税专用发票和机动车销售统一发票。

11. 【答案：C】查验征收的征收方式，适用于纳税人财务制度不健全，生产经营不固定，零星分散、流动性大的非生产企业。

12. 【答案：A】加收滞纳金的起止时间，为依法确定的税款缴纳期限届满次日起至纳税人、扣缴义务人实际缴纳或者解缴税款之日止。

13. 【答案：A】纳税担保范围包括税款、滞纳金和实现税款、滞纳金的费用。

14. 【答案：D】个人及其所扶养家属维持生活必需的住房和用品，不在税收保全措施的范围之内。

15. 【答案：D】适用纳税担保的情形包括：（1）税务机关有根据认为从事生产、经营的纳税人有逃避纳税义务行为，在规定的纳税期之前经责令其限期缴纳应纳税款，在限期内发现纳税人有明显的转移、隐匿其应纳税的商品、货物，以及其他财产或者应纳税收入的迹象，责成纳税人提供纳税担保的，选项 B 正确；（2）欠缴税款、滞纳金的纳税人或者其法定代表人需要出境的，选项 A 正确；（3）纳税人同税务机关在纳税上发生争议而未缴清税款，需要申请行政复议的，选项 C 正确；（4）其他。

16. 【答案：A】该企业应缴纳税款期限是 8 月 16 日，即从 8 月 17 日滞纳税款，从 8 月 17 日至 10 月 19 日，共计 15+30+19=64（天）。根据税收征收管理法律制度的规定，纳税人未按照规定期限缴纳税款的，扣缴义务人未按照规定期限解缴税款的，税务机关可从滞纳税款之日起，按日加收滞纳税款万分之五的滞纳金。180×0.5‰ ×（15+30+19）=5.76（万元）。

17. 【答案：A】个人及其所扶养家属维持生活必需的住房和用品，不在税收保全措施和税收强制性的范围之内。税务机关对单价 5 000 元以下的其他生活用品，不采取税收保全措施和税收强制执行措施。

18. 【答案：B】纳税人因有特殊困难，不能按期缴纳税款的，经省、自治区、直辖市税务局批准，予以延期缴纳税款，但是最长不得超过 3 个月，故选项 B 正确。

19.【答案：C】纳税人对税务机关作出的征税行为不服的，应当先向复议机关申请行政复议，对行政复议决定不服的，可以再向人民法院提起行政诉讼。

20.【答案：B】对国家税务总局的具体行政行为不服的，向国家税务总局申请行政复议。

21.【答案：C】对税务机关与其他行政机关共同做出的具体行政行为不服的，向其共同上一级行政机关申请行政复议。

22.【答案：A】对各级税务局的具体行政行为不服的，向其上一级税务局申请行政复议。

23.【答案：D】申请人按规定申请行政复议的，必须依照税务机关根据法律、行政法规确定的税额、期限，先行缴纳或者解缴税款及滞纳金，或者提供相应的担保，方可在实际缴清税款和滞纳金后或者所提供的担保得到作出具体行政行为的税务机关确认之日起 60 日内提出行政复议申请。

24.【答案：D】税务人员在核定应纳税额、调整税收定额、进行税务检查、实施税务行政处罚、办理税务行政复议时，与纳税人、扣缴义务人或者其法定代表人、直接责任人有利害关系，包括夫妻关系、直系血亲关系、三代以内旁系血亲关系、近姻亲关系、可能影响公正执法的其他利害关系的，应当回避。因此不包括选项 D 办理税务登记，选项 D 正确。

二、多选题

25.【答案：ABD】税务行政处罚权是征税机关和税务人员的职权，选项 C 错误。

26.【答案：ACD】选项 B，错在已经开具的发票存根联和登记簿应当保存 5 年；因此选项 ACD 正确。

27.【答案：BCD】数据电文方式：是指以税务机关确定的电话语音、电子数据交换和网络传输等电子方式进行纳税和申报。

28.【答案：ABCD】纳税人、扣缴义务人采取邮寄方式办理纳税申报的，以寄出的邮戳日期为实际申报日期；纳税人、扣缴义务人采取数据电文方式办理纳税申报的，其申报日期以税务机关计算机网络系统收到该数据电文的时间为准，与数据电文相对应的纸质申报资料的报送期限由税务机关确定。

29.【答案：BCD】根据税收征收管理法律制度的规定，税务机关主要根据纳税人的财务管理状况确定是否对纳税人核定应纳税额。选项 A，不属于税务机关核定应纳税额的情形。

30.【答案：ACD】纳税担保的方式包括保证、抵押、质押，不包含留置。

31.【答案：AB】选项 AB，属于税收强制执行措施。选项 CD，属于税收保全措施。

32.【答案：ABD】申请人认为税务机关的行政行为所依据的下列规定不合法，对行政行为申请行政复议时，可以一并向复议机关提出对该规定（不包括规章）的审查申请：（1）国家税务总局和国务院其他部门的规定，选项 AB 正确；（2）其他各级税务机关的规定，选项 D 正确；（3）地方各级人民政府的规定；（4）地方人民政府工作部门的规定。

33.【答案：ABCD】根据税收征收管理法律制度的规定，税务机关在对纳税人进行发票检查中有权采取的措施有检查印制、领购、开具、取得和保管发票的情况；调出发票查验；查阅、复制与发票有关的凭证、资料；向当事各方询问与发票有关的问题和情况；在查处发票案件时，对与案件有关的情况和资料，可以记录、录音、录像、照相和复制。

34.【答案：ABCD】选项 ABCD 均为税务机关在实施税务检查时，可以采取的措施。

35.【答案：BCD】纳税人欠缴应纳税款，采取转移或者隐匿财产的手段，妨碍税务机关追缴欠缴的税款，欠缴税款金额 100 万元以上的，方构成重大违法失信案件。

36.【答案：AC】纳税人对税务机关作出的征税行为不服的，应当先向复议机关申请行政复议，对行政复议决定不服的，可以再向人民法院提起行政诉讼。选项 AC，属于税务机关作出的征税行为。

37.【答案：BCD】选项 A，税务机关作出的征税行为，当事人若不服，先复议后诉讼，不得直接提起行政诉讼。

38.【答案：ABCD】选项 ABCD 均属于"首违不罚"事项清单中所列事项。

39.【答案：ABCD】行政复议期间具体行政行为可以停止执行的有：被申请人认为需要停止执行的；复议机关认为需要停止执行的；申请人申请停止执行，复议机关认为其要求合理，决定停止执行的；法律规定停止执行的。

40.【答案：ABC】纳税信用评价周期为一个纳税年度，不参加本期评价的纳税人情形有：纳税人纳税信用管理时间不满一个评价年度的；因涉嫌税收违法被立案查处尚未结案的；被审计、财政部门依法查出税收违法行为，税务机关正在依法处理，尚未办结的；已申请税务行政复议、提起行政诉讼尚未结案的，选项 ABC 正确，选项 D 错误。

41.【答案：ABD】选项 C，变更税务登记是指纳税人办理设立税务登记后，因登记内容发生变化，需要对原有登记内容进行更改，而向主管税务机关申报办理的税务登记。选项 C 纳税人住所变动，但不需要变更税务登记机关的属于变更税务登记，不需要办理注销税务登记，因此选项 C 错误；选项 ABD，纳税人发生以下情形的，向主管税务机关申报办理注销税务登记：

① 纳税人发生解散、破产、撤销以及其他情形，依法终止纳税义务的（选项 A 正确）；

② 纳税人被市场监管部门吊销营业执照或者被其他机关予以撤销登记的（选项 B 正确）；

③ 纳税人因住所、经营地点变动，涉及变更税务登记机关的；

④ 境外企业在中国境内承包建筑、安装、装配、勘探工程和提供劳务的，项目完工、离开中国的（选项 D 正确）。

三、判断题

42.【答案：正确】

43.【答案：正确】任何单位和个人应当按照发票管理规定使用发票，不得转借、转让、介绍他人转让发票、发票监制章和发票防伪专用品。

44.【答案：错误】纳税人享受减税、免税待遇的，在减税、免税期间应当按照规定办理纳税申报。

45.【答案：正确】

46.【答案：正确】

47.【答案：正确】欠缴税款的纳税人或者其法定代表人在出境前未按规定结清应纳税款、滞纳金或者提供纳税担保的，税务机关可以通知出境管理机关阻止其出境。

48.【答案：正确】复议机关收到行政复议申请后，应当在 5 日内进行审查，决定是否受理。

49.【答案：正确】

第八章　劳动合同与社会保险法律制度答案

一、单选题

1. 【答案：B】禁止用人单位招用未满 16 周岁的未成年人。文艺、体育和特种工艺单位招用未满 16 周岁的未成年人，必须依照国家有关规定，履行审批手续，并保障其接受义务教育的权利。
2. 【答案：B】用人单位自用工之日（而非劳动合同订立之日起）起即与劳动者建立劳动关系。
3. 【答案：C】用人单位自用工之日起满 1 年未与劳动者订立书面劳动合同的，自用工之日起满 1 个月的次日至满 1 年的前一日应当向劳动者每月支付 2 倍的工资，并视为自用工之日起满 1 年的当日已经与劳动者订立无固定期限劳动合同，应当立即与劳动者补订书面劳动合同。张某在该公司工作已满一年，用人单位未与张某签订书面劳动合同，那么视为用人单位与张某签订了无固定期限劳动合同；同时该公司应自用工之日起满一个月的次日至满一年的前一日向张某每月支付 2 倍的工资。
4. 【答案：C】用人单位自用工之日起满 1 年未与劳动者订立书面劳动合同的，自用工之日起满一个月的次日至满一年的前一日（共 11 个月）应当向劳动者每月支付 2 倍的工资，并视为自用工之日起满 1 年的当日已经与劳动者订立无固定期限劳动合同，应当立即与劳动者补订书面劳动合同，甲公司应向周某支付工资补偿的金额 = 4 000 × 11 = 44 000（元）。
5. 【答案：A】非全日制用工双方当事人不得约定试用期。
6. 【答案：A】劳动合同必备条款：（1）用人单位的名称、住所和法定代表人或者主要负责人；（2）劳动者的姓名、住址和居民身份证或者其他有效身份证件号码；（3）劳动合同期限，选项 A 正确；（4）工作内容和工作地点；（5）工作时间和休息休假；（6）劳动报酬；（7）社会保险；（8）劳动保护、劳动条件和职业危害防护；（9）法律、法规规定应当纳入劳动合同的其他事项。选项 BCD 是劳动合同的可备条款。
7. 【答案：B】张某在甲、乙、丙三个公司累计工作时间是 12 年，已满 10 年不满 20 年的，依据《职工带薪年休假条例》规定，张某应享有 10 天带薪年休假（不包括法定休假日和年休假期间的周六、周日法定休息日）。
8. 【答案：C】用人单位依法安排劳动者在法定休假日工作的，按照不低于劳动合同规定的劳动者本人日或小时工资标准的 300% 支付劳动者工资，张某"十一"国庆法定假日加班最低获得 3 倍工资报酬，200×3×300% = 1 800（元）；用人单位依法安排劳动者在休息日工作，而又不能安排补休的，按照不低于劳动合同规定的劳动者本人日或小时工资标准的 200% 支付劳动者工资，张某周末加班 2 天，获得 2 倍工资报酬，200×2×200% = 800（元）。张某当月最低加班工资共计 1 800 + 800 = 2 600（元）。
9. 【答案：A】根据规定，因劳动者本人原因给用人单位造成经济损失的，用人单位可按照劳动合同的约定要求其赔偿经济损失。经济损失的赔偿，可从劳动者本人的工资中扣除。但每月扣除的部分不得超过劳动者当月工资的 20%。若扣除后的剩余工资部分低于当地月最低工资标准，则按最低工资标准支付。本题中，张某月工资是 3 600 元，则最多扣除其 20%（720 元），此时剩余的部分就低于最低工资标准 3 000 元，那么就应当按照"最低工资标准 3 000 元支付"，所以 3 600 − 3 000 = 600（元），即最多扣除 600 元。选项 A 正确。
10. 【答案：B】劳动合同期限 1 年以上不满 3 年的，试用期最长为 2 个月。李某和甲公司关于试用期的约定超出 1 个月，违法约定的试用期已经履行的，由用人单位以劳动者试用期满月工资为标准，按已经履行的超过法定试用期的期间向劳动者支付赔偿金。甲公司应以 6 000 元的工资标准向李某赔偿。

11. 【答案：A】根据劳动合同法律制度的规定，用人单位与劳动者约定了试用期的，劳动者在试用期的工资不得低于用人单位所在地的最低工资标准，也不得低于相同岗位最低档工资或者劳动合同约定工资的 80%。

12. 【答案：C】劳动者违反服务期约定的，应当按照约定向用人单位支付违约金。违约金的数额不得超过用人单位提供的培训费用。用人单位要求劳动者支付的违约金不得超过服务期尚未履行部分所应分摊的培训费用。张某服务期尚未履行部分为 2 年，应分摊的培训费用 = 10×2/5 = 4（万元）。

13. 【答案：A】本题考核基本医疗保险费个人账户的资金来源。职工缴费率一般为本人工资收入的 2%，因此，该职工每月从工资中扣除 120 元存入基本医疗保险个人账户；甲企业每月缴费中转入该职工基本医疗保险个人账户的金额 = 6 000 × 6% × 30% = 108（元）。因此，该职工个人医疗保险账户每月的储存额为 228 元。

14. 【答案：B】劳动者不需事先告知用人单位即可解除劳动合同的情形：（1）用人单位以暴力、威胁或者非法限制人身自由的手段强迫劳动者劳动的；（2）用人单位违章指挥、强令冒险作业危及劳动者人身安全的。

15. 【答案：A】劳动者在试用期内提前 3 日通知用人单位解除劳动合同。

16. 【答案：D】选项 ABC，用人单位均应该支付经济补偿金。

17. 【答案：B】在本单位连续工作满 15 年，且距法定退休年龄不足 5 年的，用人单位既不得适用无过失性辞退或经济性裁员解除劳动合同的情形解除劳动合同，也不得终止劳动合同。但若符合因劳动者过错解除劳动合同的情形，则不受上述限制性规定的影响。

18. 【答案：D】经济补偿按劳动者在本单位工作的年限，每满 1 年支付 1 个月工资的标准向劳动者支付。6 个月以上不满 1 年的，按 1 年计算，不满 6 个月的，向劳动者支付半个月工资标准的经济补偿。

19. 【答案：C】劳动者月工资高于用人单位所在直辖市、设区的市级人民政府公布的本地区上年度职工月平均工资 3 倍的，向其支付经济补偿的标准按职工月平均工资 3 倍的数额支付，向其支付经济补偿金的年限最高不超过 12 年；在本题中，甲公司应向张某支付的经济补偿金 = 3 000×3×10 =90 000（元）。

20. 【答案：B】劳务派遣工作岗位的存续时间不得超过 6 个月。因此，选项 B 正确。

21. 【答案：D】（1）劳动争议发生后，当事人可以向本单位劳动争议调解委员会申请调解；调解不成，当事人一方要求仲裁的，可以向劳动争议仲裁委员会申请仲裁。当事人一方也可以直接向劳动争议仲裁委员会申请仲裁。对仲裁裁决不服的，可以向人民法院提起诉讼。所以选项 AB 错误。（2）因工作时间、休息休假、社会保险、福利、培训以及劳动保护发生的争议适用《劳动合同法》，所以选项 C 错误。（3）根据规定，发生劳动争议，劳动者可以与用人单位协商，也可以请工会或者第三方共同与用人单位协商，达成和解协议。所以选项 D 正确。

22. 【答案：B】劳动争议申请仲裁的时效期间为 1 年，从当事人知道或者应当知道其权利被侵害之日起计算。劳动关系存续期间因“拖欠劳动报酬”发生争议的，劳动者申请仲裁不受 1 年仲裁时效期间的限制；但是，劳动关系终止的，应当自劳动关系终止之日起 1 年内提出。

23.【答案：C】本人月平均工资高于当地职工月平均工资 300% 的，按当地职工月平均工资的 300% 作为缴费基数，超过部分不计入缴费工资基数，也不计入计发养老金的基数。该职工每月应缴纳的基本养老保险费 = 3 000×3×8% = 720（元）。

24.【答案：C】实际工作年限 10 年以上的，在本单位工作年限 5 年以上 10 年以下的，医疗期 9 个月。

25.【答案：D】实际工作年限 10 年以上，在本单位工作年限 5 年以下的，医疗期为 6 个月。

26.【答案：B】劳动者参加工伤保险不需要缴纳任何保险费，完全由用人单位缴纳。

27.【答案：A】视同工伤的情形有：（1）在工作时间和工作岗位，突发疾病死亡或者在 48 小时内经抢救无效死亡的；（2）在抢险救灾等维护国家利益、公共利益活动中受到伤害的；（3）原在军队服役，因战、因公负伤致残，已取得革命伤残军人证，到用人单位后旧伤复发的。所以选项 A，视同工伤。选项 BD，属于应当认定工伤的情形。选项 C，为不认定为工伤的情形。

28.【答案：D】劳动者对劳动争议的终局裁决不服的，可以自收到仲裁裁决书之日起 15 日内向人民法院提起诉讼，选项 A 错误；用人单位对终局裁决不服的，可以自收到仲裁裁决书之日起 30 日内向仲裁委员会所在地的中级人民法院申请撤销裁决，选项 B 错误；一方当事人逾期不履行的，另一方当事人可以依照《民事诉讼法》的有关规定向人民法院申请执行，选项 C 错误。

29.【答案：D】一次性工亡补助金，为上一年度全国城镇居民人均可支配收入的 20 倍。

30.【答案：A】失业保险金领取期限自办理失业登记之日起计算。

31.【答案：C】失业人员失业前用人单位和本人累计缴费满 1 年不足 5 年的，领取失业保险金的期限最长为 12 个月；累计缴费满 5 年不足 10 年的，领取失业保险金的期限最长为 18 个月；累计缴费 10 年以上的，领取失业保险金的期限最长为 24 个月。本题中，缴纳 7 年，领取失业保险金的期限最长为 18 个月。

32.【答案：B】用人单位应当自用工之日起 30 日内为其职工向社会保险经办机构申请办理社会保险登记。

二、多选题

33.【答案：CD】用人单位自用工之日起超过 1 个月不满 1 年未与劳动者订立书面劳动合同的，应当向劳动者每月支付 2 倍的工资，并与劳动者补订书面劳动合同；劳动者不与用人单位订立书面劳动合同的，用人单位应当书面通知劳动者终止劳动关系，并支付经济补偿。选项 AB 错误。

34.【答案：ABC】用人单位可以按小时、日或周为单位结算工资，但非全日制用工劳动报酬结算支付周期最长不得超过 15 日。

35.【答案：ABCD】无效劳动合同，是指劳动合同虽然已经成立，但因违反了法律、行政法规的强制性规定而被确认为无效的劳动合同。下列劳动合同无效或者部分无效：（1）以欺诈、胁迫的手段或者乘人之危，使对方在违背真实意思的情况下订立或者变更劳动合同的；（2）用人单位免除自己的法定责任、排除劳动者权利的；（3）违反法律、行政法规强制性规定的。

36.【答案：ABD】用人单位初次实行劳动合同制度或者国有企业改制重新订立劳动合同时，劳动者在该用人单位连续工作满 10 年且距法定退休年龄不足 10 年的，应订立无固定期限合同，所以选项 C 错误。

37.【答案：CD】竞业限制条款适用范围应限定为负有保守用人单位商业秘密义务的劳动者，限于用人单位的高级管理人员、高级技术人员和其他负有保密义务的人员。

38. 【答案：ABCD】当职工有下列情形之一时，不享受当年的年休假：①职工依法享受寒暑假，其休假天数多于年休假天数的；②职工请事假累计 20 天以上且单位按照规定不扣工资的；③累计工作满 1 年不满 10 年的职工，请病假累计 2 个月以上的；④累计工作满 10 年不满 20 年的职工，请病假累计 3 个月以上的；⑤累计工作满 20 年以上的职工，请病假累计 4 个月以上的。

39. 【答案：BD】劳动报酬，是指用人单位根据劳动者劳动的数量和质量，以货币形式支付给劳动者的工资。（1）工资应当以法定货币支付，不得以实物及有价证券替代货币支付。（2）工资必须在用人单位与劳动者约定的日期支付。如遇节假日或休息日，则应提前在最近的工作日支付。（3）工资至少每月支付一次，实行周、日、小时工资制的可按周、日、小时支付工资。（4）对完成一次性临时劳动或某项具体工作的劳动者，用人单位应按有关协议或合同规定在其完成劳动任务后即支付工资。

40. 【答案：BC】工资应当以法定货币支付，不得以实物及有价证券替代货币支付。约定支付工资的日期遇节假日或休息日的，应"提前"在最近的工作日支付。

41. 【答案：ABCD】劳动合同变更的内容有：用人单位与劳动者协商一致，可以变更劳动合同约定的内容；变更劳动合同，应当采用书面形式；变更后的劳动合同文本由用人单位和劳动者各执一份；已经实际履行了超过 1 个月的劳动合同口头变更，变更后的劳动合同内容不违反法律、行政法规、国家政策以及公序良俗，该合同变更有效，选项 ABCD 正确。

42. 【答案：ACD】（1）选项 B，属于劳动者"不需事先告知"即可解除劳动合同的情形；（2）选项 ACD，属于劳动者可以"随时通知"解除劳动合同的情形。

43. 【答案：ABD】选项 C，属于用人单位可随时通知劳动者解除合同的情形。

44. 【答案：ABD】劳动合同终止的情形包括：（1）劳动合同期满的；（2）劳动者开始依法享受基本养老保险待遇的；（3）劳动者达到法定退休年龄的；（4）劳动者死亡，或者被人民法院宣告死亡或者宣告失踪的；（5）用人单位被依法宣告破产的；（6）用人单位被吊销营业执照、责令关闭、撤销或者用人单位决定提前解散的；（7）法律、行政法规规定的其他情形。

45. 【答案：ABCD】下列情形之一的，用人单位既不得适用无过失性辞退或经济性裁员解除劳动合同的情形解除劳动合同，也不得终止劳动合同，劳动合同应当续延至相应的情形消失时终止：（1）从事接触职业病危害作业的劳动者未进行离岗前职业健康检查，或者疑似职业病病人在诊断或者医学观察期间的；（2）在本单位患职业病或者因工负伤并被确认丧失或者部分丧失劳动能力的；（3）患病或者非因工负伤，在规定的医疗期内的；（4）女职工在孕期、产期、哺乳期的；（5）在本单位连续工作满 15 年，且距法定退休年龄不足 5 年的；（6）法律、行政法规规定的其他情形。但若符合因劳动者过错解除劳动合同的情形，则不受上述限制性规定的影响。

46. 【答案：ABC】由用人单位提出解除劳动合同而与劳动者协商一致的，必须依法向劳动者支付经济补偿，选项 A 正确；符合经济性裁员的情形，用人单位应当向劳动者支付经济补偿，选项 B 正确；因"用人单位问题"，劳动者可随时通知用人单位解除劳动合同，用人单位应当向劳动者支付经济补偿，选项 C 正确。

47. 【答案：ABC】选项 D，用人单位不得设立劳务派遣单位向本单位或者所属单位派遣劳动者，不得将被派遣劳动者再派遣到其他用人单位，因此选项 ABC 正确。

48. 【答案：ABCD】属于劳动争议的情形有：确认劳动关系发生的争议；因订立、履行、变更、解除和终止劳动合同发生的争议；因除名、辞退和辞职、离职发生的争议；因工作时间、休息休假、社会保险、福利、培训以及劳动保护发生的争议；因劳动报酬、工伤医疗费、经济补偿或者赔偿金等发生的争议，选项 ABCD 正确。

49. 【答案：CD】劳动争议由劳动合同履行地（深圳市）或者用人单位所在地（广州市）的劳动争议仲裁委员会管辖。

50. 【答案：ABC】劳动仲裁时效，因当事人一方向对方当事人主张权利（即一方当事人通过协商、申请调解等方式向对方当事人主张权利的）；或者向有关部门请求权利救济（即一方当事人通过向有关部门投诉，向仲裁委员会申请仲裁，向人民法院起诉或者申请支付令等方式请求权利救济的）；或者对方当事人同意履行义务而中断。选项 D，属于引起时效中止的情形。

51. 【答案：ABCD】劳动仲裁实行一裁终局的情形有：追索劳动报酬、工伤医疗费、经济补偿或者赔偿金，不超过当地月最低工资标准 12 个月金额的争议；如果仲裁裁决涉及数项，单项裁决数额不超过当地月最低工资标准 12 个月金额的事项；因执行国家的劳动标准在工作时间、休息休假、社会保险等方面发生的争议，选项 ABCD 正确。

52. 【答案：ABD】参加职工基本养老保险的个人死亡后，其个人账户中的余额可以全部依法继承，所以选项 C 错误。

53. 【答案：BCD】女性职工年满 45 周岁，缴费满 15 年即可享受职工基本养老保险的情况是：从事井下、高温、高空、特别繁重体力劳动或其他有害身体健康工作的；因病或非因工致残，由医院证明并经劳动鉴定委员会确认完全丧失劳动能力的。

54. 【答案：ABCD】职工基本养老保险待遇包括支付职工基本养老金、丧葬补助金、遗属抚恤金、病残津贴。

55. 【答案：ABC】选项 ABC 属于视同工伤。在上下班途中，受到非本人主要责任的交通事故或者城市轨道交通、客运轮渡、火车事故伤害的，方可认定为工伤，选项 D 错误。

56. 【答案：ABC】失业保险待遇包括：（1）领取失业保险金；（2）领取失业保险金期间享受基本医疗待遇；（3）领取失业保险金期间的死亡补助；（4）职业介绍与职业培训补贴；（5）国务院规定或者批准的与失业保险有关的其他费用。

57. 【答案：ABCD】职工应当参加职工基本医疗保险，由用人单位和职工按照国家规定共同缴纳基本医疗保险费。无雇工的个体工商户、未在用人单位参加基本医疗保险的非全日制从业人员以及其他灵活就业人员可以参加职工基本医疗保险，由个人按照国家规定缴纳基本医疗保险费。

58. 【答案：ABCD】选项 AB，实际工作年限 10 年以下的，在本单位工作年限 5 年以下的为 3 个月；5 年以上的为 6 个月。选项 C，医疗期内遇劳动合同期满，则劳动合同必须续延至医疗期满，职工在此期间享受医疗期待遇。选项 D，病假工资可以低于当地最低工资标准支付，但不得低于当地最低工资标准的 80%。

三、判断题

59. 【答案：正确】

60. 【答案：正确】在订立劳动合同时，用人单位以担保或者其他名义向劳动者收取财物的，由劳动行政部门责令限期退还劳动者本人，并以每人 500 元以上 2 000 元以下的标准对用人单位处以罚款；给劳动者造成损害的，应当承担赔偿责任。

61. 【答案：错误】用人单位设立的分支机构，依法取得营业执照或者登记证书的，可以作为用人单位与劳动者订立劳动合同；未依法取得营业执照或者登记证书的，受用人单位委托可以与劳动者订立劳动合同。

62.【答案：正确】

63.【答案：正确】

64.【答案：正确】

65.【答案：正确】

66.【答案：正确】

67.【答案：错误】在解除或者终止劳动合同后，竞业限制人员到与本单位生产或者经营同类产品、从事同类业务的有竞争关系的其他用人单位工作，或者自己开业生产或者经营同类产品、从事同类业务的竞业限制期限，不得超过2年。

68.【答案：错误】协商解除，又称合意解除、意定解除，是指劳动合同订立后，双方当事人因某种原因，在完全自愿的基础上协商一致，合意解除劳动合同，提前终止劳动合同的效力。这种情况下，用人单位必须依法向劳动者支付经济补偿。

69.【答案：正确】

70.【答案：正确】

71.【答案：正确】

72.【答案：正确】

73.【答案：错误】无雇工的个体工商户、未在用人单位参加基本养老保险的非全日制从业人员以及其他灵活就业人员可以参加基本养老保险，由个人缴纳基本养老保险费。

74.【答案：错误】医疗费用应当由第三人负担，第三人不支付或无法确定第三人的，由基本医疗保险基金先行支付，然后向第三人追偿。

75.【答案：正确】停工留薪期一般不超过12个月。伤情严重或者情况特殊，经设区的市级劳动能力鉴定委员会确认，可以适当延长，但延长不得超过12个月。

76.【答案：错误】失业人员符合下列条件的，可以申请领取失业保险金并享受其他失业保险待遇：（1）失业前用人单位和本人已经缴纳失业保险费满1年的。（2）非因本人意愿中断就业的，包括：①终止劳动合同的；②被用人单位解除劳动合同的；③被用人单位开除、除名和辞退的；④用人单位以暴力、威胁或者非法限制人身自由的手段强迫劳动，劳动者解除劳动合同的；⑤用人单位未按照劳动合同约定支付劳动报酬或者提供劳动条件，劳动者解除劳动合同的；⑥法律、行政法规另有规定的。（3）已经进行失业登记，并有求职要求的。

77.【答案：正确】失业人员在领取失业保险金期间有下列情形之一的，停止领取失业保险金，并同时停止享受其他失业保险待遇：（1）重新就业的；（2）应征服兵役的；（3）移居境外的；（4）享受基本养老保险待遇的；（5）被判刑收监执行的；（6）无正当理由，拒不接受当地人民政府指定部门或者机构介绍的适当工作或者提供的培训的；（7）有法律、行政法规规定的其他情形的。

四、不定项选择题

78.【答案】

（1）【答案：B】劳务派遣的劳动关系的确定，在劳务派遣关系中，劳动关系存在于劳务派遣单位与被派遣劳动者之间。被派遣劳动者不与用工单位发生劳务关系。

（2）【答案：CD】被派遣劳动者在无工作期间，劳务派遣单位应当按照所在地政府规定的最低工资标准，向其按月支付报酬。

（3）【答案：C】因为单位未为其缴纳社会保险费，这属于劳动者可随时通知解除劳动合同的情形。

（4）【答案：C】用人单位未依法为劳动者缴纳社会保险费，劳动者随时通知用人单位解除劳动合同后，用人单位应当向劳动者支付经济补偿金。

79.【答案】

（1）【答案：CD】劳动关系自用工之日起建立，选项 B 错误，选项 C 正确；用人单位自用工之日起超过 1 个月不满 1 年未与劳动者订立书面劳动合同的，应当向劳动者每月支付 2 倍的工资，并与劳动者补订书面劳动合同，选项 A 错误，选项 D 正确。

（2）【答案：ACD】工伤保险费由用人单位缴纳，劳动者不缴纳。基本养老保险费、职工基本医疗保险费、失业保险费由单位和个人共同缴纳，这三种社会保险费用中，由个人承担的部分可以由用人单位从劳动者工资中代扣代缴。

（3）【答案：C】用人单位在劳动者完成劳动定额或规定的工作任务后，根据实际需要安排劳动者在法定标准工作时间以外工作的，应当按照下列标准支付高于劳动者正常工作时间工资的工资报酬：①用人单位依法安排劳动者在日标准工作时间以外延长工作时间的，按照不低于劳动合同规定的劳动者本人小时工资标准的 150% 支付劳动者工资；②用人单位依法安排劳动者在休息日工作，而又不能安排补休的，按照不低于劳动合同规定的劳动者本人日或小时工资标准的 200% 支付劳动者工资；③用人单位依法安排劳动者在法定休假节日工作的，按照不低于劳动合同规定的劳动者本人日或小时工资标准的 300% 支付劳动者工资。

（4）【答案：ACD】女职工在孕期、产期、哺乳期的，用人单位既不得适用无过失性辞退或经济性裁员解除劳动合同的情形解除劳动合同，也不得终止劳动合同，劳动合同应当续延至相应的情形消失时终止；用人单位违反规定解除或者终止劳动合同，劳动者要求继续履行劳动合同的，用人单位应当继续履行，劳动者不要求继续履行劳动合同或者劳动合同已经不能继续履行的，用人单位应当依照《劳动合同法》规定的经济补偿标准的 2 倍向劳动者支付赔偿金，选项 ACD 正确。

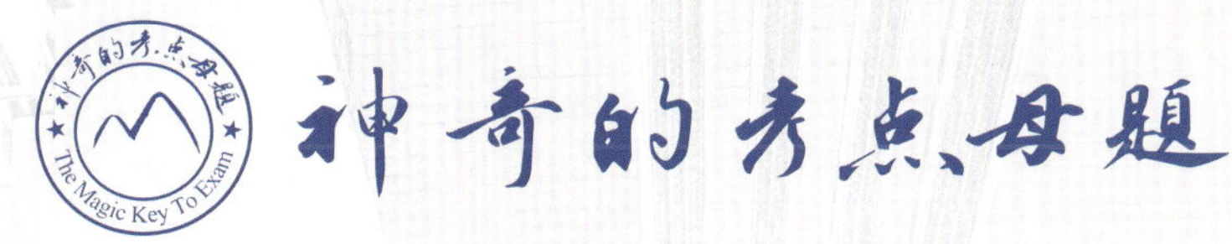

关于我们

神奇的考点母题以多位财政部会计财务评价中心前专家为核心，联袂著名大学的博士、教授，秉承“四精”“三六”的教学理念，独创“神奇的考点母题”五步教学法，助力财会人才实现职业梦想。

核心业务

初级会计师　中级会计师　高级会计师
注册会计师　税务师　中级经济师

神母优势

1、**豪华的师资团队**：优秀专家团队，教授领衔、全博士阵容
2、**经过实践的通关保障**：丰富的考试研究经验和命题经验
3、**独特的教学理念**：独创五步教学法 、“四精”课程理念、 “三六”原则
4、**硬核的《神奇的考点母题》系列教材**：精准定位考点、 真题之源
5、**高质量的准真题和考前神奇密训卷**：聚焦考试重点，一题顶十题

神奇的考点母题 专注财经考试培训
致力成为财经考试培训标准领航者

神奇母题课程咨询

神奇的考点母题官方公众号

神奇母题豪华师资阵容

教授领衔 全博师资

王峰娟 教授 / 博士

北京工商大学商学院 教授、博士生导师
中央财经大学 博士

杨克智 副教授 / 博士

中央财经大学 会计学博士
北京工商大学MPAcc中心主任

张晓婷 教授 / 博士

北京师范大学 法学院教授
中国人民大学 博士

任翠玉 教授 / 博士

东北财经大学 会计学院 博士、教授

张旭娟 教授 / 博士

山西财经大学 法学院教授
中国政法大学 法学博士

宋迪 博士

中国政法大学 教师
中国人民大学会计学 博士

鄢翔 博士

上海财经大学 会计学博士
首都经济贸易大学 教师

于上尧 副教授 / 博士

中国人民大学财务与金融系 博士
北京工商大学财务系 副教授 硕士研究生导师

邓衢 博士

北京师范大学经济学 博士
首都经济贸易大学 教师

刘胜 博士

北京工商大学 金融学博士
首都经济贸易大学 特聘导师

杨晓萌 副教授 / 博士

东北财经大学 博士 副教授

李静怡 副教授 / 博士

东北财经大学 副教授、经济学博士

李辰颖 副教授 / 博士后

北京林业大学 经济管理学院 副教授
中央财经大学 管理学 博士
上海财经大学 博士后

李文静 教授 / 博士

东北财经大学管理学 博士
东北财经大学人力资源管理系 教授

张思涵 副教授 / 博士

中国人民大学经济学 博士
北京信息科技大学经济管理学院
副教授

张翼飞 副教授 / 博士

东北财经大学法学院 副教授
硕士生导师

师资团队	授课明细
初级领航天团	杨克智 鄢翔 /《初级会计实务》、张晓婷 宋迪 /《经济法基础》
中级神奇天团	王峰娟 任翠玉 /《财务管理》、杨克智 /《中级会计实务》、张晓婷 张旭娟 张翼飞 /《经济法》
高级会计 - 核之队	王峰娟 杨克智 /《高级会计实务》
注会圆梦天团	杨克智 /《会计》、王峰娟 于上尧 /《财务成本管理》、张晓婷 /《经济法》 鄢翔 /《审计》、刘胜 /《战略》、杨晓萌 /《税法》
税务师梦之队	任翠玉 /《财务与会计》- 财务管理、杨克智 /《财务与会计》- 会计、 李辰颖 /《税法 Ⅰ》、李静怡 /《税法 Ⅱ》、 宋迪 /《涉税服务实务》、张翼飞 /《涉税服务相关法律》
中级经济师 - 筑梦天团	李文静 /《人力资源》、邓衢 /《经济基础》、张思涵 /《金融》、刘胜 /《工商管理》

考点母题　真题之源　聚焦考点　助力上岸

“四精”课程理念

高效通关有保障

精致

内容质量高

精准

考点定位准

精短

时间消耗少

精彩

老师讲授棒

“三六”原则

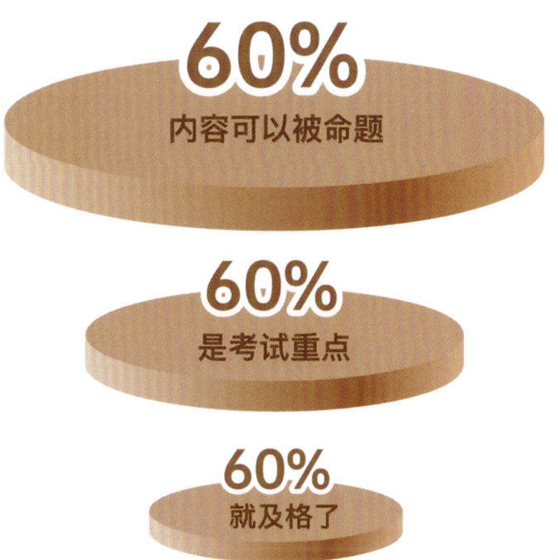

花少量的时间，掌握**关键内容**，**抓住重点**你也可以轻松上岸

神奇的考点母题——五步教学法

五步教学法是一个教学闭环和通关阵法，环环相扣、互为依托，相辅相成。神奇的考点母题五步教学法通过大量实践，已经展现了其独特的魅力。

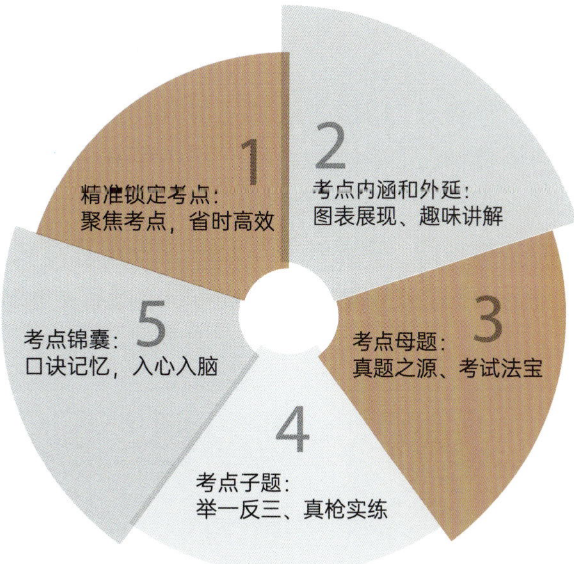